東京学芸大学地理学会シリーズ 4

世界の国々を調べる

改訂版

矢ケ﨑典隆・椿 真智子 編

古今書院

改訂版刊行に寄せて

　東京学芸大学地理学会シリーズ（全4巻）は、東京学芸大学地理学会創設50周年を記念して行われた出版事業であった。2002年には『身近な地域を調べる』と『身近な環境を調べる』が刊行され、2009年にはそれぞれ増補版が出版された。2007年7月に刊行された第4巻『世界の国々を調べる』は、おかげさまで好評を博し、このたび改訂版を準備することになった。

　学校教育における地理は学習指導要領の改訂のたびに大きく揺れ動いてきた。1998年の学習指導要領の改定は、知識の詰め込みを重視する従来の学習形態への反省から、子どもが主体的に調べたり考えたりする行為を重視する学習形態へ、大きな変化を促した。とくに中学校社会科や高等学校地歴科の地理では、世界や日本を網羅的に学習するのではなく、いくつかの事例を取り上げて、地理的な見方、考え方、調べ方を育成する学習が強調された。こうした変革は学校教育の現場に大きな戸惑いを引き起こした。本シリーズは、このような学習指導要領の改訂にともなう調べ方を重視した地理教育を支援するために、考え方や教材を提供することを目的としたものであった。そうした出版の意図や経緯については、東京学芸大学地理学会の宮地忠明会長（当時）が本書の初版に執筆された「刊行のことば」に簡潔に説明されている。地理の調べ方を具体的に提示した本シリーズは、日本の地理教育において重要な役割を果たしてきたと私たちは自負している。

　2008年の学習指導要領の改訂にともなって、中学校と高等学校の地理学習は再び大きく方向を変えることになった。日本についても世界についても、かつて行われたように網羅的に学習することになる。ただし、単に地理的知識を暗記するのではなく、地域ごとに課題を設定して地域を考える学習が中心となる。改訂版の編集にあたって、「1章 世界の国々と地理学習」について、新しい動向を踏まえて構成と内容を一部変更した。2章から5章については、初版の内容を更新する程度の微調整にとどめた。それは、学習指導要領の改訂とは別に、地理学習のなかで主体的に調べることの重要性は変わるものではなく、本書の存在意義は依然として大きいと判断したからである。

　グローバル化の著しい今日、私たちは世界から孤立して生活することはできない。世界に関する地理的知識を獲得することは重要であると同時に、そうした知識を評価し、組み立てることによって世界像を構築する能力の育成がますます重要となっている。地理的な見方や考え方を育成する地誌の役割は大きいし、世界の国々について調べることは楽しい学習である。そうした地理教育の発展のために本書が活用されれば幸いである。

2012年1月　　編　者

目　次

改訂版刊行に寄せて

1章　世界の国々と地理学習　　1

1.1　世界地誌学習の意義と視点 …………………………………………………………… 2
1.2　世界の国々を調べる視点 ……………………………………………………………… 8
1.3　世界の国々を調べる方法と現代の課題 ……………………………………………… 14
1.4　調べた結果のまとめ方 ………………………………………………………………… 20

2章　アジア・オセアニアを調べる　　25

2.1　大韓民国　―地方都市の景色に着目して調べる― ………………………………… 26
　　トピックス1：韓国人の姓　―同じ姓で困らない？― …………………………… 32
　　メソッド1：身のまわりの素材から世界を調べる ………………………………… 34
2.2　中国―工業に着目して調べる― ……………………………………………………… 36
　　メソッド2：社会主義の国 中国調査の心得 ……………………………………… 42
2.3　ロシア　―「広大な北国」を手がかりにして調べる― …………………………… 44
　　メソッド3：CIAの『The World Factbook』を使って世界の国を調べる ……… 50
2.4　マレーシア　―自分たちとのかかわりに着目して調べる― ……………………… 52
　　トピックス2：多様性の中の統一と華人社会の復権　―インドネシアの試み― … 58
2.5　インド　―モンスーンに注目して調べる― ………………………………………… 60
　　メソッド4：景観（風景）写真を撮る ……………………………………………… 66
2.6　オーストラリア　―身近な資料やインターネットを使って調べる― …………… 69
　　メソッド5：オンライン地図を使ってアメリカの地名を調べる ………………… 74
　　メソッド6：インターネットでアメリカ合衆国の空中写真を見る ……………… 76

3章　ヨーロッパを調べる　　77

3.1　イギリス　―国名と国旗を手がかりにして調べる― ……………………………… 78
　　メソッド7：イギリスのテキストブックとフォトパック ………………………… 84
　　トピックス3：路面電車の復権　―LRTの世界的普及― ………………………… 86
3.2　ドイツ　―都市の個性をサッカーチームで調べる― ……………………………… 88

　　　　メソッド8：サッカーから世界を見る ………………………………………95
　　　　トピックス4：ドイツの都市に住む高齢者 ……………………………………97
　　3.3　ポルトガル ―国内の地域差に着目して調べる― ………………………99
　　　　トピックス5：ヨーロッパにおける羊の移牧 …………………………………105

4章　アフリカを調べる　　　　　　　　　　　　　　　　　　　　　107

　　4.1　ケニア ―日本から遠い国を調べる― ……………………………………108
　　　　メソッド9：郵便切手―地理教育の秘密教材― ……………………………115

5章　南北アメリカを調べる　　　　　　　　　　　　　　　　　　　117

　　5.1　アメリカ合衆国 ―国立公園を手がかりに調べる― ……………………118
　　　　メソッド10：アメリカ合衆国の地図を利用する ……………………………124
　　　　メソッド11：インターネットGISで主題地図を描く ………………………125
　　　　トピックス6：牛肉輸入問題からみたアメリカ合衆国 ………………………127
　　　　トピックス7：アメリカの中のアジア ―リトルサイゴン― ………………130
　　5.2　カナダ ―日系社会に着目して調べる― …………………………………132
　　　　メソッド12：Google Earthで世界を見る …………………………………138
　　　　トピックス8：フランス系カナダ人とカナダの言語事情 ……………………140
　　5.3　ブラジル ―コーヒーを手がかりにして調べる― ………………………142
　　　　メソッド13：移民について学ぶ ―海外移住資料館を活用する― ………148
　　　　トピックス9：サンパウロ日本町の変貌 ………………………………………150
　　　　トピックス10：パラグアイの日系人と不耕起栽培 …………………………152

　　執筆者紹介　　　154

1章
世界の国々と地理学習

【1章　世界の国々と地理学習】
1.1　世界地誌学習の意義と視点

1．「国際理解をする」ということ

　国際理解教育の必要性が叫ばれるようになって久しい。経済活動のグローバル化にともない身近に外国製品が溢れ、親しい隣人として外国の人々と接する機会も増えた。われわれはもはや外国や外国の人々との繋がりを断って生活することなどできない現実の中で生きているのである。

　国際理解教育は外国の人々と平和や人権・環境など普遍的な価値観を共有しあいながら、一方で互いの違いを認めあうことにより相互理解を深め、国際協調や国際協力などの実践的態度を涵養することをねらいとしている。しかし、歴史的・文化的・政治的背景が異なる者同士が理解し合うことはそれほど簡単なことではない。

　筆者は、外国の人々と中学生が共に学ぶ授業を参観する機会（船橋市立坪井中学校2年）を得た（久世 2004）。この授業は、外国の人々との交流を通して相互理解を深めることめざして計画された。従来の交流授業は、外国の人々をゲストとして招いて、言葉や遊び、生活の様子などを教えてもらうという一過性のイベント的な取り組みが主であった。しかし、前述のように現在はもはやそのような段階ではない。外国の人々と日常生活を共にし、交流の中で生じる様々な問題を乗り越えていかなければならないのである。授業は、①一過性ではなく複数回にわたる交流を持つ、②身近な問題を取り上げ外国の人々と共に考えるという目標を設けて実践された。

　授業実践にあたっては、船橋市に派遣されている外国人英語教師（ALT）6人に協力していただき、「捕鯨問題」を取り上げて生徒たちと共に学んでいくことを計画した。第1回目交流会では、自己紹介などの活動の後、教師の方から「捕鯨問題」に関する問題提起を行った。第2回目の交流会では、グループによる事前の調べ活動を踏まえて、生徒とALTが協力して「商業捕鯨の再開は是か、否か」を論題としてディベートを行った。その後、第3回目にはアフター・ディベートとしてディベートを通して各自の考え方がどのように変わったのか、あるいは変わらなかったのかを発表しあい、「捕鯨問題」の解決に向けて相互討論を行った。

　この最後の相互討論の中で展開された議論はきわめて興味深いものであった。生徒たちの多くは、日本の食文化としての鯨食の伝統や環境に配慮した生業としての捕鯨の実態、クジラによる食害の影響、ミンククジラなど相当数個体回復している鯨類もあることが立証されていることなどを理由に、商業捕鯨再開に対して賛成の意見を述べた。しかし、アメリカ・カナダ・オーストラリア・ニュージーランドから来ているALTの意見は違った。全員が全員「反対」の論陣を張ったのである。その理由として、「クジラは食べるものではない、見るものである」「そもそも、捕鯨問題をディベートの論題にすること自体、アメリカでは考えられない」「クジラが増えたから獲るということは、中国人が13億人もいるから1億人ぐらい殺しても良いだろうというのと同じだ」「皆さんはパンダの肉が美味しいからといってパンダを殺して食べ

ますか？　それは人間のわがままというものだ」等々、商業捕鯨再開に対して真っ向から異議を唱えた。しかもその理由が自然の生存権や地球全体主義など環境倫理の原則論に基づいたものであったため、当然のことながら議論はまったく噛み合わなかった。

こうした「取りつく島もない」状況の中で、相互に相手の意見を理解し、その違いを尊重し合いながら解決策を模索することは決して容易な作業ではない。外国や外国の人々を理解するということは、われわれの予想以上に困難なことである。

2．世界を認識する過程

ところで、われわれが世界の国々や世界の人々を認識する際には、どのような過程を経るのであろうか。ここでは認知心理学の研究成果を参考にしながら、その過程を明らかにしてみよう。

一般に、われわれはある事象を知識として記憶するときには、膨大な情報の中から自分にとって必要だと思う情報を選択し、同じような特徴を持つ事象をひとまとまり（カテゴリー）にして記憶する。したがって、ある事象の概念形成は事例から共通性を見出したり、一般化を行うという帰納的な過程を経て行われる。たとえば、「ドイツ人」の場合、ドイツのマイスター制にみられる歴史的に培われた徒弟制度による高度な加工技術の伝承やベンツ車に代表される堅牢で優秀な自動車製造技術などの情報が「ドイツ人は勤勉である」というカテゴリーとして記憶されるのである。獲得されたカテゴリー的知識は「あるカテゴリーに割り当てられることで、実際に観察されることを超えてより詳細で豊富な特徴づけが行われる。さらにこれらのカテゴリーは他のカテゴリーと関連づけられている。カテゴリー間の関連により、いっそう様々な特性の有無が推測される」（波多野・三宅　1996：209頁）という優れた点を有している。

しかし、こうしたカテゴリー的知識は「それと整合的な事実に注意を向け、そうした事実を記憶にとどめるはたらきを持ち、したがってそのような事実の生起頻度を過大評価させる」（波多野・三宅　1996：210頁）という負の傾向性を持っている。

その極端な場合がステレオタイプである。ステレオタイプとは、ある社会的カテゴリーに属する構成員の持つ一部の特性を成員すべてに付与することにより生み出される過剰な一般化のことをいう。たとえば、（あまり適切な事例ではないが）日本における外国人犯罪が増加している、外国人の不法就労や密入国が後を絶たないなど、日常得られる外国の人々に関する負の情報が多く蓄積されると、近所で空き巣に入られたという情報に接したとき、われわれは何の根拠もなく「もしかしたら、外国人グループの犯行かもしれない」と想像してしまう。日本に滞在する外国人の総数からすれば、実際の外国人による犯罪行為はごくごく稀で、わずかな件数しかない。それにもかかわらず、積み上げられてきた短絡的で非合理的な負の情報が外国人一般にまで拡大され、外国人に対するステレオタイプとして固定化していく。

いったん形成されたステレオタイプは、ちょっとした情報に接しても、「ほら、やっぱり」、「だからそうなんだ」とネガティブなイメージを積み重ねることになり、いっそう補強・強化されていく。さらに、ステレオタイプは、経験の幅が狭いほど、正確な知識が欠落しているほど深まり、偏見や差別観などに繋がっていくのである。

それでは、ステレオタイプを克服するにはどのようにすればよいのであろうか。われわれがものごとを認識するには必ずカテゴリー的な認知の仕方をすること、その結果、必然的に様々なステレオタイプを持つことになることを自覚した上で、第1に、認知的複雑性を高めることである。より多くのカテゴリーを持って認知しようとすることこそが、対象の持つ多面性や多様性を総合的に把握することに繋がる。第2は、自己の見方への洞察を深めることである。なぜ自分がそのようなス

テレオタイプを持つに至ったのかを、「事実の描写→解釈→評価」という一連の認識過程を分析的に理解することが重要である。第3は、異なるものに対する情緒的反応への理性的対処ができるようにすることである。ステレオタイプ、さらに偏見や差別観などの感情は、人間の内面における情緒的な負の営みである。こうした情緒的心性を克服するには理性的な対応、すなわち歴史的社会的背景を踏まえ、事実に即して科学的に対象を理解することによって乗り越えるしかない。

3．世界地誌を学ぶ意義

地理学習の基本は従来から地誌学習であった。それは、問題解決学習が広く行われていた初期社会科期においても、（とりわけ中学校においては）地理的内容を学習する際には地誌的取り扱いを基底に展開されていたことからも明らかである。

なぜ地理学習では地誌が学ばれるのか。この点については、中山（2000）が指摘するように、国家や地域が学習の単位となる地誌学習の場合、必然的に国民意識や国家意識を育成する学習としての機能を担っているからである。しかし、それ以上に重要なことは、地誌学習が世界の国々に関する豊富で正確な知識の獲得を通して、偏狭な国民意識・国家意識から脱却し、子どもたちの豊かな世界観の獲得を促すという使命を持っているからである。この点は、戦後、国際理解教育をリードしてきたユネスコが「外国に対する偏見は無知から起こる」として、指導原則の中核に「すべての民族、その文化、文明、価値及び生活様式に対する理解」を位置づけてきたことからも伺える（竹内 1992）。たとえば、1953年度から取り組まれたユネスコ協同学校計画の実験研究テーマは「人権の研究」「国連の研究」に加え「他国の理解」が3本柱であった。そして、「他国の理解」の中核を担ったのが世界の国々を学ぶ地理学習であった。

前述のように、われわれが自らのステレオタイプ的な見方を克服していくには、より多くのカテゴリー的知識を獲得し、一つひとつの事実を分析的に理解することを通して、感情的な反応を理性的に乗り越えていくしかない。冒頭の「取りつく島もない」ALTとも、見方や考え方が違うからといって諦めるのではなく、具体的な事実の解釈をめぐってねばり強く対話を積み重ねていくことが問題解決への第一歩となろう。世界の国々を学ぶ地理学習の果たす役割は小さくはない。

ただし、ここで戒めなければならないのは、外国に関する大量の知識を与えたからといって、子どもたちの豊かな世界観が形成されるとは限らないという点である。これまでも再三指摘されてきたように、地誌学習、とりわけ静態地誌学習では、ややもすれば平板で羅列的な知識の強要になりかねない。そうした偏った一面的な知識の伝達は、子どもたちのステレオタイプ的認識を助長するだけである。

4．世界地誌学習を構想する視点

(1) 動態地誌学習の導入

それでは、どのような世界地誌学習を構想すればよいのか。以下、現行学習指導要領（2008年版）中学校地理的分野の場合を例に、それを検討してみよう。

現行学習指導要領は、1998年版の地理的見方・考え方、学び方の習得を目指した地理学習から地誌学習へと大きく舵を切った。地誌学習への回帰は、いわゆる「ゆとり教育」・「低学力」批判の中から導き出されたという側面が強い。しかし、それだけではない。

グローバル化が急速に進展し、日々刻々と変動する現代においては、様々な情報媒体を通じて世界や日本の出来事が配信される。現代社会に生きる子どもたちは、社会を読み解くために必要な基礎的な知識を獲得するだけでなく、そうした情報を効率よく収集し、事象の本質を見きわめ、的確に判断する能力が求められる。地理学習においてその役割を担うのが地誌学習である。

それでは、どのような地誌学習を構想すべきなのか。少なくとも、知識を羅列し、それらをただ積み上げていくだけの従来の静態地誌学習では、現代社会を解読できないことは明らかであろう。

現行学習指導要領の提起する新たな視点からの地誌学習とは何か。それは動態地誌学習である。一般に動態地誌とは、「"対象とする地域の諸事象のうち最も重要なものに着目して、それを中核として記述を進めていく"という考え方の地誌」であり、「静態地誌と違って地誌としての入り口は焦点化されているものの、他の事象との因果関係の追究から当該地域の地域的特色を総合的にとらえる」地誌学習であるとされている（吉開 2009）。

動態地誌的学習の有効性は以下の諸点が指摘できる。

第1は、地誌学習が本来めざしている地域的特色の解明に適している点である。地域を構成する無数の要素を取り上げることは本来的に困難であるばかりでなく無意味である。地域を動態的に把握することにより、地域的特色をより鮮明に描き出すことができる。

第2は、地域空間の全体性に着目することにより、地域を構成する要素間の関係性を解明することができる。静態地誌では地域に存在する事象を分解・分断して取り扱う。それに対して動態地誌では、地域的特色を表す事象を中核として地域構成要素を有機的に関連づけて考察することができ、結果として地域を多面的・多角的に捉えることができる。

第3は、従来の平板な地誌学習を克服することができる。静態地誌による地誌学習は、総花的に地理的な知識を羅列し、平板な学習が繰り返されることが多かった。その結果、授業時数が増えるばかりか、子どもたちの学習意欲は高まらず、「地理は暗記科目」として敬遠されることになった。それに対して動態地誌的学習では、地域的特色を表すテーマを軸に一つのストーリーとして展開するため、子どもたちの興味・関心を喚起し、学習意欲を引き出すことができる。

第4は、変化の時代における地誌学習に適している。動態地誌学習は単なる知識・情報の提供だけでなく、子どもたちがそれらを関係づけ、構造化して理解することにより、自らの世界認識を絶えず更新し、再構成していくことを可能にする。

他方、動態地誌学習に対しては、以前から多くの問題点も指摘されてきた。

その第1は、動態地誌は地域的特色が明確な場合は有効であるが、任意の地域について同じ方法を用いて記述をしたとしても成功するとは限らないという点である。たとえば、明確な地域的特色を見いだせないような地域の場合、逆に特化した要素が多数存在するような場合などは、動態地誌を描くには困難が予想される。

第2は、地域的特色を特定する際の判断基準を何に求めるのかという問題である。動態地誌を描く場合、その地域において何がもっとも重要な要素であるのかを判断しなければならない。その判断基準を何に求めるのか。ややもすれば、その判断は便宜的かつ主観的なものに陥る危険性をはらんでいる。

第3は、地域を構成する要素と中核となるテーマの関係性に内在する問題である。地域性を特徴づけるテーマを導き出すには、地域を構成する個別の要素を理解し、その関係性を俯瞰しなければならない。その意味で、個別要素を知ることが先なのか、テーマを設定することが先なのかという、各要素研究とテーマの総合的研究の関係性、理論的根拠が明確ではない。

第4は、漏れ落ちる要素の問題である。特定のテーマを中核に地域を記述する動態地誌の手法では、当然のことながら取り扱われない要素が出てくる。

以上のように問題点を整理してみると、動態地誌的学習を実践するには地域に関する幅広く深い理解、的確な問題把握、地域構成要素の総合的・構造的理解、高度な授業構成力が求められること

がわかる。

(2) 学習過程への着目

今次の改訂では、基礎的な知識や概念・技能を習得し、それらを活用して学習を深め、さらに自ら課題を設定して探究するという「習得―活用―探究」の学習過程を想定している。この学習過程は、地理的分野の動態地誌学習においても援用されており、「地域の特色を示す地理的事象を見いだす段階」、「中核とした事柄を他の事象と関連づけて追究する段階」、「追究の過程や結果を表現する段階」という3つの学習段階が想定されている。

動態地誌学習における学習過程への着目は、前述のように現代を生きる子どもたちは単に知識や概念・技能を習得するだけでなく、それらをもとにして現代社会を読み解き、自ら積極的に社会に参画していくという「能動的な学力」の獲得が求められていることに起因している。換言すれば、動態地誌学習は、「習得―活用―探究」という学習過程とセットになって実践されなければ、その有効性を発揮することができないのである。この点が従来の静態地誌学習と決定的に異なっている点である。筆者は学習過程を学習段階として固定的に捉えることには反対であるが、中核テーマ・主題の問題解決に向けた学習過程に着目して地誌学習を構想するという動態地誌学習の積極面は大いに評価すべきであると考える。

しかし、「能動的な学力」の獲得を目指した学習過程を組織することは決してやさしいことではない。教師には今まで以上に広く深い地域理解と高い授業構成能力が求められる。そして、何よりも子どもたちが設定された中核テーマ・主題を自らの問題として捉えることができなければそのような学習過程は成立しないだろう。

(3) 世界地誌学習の視点

地誌研究の究極の目的は、地域性の解明にある。一方、地域性を解明するには、一つの方法だけではなく、多様なアプローチの仕方がある。

矢ケ﨑は、地誌研究を地域認識のアプローチの仕方の相違から、①身近な地域の地誌、②歴史地誌、③グローバル地誌、④比較交流地誌、⑤テーマ重視地誌、⑥網羅累積地誌、⑦広域動態地誌の7つに分類している（矢ケ﨑他編 2007）。矢ケ﨑が提起する7つの地誌研究は、対象とする地域やテーマによって最も適した地誌が選択的に採用されると同時に、場合によっては、いくつかのタイプの地誌を組み合わせることによって、真の地域性の解明に接近することができると理解することもできる。

たとえば、矢ケ﨑の地誌研究分類に従って現行学習指導要領が提唱する動態地誌学習をイメージするならば、中核テーマ・主題を子どもたちの生活実感や問題意識とリンクして設定するために「身近な地域の地誌」を導入とすることができる。他方、中核テーマ・主題の本質を解明していくには、「網羅累積地誌」による基礎的な地域理解をベースにしながら、その生成過程を歴史的に考察する「歴史地誌」や他地域に生起する同様の事象との比較検討を行う「比較交流地誌」、地球的視野から問題を把握する「グローバル地誌」的な考察が不可欠であろう。すなわち、動態地誌学習を構想する場合、特定の地域認識アプローチに固執することなく、多様な視点や方法によりながら柔軟に学習過程を構成していくことが肝要なのである。

総じて、地域性の解明という目的に向かって、子どもたち自身と現代社会が抱える問題から学習テーマや教育内容・教材を選択し、いきいきと地域の実態を描き出し、それらを日本全体や世界全体の動向の中で捉え返し、総合する学習こそが、今求められている世界地誌学習なのである。

（竹内裕一）

参考文献

・久世清仁（2004）『ともに生きる心を育むための国際理解教育の在り方―外国の人々との交流活動を通して―』2003年度千葉県長期研修生報

告書
- 竹内裕一（1992）国際理解教育実践の歴史から学ぶ．坂井俊樹編『国際理解と教育実践』エムティ出版
- 竹内裕一（2009）「新しい」地誌学習のあり方―動態地誌的学習をどう構想するか―．「地理教育」38号
- 中山修一（2000）地誌と地理教育―日本の「地誌教育」は何をめざしてきたか？―．熊谷圭知・西川大二郎編『第三世界を描く地誌』古今書院
- 波多野誼余夫・三宅なほみ（1996）社会的認知―社会についての思考と社会における思考．市川伸一編『認知心理学4 思考』東京大学出版会
- 矢ケ﨑典隆・加賀美雅弘・古田悦造編（2007）『地誌学概論』朝倉書店
- 吉開潔（2009）「高等学校地理における地誌学習の方向性」『中等教育資料』NO.873

【1章　世界の国々と地理学習】

1.2　世界の国々を調べる視点

1．新学習指導要領と世界地理学習

　国際化時代の今、児童・生徒に海外に関する系統的な知識を与え、基礎的な世界像を形成することが必要であり、その学習の中核は地理教育が担うべきである、と長い間主張されてきた（斎藤・犬井 1985）。諸外国の国際理解に関する教育の現状や歴史をみても、地理教育のプログラムは児童・生徒の世界像形成のために大きく寄与している。たとえば、アメリカ合衆国においては、近年、地理教育の活性化が進んでおり、その過程で幼稚園から高等学校を対象とした『地理ナショナル・スタンダード（1994年版）』が誕生した（田部 2009：125-128）。ここには一貫した地理教育の体系が明確に示されており、国際理解に関する内容も、学年段階に応じて認識目標・技能目標が示されている。

　日本における今回の学習指導要領の改訂では、中央教育審議会の審議の中で、社会科、地理歴史科、公民科の課題の一つとして「世界の地理や歴史に関する内容の充実」が挙げられている。このため新学習指導要領ではこのことを踏まえて改善が加えられた。

　本稿では、小学校社会科、中学校社会科地理的分野、高等学校地理歴史科において、新学習指導要領の世界に関する学習をどのように扱うようになったか論じたい。次に、依然として世界に関する学習の拡充が必要な日本において、先進的な取り組みを行っている先進校の紹介を行いたい。さらに、日本地理教育学会における世界の学習に関する学会活動について報告したい。

2．小学校社会科と世界地理学習

　新学習指導要領の小学校社会科の3点の改訂のポイントのうち、1つが以下のように日本地理、世界地理の充実であった。

> 47都道府県の名称と位置、世界の主な大陸と海洋、主な国の名称と位置など学習や生活の基盤となる知識についての学習を充実させる。

　具体的には、第5学年の内容(1)　我が国の国土の自然などの様子について、次のことを地図や地球儀、資料などを活用して調べ、国土の環境が人々の生活や産業と密接な関連をもっていることを考えることになっている。

> ア　世界の主な大陸と海洋、主な国の名称と位置、我が国の位置と領土
> イ　国土の地形や気候の概要、自然条件から見て特色ある地域の人々の生活
> ウ　公害から国民の健康や生活環境を守ることの大切さ
> エ　国土の保全などのための森林資源の働き及び自然災害の防止

　ここでは世界地理の充実について、アを詳しくみていきたい。

　アの「世界の主な大陸と海洋」を調べるとは、ユーラシア大陸、北アメリカ大陸、南アメリカ大陸、アフリカ大陸、オーストラリア大陸、南極大陸の六大陸と、太平洋、大西洋、インド洋の三海洋の名称と位置や広がりを取り上げ、地図帳や地球儀などで調べ、白地図などに書き表す。世界の大観の学習であり、従前の学習指導要領では一部は中学校の内容であったものである。

表1　小学校で扱う主な国の名称と位置の例

大陸名	人口の多い国
ユーラシア	中華人民共和国／インド／インドネシア共和国／パキスタン・イスラム共和国／バングラデシュ人民共和国／ロシア連邦／フィリピン共和国／ベトナム社会主義共和国／ドイツ連邦共和国／フランス共和国
北アメリカ	アメリカ合衆国 メキシコ合衆国
南アメリカ	ブラジル連邦共和国 コロンビア共和国
アフリカ	ナイジェリア連邦共和国 エチオピア連邦民主共和国
オーストラリア	オーストラリア連邦 パプアニューギニア独立国

諸外国に比べると、第5学年での世界の導入は遅いが、それでも改善には違いない。アの「主な国の名称と位置」を調べるとは、世界の主な国を取り上げ、その国の名称と位置を地図帳や地球儀などで調べ、白地図などに書き表す。その際、我が国とそれらの国との位置関係を確認させ、産業に関する学習などにおいて活用できるようにする。

「主な国」の取り上げ方としては、近隣の諸国を含めてユーラシア大陸やその周りに位置する国々の中から10か国程度、北アメリカ、南アメリカ、アフリカ、オーストラリアなどの大陸やその周りに位置する国々の中からそれぞれ2か国程度を教師が選択すると示されている。つまり、世界の18か国程度を扱うことになる。

主な国の名称と位置で取り上げる国の例を大陸別に人口の順に示した（表1）。その他にも日本からの輸入や輸出で国を選定してもよい。

このように小学校における世界の国々の学習が明確に位置づけられたことにより、今後は充実した実践が求められる。また、音楽や国語、外国語活動、食育といった他教科や他領域においても積極的に世界について学ばせることが大切である。

3. 中学校社会科と世界地理学習

今回の学習指導要領改訂において、大幅に改善がなされたのは、中学校社会科地理的分野である。前述したように、中央教育審議会の答申に「小・中学校における世界の地理や歴史に関する内容の充実」が盛り込まれ、社会科地理的分野の4つの目標のうち(2)には以下のように地誌的な世界地理学習の充実が盛り込まれた。

> 目標(2)日本や世界の地域の諸事象を位置や空間的な広がりとのかかわりでとらえ、それを地域の規模に応じて環境条件や人間の営みなどと関連付けて考察し、地域的特色や地域の課題をとらえさせる。

世界の諸地域の地理的認識を養うことを重視することから、日本や世界の様々な地理的事象に生徒自らが関心をもって学習に取り組むことができるようにするとともに、学習を通してさらに関心を喚起させるように位置づけられている。

中学校社会科地理的分野の配列構成は、以下のように大きく再編された。

(1) 世界の様々な地域
　ア　世界の地域構成
　イ　世界各地の人々の生活と環境【新設】
　ウ　世界の諸地域【新設】
　エ　世界の様々な地域の調査【改訂】

(2) 日本の様々な地域
　ア　日本の地域構成
　イ　世界と比べた日本の地域的特色
　ウ　日本の諸地域【新設】
　エ　身近な地域の調査

地理的分野の配列構成を検討してみると、世界、日本とも世界の諸地域、日本の諸地域学習が新設され、地域的特色の理解に重きが置かれていることがわかる。ここでは、(1)ウ　世界の諸地域【新設】について詳しくみていきたい。

(ｱ)アジア、(ｲ)ヨーロッパ、(ｳ)アフリカ、(ｴ)北アメリカ、(ｵ)南アメリカ、(ｶ)オセアニア、の各州の人々の生活を把握できる地理的事象を取り上げ、地域的特色を理解させる。従来の網羅的な地誌学習への反省から、内容を(1)地域的特色の大観、(2)主題を設けての地域的特色の理解、の2つに精選している。

(1) 地域的特色の大観は、基礎・基本的な知識として、自然、産業、生活・文化、歴史的背景などについて概観することを目的としている。ここでは、羅列的な知識を身につけることではなく、生徒が世界の地理的事象を身近に感じて、取り上げた世界の諸地域についてイメージを構成することができ、世界の地理的認識を深めていくことが重要である。

(2) 主題を設けての地域的特色の理解は、世界の各州ごとに、主題例とおおよその学習イメージが示されている。

(ｱ) アジア

人口急増と多様な民族・文化：ここでは、「なぜアジアでは人口が急増し、民族、文化が多様なのか」という問いを立て、人口急増地域の分布などを追究する。これによりアジアの人口問題の出現や多様な民族構成、文化形成の背景がわかり、アジアの地域的特色の理解につながる、としている。

(ｲ) ヨーロッパ

EUの発展と地域間格差：ここでは、「EU加盟国では、政治・経済的統合が人々の生活にどのような影響を与えているか」いう問いを立て、ヨーロッパにおいてEU加盟国の人々が日常生活で自由に域内の国境を越えて買い物や仕事をしていることなどを追究すると、構成する国の相互関係や域内の地域間格差の実態がわかり、ヨーロッパの地域的特色の理解につながる。

(ｳ) アフリカ

モノカルチャー経済下の人々の生活：ここでは「第一次産品にたよるアフリカ諸国の人々は、どのような生活をしているのか」という問いを立て、アフリカ諸国の主要生産品などを追究すると、アフリカの脆弱な経済基盤とその理由が明らかになり、アフリカの地域的特色の理解につながる、としている。

(ｴ) 北アメリカ

大規模農業と工業の発展：ここでは「なぜアメリカやカナダは農業生産力だけでなく工業生産力も高いのか」という問いを立て、アメリカ合衆国、カナダの世界貿易に占める地位などを追究すると、巨大な生産と消費の人々の生活様式がわかり、北アメリカの地域的特色の理解につながる、としている。

(ｵ) 南アメリカ

森林破壊と環境保全：ここでは「なぜアマゾンの森林が減少し、サトウキビ栽培が増加しているのか」という問いを立て、アマゾンの森林破壊の実態などを追究すると、環境問題やエネルギー問題を地域に即してとらえられ、南アメリカの地域的特色の理解につながる、としている。

(ｶ) オセアニア

アジア諸国との結び付き：ここでは「なぜオセアニアは、ヨーロッパに代わってアジアとの結び付きが強まってきたのか」という問いを立て、オーストラリアやニュージーランドの貿易品の量・額の動向などを追究すると、オーストラリアやニュージーランドがアジア諸国と結びつきを強め、多文化社会が進むオセアニアの人々の生活の様子が明らかになり、オセアニアの地域的特色の理解につながる、としている。

4．高等学校学習指導要領と世界地誌学習

ここでは高等学校地理Bと世界地誌学習について、学習指導要領の改訂の要点を中心に整理した。地理Bの「目標」を以下に示す。

> 現代世界の地理的事象を系統地理的に、現代世界の諸地域を歴史的背景を踏まえて地誌的に考察し、現代世界の地理的認識を養うとともに、地理的な見方や考え方を培い、国際社会に主体的に生きる日本国民としての自覚と資質を養う。

改訂の第一のポイントは、目標の地誌的考察の部分に「現代世界の諸地域」が挿入され、世界地誌学習の充実が示されている点である。地理Aが現代世界の諸課題や日常生活との関連を重視させているのとは明確に異なる。

大項目(3)「現代世界の地誌的考察」の中項目イ「現代世界の諸地域」では、様々な規模の地域を世界全体から偏りなく取り上げ、地誌的考察を通して世界の地理的認識を深める。地誌的考察方法として「内容の取扱い」は、三つの方法を示す。さらに、『地理歴史科解説書』では、これに基づく具体的な学習指導例をあげて説明している。

ここでは、「現代社会の諸地域」における(1)～(3)の3つの地誌的考察方法を、(1)～(3)の順に、①考察方法、②地域区分の指標、③取り上げる地域、④主発問、を示す。

(1) ①取り上げた地域の多様な事象を項目ごとに整理して考察する方法、②気候区、③西アジア、④西アジアとはいったいどのようなところだろう。

(2) ①取り上げた地域の特色ある事象と他の事象を有機的に関連付けて考察する方法、②経済成長率、③中華人民共和国、④なぜ、中華人民共和国は急激な経済成長を遂げているのだろう。

(3) ①対照的又は類似的な性格の二つの地域を比較し考察する方法、②宗教、③カナダ、オーストラリア、④カナダやオーストラリアは、いったいどのような相違点や共通点があるのだろう。

このように地理Bの世界地誌学習は、二つ又は三つの事例地域による調べ学習に限定せず、様々な規模の地域を世界全体からバランスよく取り上げることにより、地理的認識を深めることが可能となった。

改訂の第二のポイントは、我が国が抱える地理的な諸課題を探究する項目が新設された点である。

大項目(3)「現代世界の地誌的考察」の中項目「ウ 現代世界と日本」では、地理Bのまとめとして、それまでの学習成果を活用し、地理的な諸課題を探究し、解決の方向性などについて展望する。ここでは、地理Aと同様、中教審の答申における言語活動の充実が特に求められているためである。『地理歴史科解説書』では、「大都市の人口集中にかかわる課題」を事例にした展開例が、具体的に示されている。

まず、①課題の設定として、「なぜ、人口の大都市への集中に問題があるのだろう。国土形成にはどのような在り方が望まれるのだろう」という課題を生徒と設定する。

次に、②課題の探究として人口の大都市への集中に伴う問題として、以下のような問題と課題の2つの意見を想定している。

問題の意見としては、「交通量の増大や気温の上昇など都市環境が大きく変化し、この結果、大都市の生活環境が悪化するだけでなく、全国の森林や農地などの荒廃が進み、食料自給率の低下が問題になる。」一方、人口集中の効果として「今日の土木・建築技術を使えば、国民の大都市への集住が可能で、その結果、だれもが便利な都市生活を享受でき、社会資本の効率良い活用が可能になる。」という意見を想定している。そして、仮説を設定し、仮説を検証する。

そして、③発表に至る。多くの小中学校で用いられているポスターセッションの方法を参考にすると、活発な論議が期待できるのではないか。

この中項目(ウ)では事例として取り上げる各地域と日本とを必要に応じて比較したり関連付けたりして、現代世界に対する地理的認識が深められるよう工夫し、広い視野から国際社会における日本の役割について考えさせることが重要である。

5. 国際理解教育の先進校

以上のように世界の国々と地理学習について、学習指導要領の観点から新しい方向性を示した。

ここでは国際理解教育の先進校について触れたい。先述したように、日本における世界に関する学習のスタートは諸外国に比べ遅い。しかし、従来の学習指導要領の枠内でも、東京都新宿区立西戸山小学校や千葉県鴨川市立鴨川小学校のように、学校ぐるみの実践によって工夫して国際理解や地球理解に迫ろうとする例がみられた（岩本 1986）。

最近は、千葉県東金市立鴫金小学校や同県松戸市立横須賀小学校のように、総合的な学習の時間の活動とからめたり、様々な視点で世界について積極的に調べる実践を実施する学校が増加している。鴫金小学校の場合は、JICAの筑波国際農業研修センターを訪問して農業実習生とゲームや歌、食事を通して交流を深めた。横須賀小学校の場合は、中国からの留学生との交流や、また、韓国と台湾からの留学生の教育実習生4名を引き受け、実習等を通して交流活動を行っている（小林 2002）。

新潟県上越教育大学附属中学校のグローバルセミナーの事例は、思い切ったカリキュラム編成を行い、生徒の興味・関心、問題意識を重視した好例である。また、中高一貫校としては立命館慶祥中学高等学校の中学2年の事例が参考になる。この学校は、立命館大学の付属校として中高一貫の国際教育プログラムを持っている（釜田 2002；加藤 2002）。また、高等学校では、東京都立国際高等学校や公文国際学園中等部・高等部（神奈川県横浜市）、東京学芸大学附属国際中等教育学校をはじめとしていくつかの国際中学校、高等学校が誕生し、ユニークな実践を行っている。

さらに注目されるのは、日本国内で文部科学省の監督外にあり、独自の国際理解教育を実施している、いわゆるインターナショナル・スクールでの実践である。東京都港区にある西町インターナショナルスクール（以下 NIS）は、幼稚園から第9学年（日本の高校3年生にあたる）までの約30カ国からの子どもたち約400名で構成されている。NISがめざす教育の目標は、「世界市民 citizens of the world」の育成である。生徒の過半数はバイリンガルで、二カ国語教育、多文化教育を実践している（田部 1997）。NISのプログラムの特徴は2つある。1点目は、世界の様々な地域を10年間かけてカバーしている点である。幼稚園の世界の休日からはじまり、小1の日本、小2のアフリカ、中東、太平洋の島々……というように思い切った構成になっている。2点目は、その地域を学習する際に、地理・歴史・社会の3分野からアプローチすることを特徴としている。

これらの国際理解教育の推進校でうまくいっているケースに共通していえるのは、学校全体計画の作成と全校における明確なコンセプトの共有である。多文化共生社会の中で、地理教育が国際理解教育に積極的に関与していきたい（田部2008）。

6．日本地理教育学会における世界地理学習教材の開発の取り組み

筆者は日本地理教育学会集会委員長として、2007年4月より年3回の例会の企画を集会委員の方々と担ってきた。当初より重視したのは、海外のフィールド研究を積極的に行っている地理学者と地理教育実践者のコラボレーションである。

「世界の教え方」として、第1回「ヨーロッパの縮図としてのドイツ」（加賀美雅弘会員）、第2回「中国の教え方」（上野和彦会員）、第3回「アメリカをどう扱うか」（矢ケ崎典隆会員）といったフィールド研究を大切にしている地理学者に刺激的な発表をしていただいた。

その上で、第4回「中国＆アメリカ」では例会での論議を踏まえ、新課程を意識した教育実践（報告1「中国をどう教えるか」竹内裕一会員・長倉健会員、報告2「アメリカをどう教えるか」佐々木智章会員）を報告していただいた。第5回「アメリカ・カナダ・南北アメリカ」、第6回「オセアニア」は、椿真智子、矢ケ崎典隆、山崎祥雄、齊藤晃、佐々木智章、菊地俊夫の各会員が、それぞれの魅力的な地誌と先進的な地誌学習を提案し

ていただいた。

　世界の国々と地理学習を拡充させるためには、最先端で的確な世界の情報が不可欠であり、海外のフィールド研究を積極的に行っている地理学者と地理教育実践者の連携は重要である。学会では、教育行政担当者や教科書会社の方々に登壇したりしていただきながら、幅広い教材の可能性を追求している。非会員にも公開しているので読者の方で関心のある方は参加していただきたい。

7．今後の課題

　本稿では、新学習指導要領の下での小・中・高等学校社会科・地理歴史科における世界地理学習について、新学習指導要領の重点、育成すべき視点や留意点、国際理解教育の先進的な取り組みを中心に論じた。最後に以下のような課題を提示したい。

1. 入門期における世界地理学習をいつ、どのような形で進めるか。今後、さらに次の学習指導要領の方向性や「総合的な学習の時間」との関連も深めて、充実させていきたい。小学校第1学年からの世界地理学習も検討の余地があると考える。
2. 中学校も高等学校も、従前の生徒が事例を選択して自ら調べる学習方法中心から地誌学習中心となった。これが、以前の知識優先の地誌学習に逆戻りしてしまうと、地理教育はまた「地名物産学習」と厳しく批判されよう。また、地理教育が有意であることを示すためにも、世界的な課題であるESD（持続発展教育）には積極的に取り組むことは重要である（田部 2011）。学習方法の工夫と魅力的な世界地誌学習の構築こそ、今後の方向性であろう。
3. 教科書のあり方について。今後も調べさせる学習を推進するためには、もっと厚くて調べ学習に耐えることのできる資料集のような教科書の存在が不可欠である。また、矢ケ﨑が主張するように、地誌学習資料データベースの作成も急がれる（矢ケ﨑 2001）。

（田部俊充）

参考文献

・岩本廣美（1986）小学校社会科における世界地誌学習に関する予察的研究．新地理34, pp. 41-49
・加藤敦史（2002）『学習発表会「国際会議」開催に向けて』どこまでその国の人間になれるか．地理9月増刊号, pp. 24-27
・釜田聡（2002）町づくり学習とバリアフリー．地理9月増刊号, pp. 70-73
・小林昌美（2002）小学校における国際理解教育の実践千葉県松戸市立横須賀小学校を例として．新地理50(2), pp. 43-51
・斎藤毅・犬井正（1985）『現代の世界像』古今書院
・田部俊充（1997）インターナショナル・スクールにおける世界地誌学習．学芸地理51, pp. 53-67
・田部俊充（2008）アメリカ初等社会科における地理学力向上プログラム—物語教材アレン・セイ作・絵『祖父の旅』を活用した事例—．新地理55（3・4）, pp. 19-32
・田部俊充（2009）アメリカ合衆国の地理教育．中村和郎・高橋伸夫・谷内達・犬井正編『地理教育講座　第Ⅰ巻　地理教育の目的と役割』古今書院
・田部俊充（2011）初等教育におけるESD授業の考察．地理科学, 66(3), pp. 32-40
・矢ケ﨑典隆（2001）アメリカ合衆国のモービルホーム—地誌学習資料の蓄積に関する提案．新地理49(1), pp. 19-28

1.3 世界の国々を調べる方法と現代の課題

1．世界の国々と現代の課題

　世界の諸地域や国々を学習する方法として、課題を設定した地誌学習が重要である。将来、社会科教員をめざす人たちが地誌学の基本的な考え方を学習できるものとして、矢ケ﨑ほか（2007）が提案する7つのアプローチを紹介してみよう。1つ目は、自分たちの住んでいる地域（ミクロスケールの地域）を設定し、現地における地域調査（フィールドワーク）を実施することによって、地域の特徴や問題を具体的かつ体験的に理解する「身近な地域の地誌」。2つ目は、時間軸に沿って地域の景観や生活文化、産業、社会などの変化について明らかにする「歴史地誌」。3つ目は、前2つのローカルスケールと異なってグローバルスケールの様々な主題図を用いて現代世界の概要を明らかにする「グローバル地誌」。4つ目は、地域間の人、物、情報、資本などの交流がそれぞれの地域の形成によってどのように寄与してきたのかを明らかにする「比較交流地誌」。5つ目は、国を単位にその国を特徴づける特定のテーマに焦点をあてて明らかにする「テーマ重視地誌」。6つ目は、地域を構成する多様な地理的条件を網羅羅列的に記述し、地域像を総合的にバランスよく理解する「網羅累積地誌」。7つ目は、国境を越えて何らかのまとまりを持つ地域を対象に、国家間の関係、世界における位置づけ、地域が共有する文化や制度などに焦点をあてて、広域な地域の特徴を動態的に理解する「広域動態地誌」である。この7つのアプローチの仕方を身につけることによって、地誌学習をより一層充実させることが期待できる。

　現代世界は、20世紀後半以降から人口が急増し、2010年時点で約69億人を超えるまでになった。21世紀を生きる私たちは、人口爆発や少子高齢化、食糧不足と飢餓、水不足、エネルギー、資源の争奪、環境破壊、貧困、民族・宗教など様々な課題に直面している。このような課題を地理で学習することは、生徒にとって自分たちのくらしや地球の将来を考えるよい機会となる。

2．現代世界の諸課題を調べる

(1) 偏りのある世界の姿

　現代世界の諸課題について調べるときに何を手がかりにすればよいのであろうか。まずは、様々な指標からとらえた世界の姿を見る必要がある。例として、シェフィールド大学とミシガン大学のグループよって運営されている「Worldmapper」を紹介する（図1）。このホームページでは、次の項目ごとにカルトグラム図の閲覧・ダウンロードができる。Basic（基本統計）、Movement（国際的な人口移動）、Transport（交通）、Food（食料）、Goods（資源の輸出入）、Manufacturers（工業製品の輸出入）、Services（サービスの

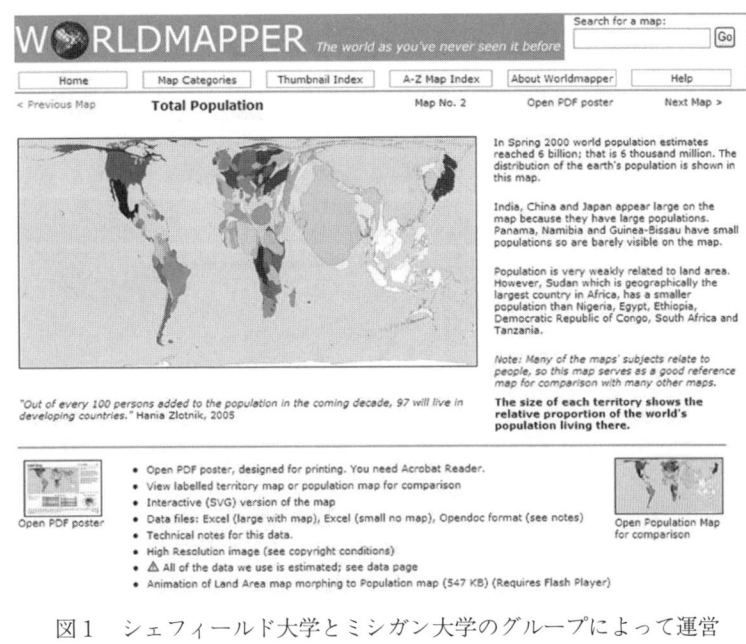

図1 シェフィールド大学とミシガン大学のグループによって運営されている「Worldmapper」のHP http://www.sasi.group.shef.ac.uk/worldmapper/index.html

輸出入)、Resources（地下水、森林）、Fuel（電力、エネルギー資源）、Production（生産）、Work（労働、雇用）、Income（所得）、Wealth（富の大きさ）、Poverty（貧困）、Housing（住居）、Education（教育）、Health（健康）、Disease（病気）、Disaster（災害）、Death（死）、Destruction（生物種の危機）、Violence（紛争）、Pollution（環境汚染）、Depletion（資源の枯渇）、Communication（通信）、Exploitation（南北問題）、Action（国際的な動き）、Cause of Death（死亡原因）、Age of Death（死亡年齢）、Religion（宗教）、Language（言語）、Sport/Leisure（スポーツ、レクリエーション）。

　複数のカルトグラムを組み合わせるだけでも、特定の国の地域性を概観することができる。それでは、互いに密接な関係を持つ、水、食料、エネルギー、人口の問題を事例に諸課題の調べ方についてみてみよう。

(2) 水不足と食料生産

　水に恵まれた日本ではあまり実感がわかないかもしれないが、「蛇口をひねれば水が出る」といった国はむしろ少ない。急激な人口増加と社会の発展に伴い、世界中で水不足が広がって深刻化していることに、私たちは目を向けなければならない。地球上にある水の98％は海水で、わずか2％の淡水の中でも70％は氷河で、30％が地下水である。私たち約69億人が利用できる水は、地球上に存在する水のわずか0.01％にしかすぎないといわれている。

　水消費で1番大きい割合を占めるのは農業で、全水資源の3分の2を灌漑用に使用している。とくに、アグリビジネスなどによる大規模な食料生産による水不足が懸念されている。たとえば、アメリカ合衆国のグレートプレーンズではセンターピボットとよばれる大

図2　日本のバーチャルウォーター輸入量（年/億 m³）
環境省HPより引用

図3　カレーライスのバーチャルウォーター量
環境省HPより引用

規模な設備を使って水をまく灌漑農業が行われている。使う水はオガララ帯水層と呼ばれる世界最大級の地下水脈で、センターピボット灌漑は、長い年月をかけて蓄えられた地下水を使い果たそうとしている。食料増産のために灌漑が無制限に行われれば、土壌の塩化が進んでいく。アメリカだけではなく大規模な灌漑農業を行っている多くの地域は、増え続ける人口に対して、食料を確保するために大量の水を汲み上げるか、あるいは長期的な生産量安定を図るために計画的に取水量制限を行うかの選択に迫られている。

次に、水不足は日本にも大きく関係していることに着目してみよう。日本の食料自給率は約40%で、私たちが毎日食べているものの約3分の

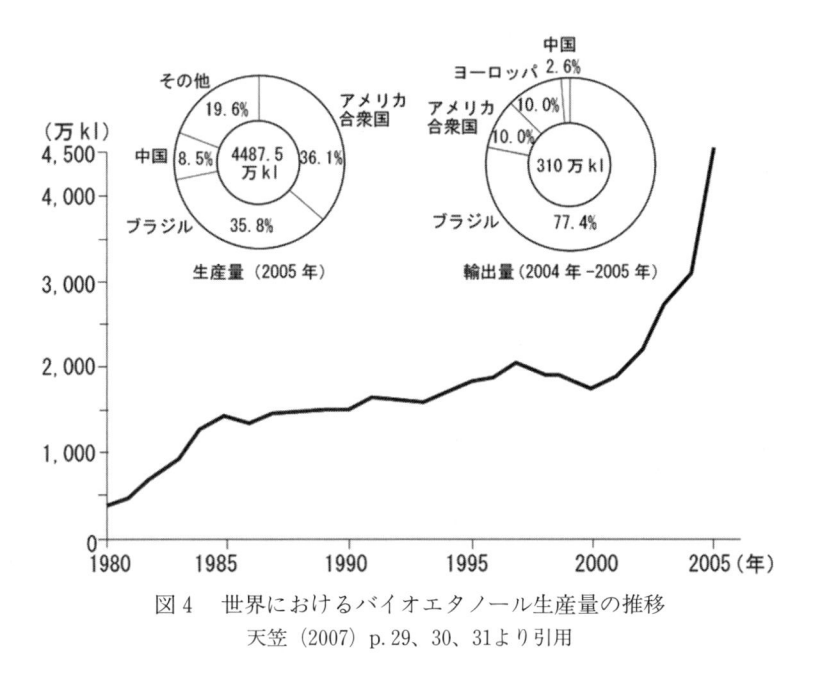

図4 世界におけるバイオエタノール生産量の推移
天笠（2007）p.29、30、31より引用

2を海外からの輸入に頼っている。輸出国では農産物の栽培のために水が大量に消費されており、この水資源をバーチャルウォーター（仮想水）と呼ぶ。穀物を1kg生産するには水が1,000kg必要で、牛肉1kgを生産するにはその穀物が7～11kg、豚肉で7kg、鶏肉で4kg必要といわれる。この考えを使うと、穀物を1kg輸入することは水を1,000kg、牛肉1kgなら水を7,000kg～1万1,000kg、豚肉1kgなら7,000kg、鶏肉1kgなら4,000kgの水を輸入していることになる。また、日本のバーチャルウォーターの総輸入量は年間約640億m^{3}と推計されおり、これは、日本国内での総水資源使用量の3分の2程度に相当する（図2）。環境省のホームページでは、日本がどれだけバーチャルウォーターを輸入しているかを計算することができる（図3）。

(3) 食料とエネルギーの争奪戦

2000年代半ば、化石燃料の枯渇などの対応策として世界的に導入が進んでいるバイオ燃料が、食料や家畜の飼料となる穀物生産と競合している問題が、ニュースなどに取りあげられたことを覚えているだろうか。2000年以降、世界のバイオエタノールの生産量は急増し、ブラジルとアメリカの2か国で、世界全体の約70％を占めている（図4）。それでは両国のバイオ燃料生産とそれによる影響をみてみよう。

ブラジルで生産されるバイオエタノールの原料はサトウキビで、その半分以上がエタノール生産に使用されている。ブラジルは、豊富なさとうきび生産を背景に、1930年代から国の政策でバイオエタノール生産が導入された。1970年代の石油危機の際に、プロアルコール計画によって自動車用のバイオエタノール生産が増大した。日本の農畜産業振興機構の報告によると、ブラジルではバイオエタノールの増産のために、サンパウロ州を中心に、オレンジやコーヒー、大豆からサトウキビへの転作や熱帯林の農地開発が拡大し、環境破壊まで派生している。

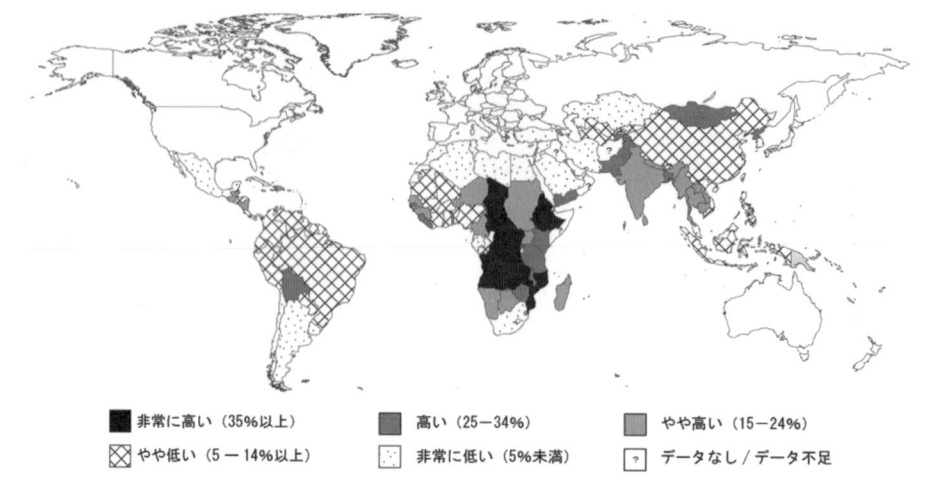

凡例:
- 非常に高い（35%以上）
- 高い（25－34%）
- やや高い（15－24%）
- やや低い（5－14%以上）
- 非常に低い（5%未満）
- データなし／データ不足

図5　開発途上国における栄養不足人口の割合（2005〜2007年）
FAOのHPより

　一方、アメリカでは、バイオエタノールの原料の90％以上がトウモロコシである。環境問題や余剰農作物問題への対応から、2000年以降、バイオエタノール生産が急増している。その結果、2005年にはバイオエタノール生産量がブラジルを抜き世界1位である。アメリカ合衆国におけるトウモロコシ生産は、中西部のコーンベルトを中心に行われており、バイオエタノール生産工場がいくつも建てられている。

　このように、原料作物をバイオ燃料生産に使うか、食料や家畜の飼料に使うのかという競合が生じ、それは原料作物価格の上昇を引き起こす。近年のトウモロコシや大豆などの穀物価格の上昇はこれが関係している。トウモロコシなどの穀物価格が高くなると、それを飼料にして育てている牛、豚、鶏などの価格も上がってしまう。さらに、トウモロコシを作る過程やバイオ燃料の製造過程でも石油は大量に使われている。最近では、バイオ燃料に関する話題はすっかりひそめてしまったが、今後、バイオ燃料生産がどのような展開をみせるか目が放せない。

(4) 食料分配の偏りと飢餓人口の増加

　私たち日本人が1年間に消費する食料は約9,100万トン、そのうち約1,900万トンが廃棄されている。世界の食料は均等に分配されているわけではなく、アフリカやアジアの開発途上国を中心に飢餓に苦しんでいる人たちが多い（図5）。その一方で、先進国では4億人の肥満者を抱えており、お金をかけてダイエットをしている状況である。なぜ、このような食料の分配に地域的格差が生じているのか着目する必要がある。

　国連世界食料計画（WFP）の報告によると、2010年時点で世界では約7人に1人、計9億2,500万人が飢餓に苦しんでいる。地域別でみた飢餓人口の内訳は、アジア、太平洋地域が5億7,800万人、サハラ砂漠以南のアフリカが2億3,900万人とそれを下回るものの、人口に占める割合が30％と最も高い。そして、中南アメリカが5,300万人、中東、北アフリカが3,700万人である。飢餓に苦しむ人の約75％は、発展途上国の農村部に住む貧

しい農民で、残りの25％は発展途上国の大都市周辺の貧しい地域に住む人たちである。

2011年、ソマリアやエチオピア、ケニアなどの東アフリカが過去60年間で最悪の干ばつと食料危機に襲われている。とくに、ソマリアでは干ばつから逃れようと18万人以上が隣国に脱出し、国境付近の難民キャンプは飽和状態になっている。国連と非政府組織（NGO）が中心となり、現地で食料や医療支援、難民保護などを行なっているが、1990年代から続く内戦状態によって状況は好転していないという。このように、飢餓には洪水や干ばつなどの自然災害と紛争などの人的災害があり、また、貧困と飢餓の連鎖から抜け出すことができない慢性的貧困も原因となっている。

国連が行う食料援助の対象となるものは彼らの主食である穀物類や豆類などで、前述したバイオエタノールと競合するものが多い。いわゆる、北（先進国）のバイオ燃料が南（発展途上国）の食料を奪うという南北問題も表面化していることに気づく。

3 情報を効率よく収集して問題の本質を見極めよう

急激な人口増加と社会のグローバル化の進展にともなって、今回事例としてとりあげた水、食料、エネルギー、人口をみるだけでも地球的課題は互いに複雑に絡み合っている。地誌学習を通して、文献や図書、インターネットなどから得られた現代世界の課題に関わる情報を整理して地図化してみよう。読み取った内容を考察して、問題解決のために自分なりの見解を持つことは、これから生きていくうえで必要な力である。

（深瀬浩三）

参考文献
- 矢ヶ崎典隆・加賀美雅弘・古田悦造編著（2007）：『地誌学概論』朝倉書店
- 天笠啓祐（2007）：『バイオ燃料―畑でつくるエネルギー―』コモンズ

【1章　世界の国々と地理学習】

1.4　調べた結果のまとめ方

1．まとめの重要性

　まとめとは、調べたことを自分のことばで再構成することである。KJ法のように、わかったことは箇条書きにして、それぞれの関係を考えて、筋道立てて整理することが大切である。いかにきれいにまとめられた作品ができても、内容が伴わなければ、地理的な調査・考察をしたことにはならない。

　現代っ子はデザインやイラストのセンスがよく、ビジュアル表現が上手である。表現方法も重要ではあるが、それは個々の生徒の個性に任せて、内容面の指導を充実させること、ポイントをわかりやすく示すくふうをさせることが社会科教師の役目であろう。

2．地図化・図表化のすすめ

(1) 資料の地図化・図表化

　地理学習のまとめとしては、地図や図表を使ってまとめることを重視したい。集めた資料、とくに地域別統計は地図化すると、新たな発見ができる。図1は、アメリカ合衆国のおもな都市の人口の変化を統計から読み取り、地図化したものである。北東部の都市で人口が減少している都市が見られるのに対して、サンベルトのほとんどの都市では、人口が増え続けている。地図化することによって、それが対照的に明確に示される。

●人口が増え続けている都市
◉人口が減り続けている都市
⊕その他の都市

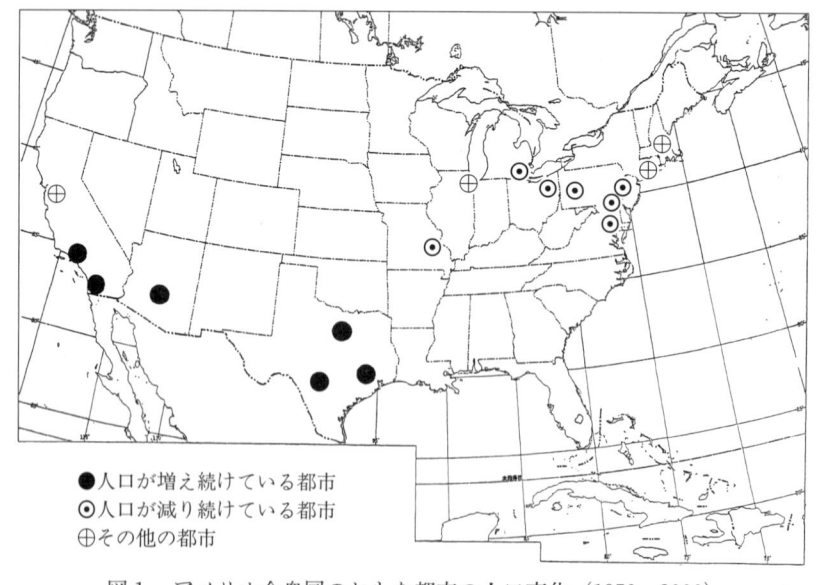

図1　アメリカ合衆国のおもな都市の人口変化（1950～2000）

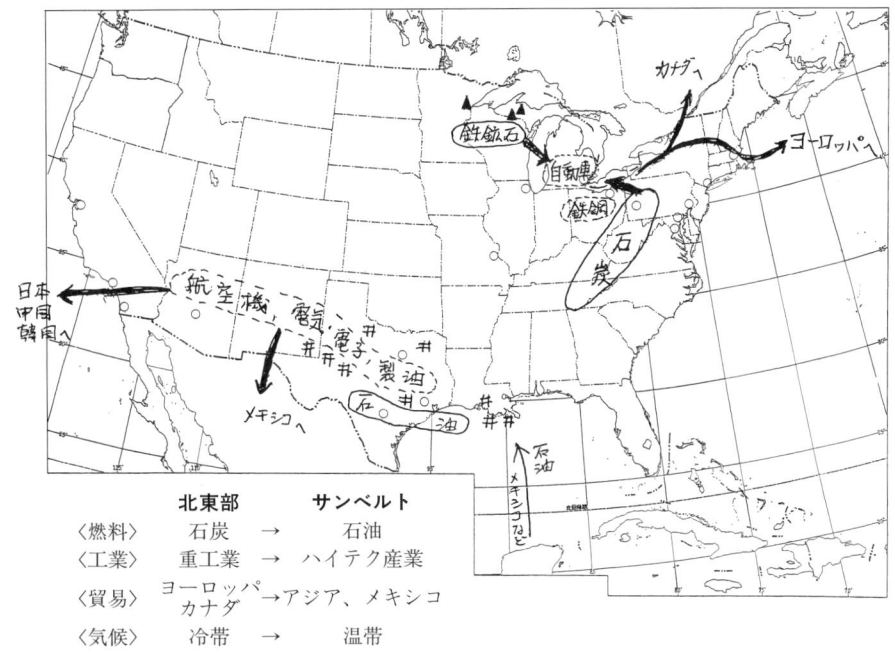

図2　アメリカ合衆国の産業の変化

(2) 要点を地図・図表で表現する

わかったことをキーワードで表して、それぞれの関連を考えて矢印で結ぶと、全体の流れがつかみやすい。それを地図化・図表化して表現できるとよい。図2は、図1の背景を地図にまとめたものである。

(3) イラストマップにまとめる

地誌では国内の多様性に注目することが多い。そのまとめとしては、各地域の特徴を代表的な絵で表現したイラストマップが有効である（図3）。アメリカ合衆国のように国内の多様性を表しやすい国では、とくに効果がある。

各地域の位置が分かるように、おもな山地や川、鉄道などを入れるとよい。盛り込みすぎると、かえってわかりにくくなる。目的によって強調する内容の表現をくふうしたい。

図3　イラストマップの例（生徒作品）

3．紙上でのまとめのくふう

(1) 強調点のアピール

レポート、パンフレット、イラストマップなど、紙上やパソコン上にまとめる場合は、とくに伝えたい内容を強調するようにくふうするとよい。あまり内容を盛り込みすぎると、ポイントがぼやけてしまう。とくに展示発表では、文章は読まれないことが多いので、下線を引いたり、色を使ったり、ポイントを整理したりするとよい。別紙として、とくに注目してほしい内容や方法上のくふうをまとめたものを添えてもよい。

パンフレットの場合、とくに伝えたい内容を見出しにうまく表現させたい。また、イラストを適宜使うと効果が上がる。

(2) 資料と合わせた構成

地図・図表・写真の活用は効果的である。それらを見るだけでも内容がわかるくらいでよい。パソコンでは、それらの資料を取り込むことが容易なので、活用させたい。なお、資料の出典を明示すること、引用と考察をはっきり分けることを習慣づけるようにすることが大切である。

4．口頭発表によるまとめのくふう

(1) 資料をもとに発表する

発表学習では、丸写しした文章をそのまま読むことが見受けられる。読んでいる本人もその意味をよく理解していない場合はもちろんのこと、豊富な内容を次から次へと発表されると、単なる知識の洪水になってしまい、聞き手には何が大切なのか、わかりにくい。それでは意味がないし、もったいない。とかく生徒はたくさん調べて発表することがよいと思いがちであるが、友達にわかりやすい発表を心がけさせることがとても大切である。地理では地図や写真、図表を提示して、それを基に説明するようなプレゼンテーションを重視するべきである。

(2) 調査結果の再構成

多くの発表では、演繹的な展開が見られるが、帰納的な展開のほうが関心を高めやすい。まず、導入段階で聞き手の関心を引くことが大切なので、写真やクイズを活用したい。

図4は、中国の農業についての発表の構想である。ここでは、自分たちの調査と同様、まず興味をもったさまざまな中華料理から始める。写真を使って、それぞれの特徴を示し、その地理的背景として、農業地域に言及する。その次に、当初は人口問題について発表する予定であったが、農業の変化と人口の関係を考えさせた。その結果、まず農産物生産の変化に着目して、それを農業生産方法の変化から説明するほうがわかりやすいと考えて変更した。そして、その背景にある人口増加を説明して、次に人口政策を発表する展開に変えた。

(3) 双方向的なやりとり

説明だけでなく、授業のように資料を見て分かったことを発表してもらうと、一方的な伝達でなくなり、変化があって楽しい。その際、資料をじっくり見てもらう時間を取るように前もって指導しておく。クイズを入れてもよい。文章資料はプリントにして読んでもらうことも考えられる。

そのためにも、日常の授業で双方向的な展開がなされていることが求められる。

(4) 聞き手のまとめ方

発表学習では、聞き手が「お客様」になってしまい、学習になりにくいといわれる。

図4 発表のシナリオ

【授業シナリオ】　授業テーマ《 中国の農業、料理について 》
授業日 10月24日 水曜日 1 時間目 B 組　班長　　　班員

授業のねらい
（訴えたいポイント要旨）：農業と料理はどのような関連があるのか。

授業計画

時間	学習内容	授業者の問い（Q）や活動と分担・みんなにしてもらう活動	資料（誰が何を）
12	〈料理〉 料理を知ることで、その土地の特色や、農業について知ってもらう。	北京料理について一通り説明したあと、なぜ小麦をよく使うのかをみんなに考えてもらい、何人かに発表してもらう。 上海料理について説明。（特になぜ上海では米を食べるのかということを農業と関連づけながら説明）。 四川料理について説明した後、四川料理はなぜ辛いのかをみんなに考えてもらい、発表してもらう。 広東料理について説明。（特になぜ広東料理は烏龍茶を飲むのかを重点的に説明）。	資料集 P.29 広東料理→烏龍茶の紙パック 渡辺君の資料（犬料理の写真）
	〈人口〉 「一人っ子政策」は、本当に有効な策であるのか。	中国にはたくさんの人々が住んでいることを説明（特色）。 しかし、人口が増えてしまい、食料不足が深刻化してしまった。 政府は「一人っ子政策」を始めた。（今の流れを黒板に書いて、わかりやすく説明）。 4つの問題点も説明。 労働力が必要なため、都市部では約半数が一人っ子だが農村では一人っ子はいない。 中国は農村が多いので一人っ子政策が幅広くは広まらないので、人口がなかなか減らない、ということも説明。	資料集 地理統計 P.32 （生産量は多いのに、輸出量が少ないということから、自分の国の食料としてほとんど使ってしまうということをわかってもらう）
	〈農業〉 農業のあゆみについて知ってもらう 〈問題点〉	中国は気候にあった農業をしている。 人民公社から生産責任制に変わった理由をくわしく説明。 自由市場が開かれることで生じるメリットとデメリットを説明。 生産責任制により生産量が向上しても食料は輸入しなくてはならない。 自由市場を利用して高額の収入を得る農家（万元戸）が出現し、都市部と内陸部の農家との収入の差が出てしまう。	資料集

　しかし、異なる国を調べた発表や、同じ国の異なる地理的事象を調べた発表では、自分たちが調べたことと比較して聞くことによって、さまざまな発見ができる。前者では地方的特殊性と一般的共通性の考察、後者では地域の多面的考察であり、地理的な考察の場面として重要である。これは地理学習の強みである。

◎…共通　×…逆　☆…重要

地域	位置と自然	人口・都市	農林水産業	鉱工業	生活・文化・歴史的背景	交通・観光・そのほか
北海道	◎海岸線が長い ・「十勝川」を利用してじゃがいもも生産	×様々な平野が広がる	◎水産業（たら）が盛ん ・ジャガイモをたくさん生産	・消費地から離れているため、練り物などで出荷。 ☆消費地が遠い	・牧場を経営している家が多い	・じゃがいもは、アメリカ、カナダ、中国などから輸入しているのもある。
東北 岩手 秋田	・場所によって気候が変化 ・「やませ」（季節風）がふく（冷） ・「リアス式海岸」（岩） ・山地の割合が大きい（秋） 秋田の土地→	（秋）・人口密度が低い	☆気候に合わせて様々な農業が行われている ☆リアス式海岸があり、漁業が盛ん。（岩） ↑波がおだやか	（秋） ◦漆器製家具→豊富な木を生かしたもの	◦米を大量生産していた ↓国が減反政策 農家が減少…。	
北関東・甲信 茨城	・かすみがうらの汚染問題が深刻	・ビルなどはたっていない	・水産業…コイの養殖 ・南北に長く、様々な野菜などがとれる。 ・季節によってとれるものが様々。	「日立工業」の本処地	・農業人口が多い	・つくばエクスプレスが開通した。
東海 愛知 静岡	☆暖流の影響で冬でも温暖		・用水がひかれてから農業も盛んに（愛） ・みかんとお茶が盛ん（静） ↳ジュースなどにする　作るのに適している	☆原料が近くでとれるものから発展。現在では原料を輸入に頼っているため、工場の多くは臨海部にある。 ・輸送機械が多い。（愛）	◦台地が多いため、畑が多い（田は少ない）	☆関東にも関西にも出荷しやすい。 ↓　海外にも 工業（自動車）や農業が発達（愛）
近畿 京都	・季節風の影響をうけやすい	・ビルではなく昔の町並	×水産業…発展していない ・林業…私有地が多い ・農業…水田が多い		◎何百年も続いているものが多い	
瀬戸内 香川 広島	・温暖（香）	・人口密度（高）	☆12月〜4月の「冬レタス」で利益 ・「獲る」漁業が「育む」漁業へ（香） ・早い水流・潮流れがゆるやか ・のりなどの養殖業が盛ん（かき）	☆機械類が多い	・日本で初めて国立公園に指定された「瀬戸内公園」がある（香） ・海の汚染が激しい（広）	・「瀬戸大橋」で観光客も増えた（香）
北九州 長崎・福岡・大分・佐賀	・温暖 ・山がち		・山の斜面を利用した農業 ・漁業も活発	あまり盛んではない。（山のため） ・九州の中心として発達 ・昔は工業が盛んだった	☆ユーラシア大陸との交流が深い。（共）	
南九州 鹿児島 宮崎	・温暖（鹿） ・暖流や地形の影響で温暖 ・冬の日照時間が長い（宮）		☆火山灰（桜島）の土がさつまいもに合っているため、栽培がさかん。（鹿） ・シラス大地などで農業には不向きな土地が多いためか、畜産をおこなっている。 ・ビニールハウスで栽培・輸送が盛ん（宮）		・キリスト教伝来 ・屋久杉、しょうちゅう(例)（鹿） ☆これといった産業がないため貧しい	・宇宙観測所があり、日本初のロケットが打ち上げられた（鹿） ・観光業に力を入れている（宮）
沖縄	・川が短い ・台風がよく来る 水田に適さない 山　災害も起こすが大すな水資源。 ☆雨が多い	☆人口が増加している ☆米軍基地が集中している	・さとうきび作りが盛ん ・パイナップル　〃 ↓ 土地などで作るため、表土流失などの問題も。	・広い土地がとれない ・冷却用水などが川が短くとれない ・消費地が遠い ⇒工業には適さない	・地域社会が安心である ・おおらか	・米軍基地が多い ↓ サービス業も多い
共通点		・首都圏、都市に人口が集中している	・土地が広いと大規模 ・その土地にあった農林水産業を行っている	・消費地が遠いと、あまり発達していない	・中国朝鮮から影響が大きいところが多い	・関東・関西から少し離れているところで観光業が発達

図５　グループ発表学習の記録用紙

図５は日本の諸地域を、９つのグループで分担調査・発表した例である。まず、表の各項目について、自分たちの調査結果を書き込む。発表を聞くときには、自分たちの調査結果と比較して、とくに共通点と相違点に印を付ける。そして、すべての発表が終った後、全体的な共通点と、自分たちの調査対象地域の特色を改めて考察する。こうして、自分たちの調査をより広い視野から考察し直すことができる。

このように、まとめは創造的な活動であり、論理的思考力や表現力を養う。そして、学習をさらに発展させる第一歩になる。まとめを充実させことが重要である。

（荒井正剛）

2章
アジア・オセアニアを
調べる

【2章　アジア・オセアニアを調べる】

2.1　大韓民国
―― 地方都市の景色に着目して調べる ――

1．隣国を知る

　過去の歴史的関係もあって、かつて「近くて遠い国」と呼ばれたこともあった韓国は、近年では、日本人にとって最も手軽に訪れることのできる隣国となった。さまざまな機会で韓国、とくに首都ソウルを訪れた経験をもつ子どもたちも多くみられるようになってきたことであろう。それだけでなく、近年の韓国ドラマをきっかけとしたブームによって、韓国の町並みが日本のテレビに映る機会も増えてきた。

　ところで、韓国の町並みといえば、韓国語およびその表記文字である「ハングル」の存在ばかりに目がいきやすいが、韓国のとくに地方都市に足を伸ばすと、私たち日本人にとって興味深い特色をみることができる。本節では、こうした韓国の地方都市にみられる景色の特色を紹介しつつ、言語などの壁を越えて韓国についての理解を深めるための参考として、以下のようなポイントを紹介したい。

2．「日式家屋」を探す

　韓国の地方都市、とくに釜山広域市や木浦市、群山市などの港町に足を運ぶと、私たちの目にしばしば飛び込んでくるのが「日式家屋」、すなわち、日本統治時代（1910～45年）に建てられた日本式家屋である。韓国では瓦屋根の家屋自体が珍しく、しかも朝鮮半島の

写真1　韓国の伝統的な家屋（慶尚北道慶州市）

伝統的な家屋は、屋根全体が漢字の「八」の字のようなカーブを描いていた（写真1）。その中で、紋章が描かれた鬼瓦を抱き、直線的な瓦屋根を乗せた「日式家屋」（写真2）は、韓国の人々にとっても目につくらしい。また、日本人である私たちにとっては、どこ

写真2　地方都市に残る「日式家屋」群
（全羅南道木浦市）

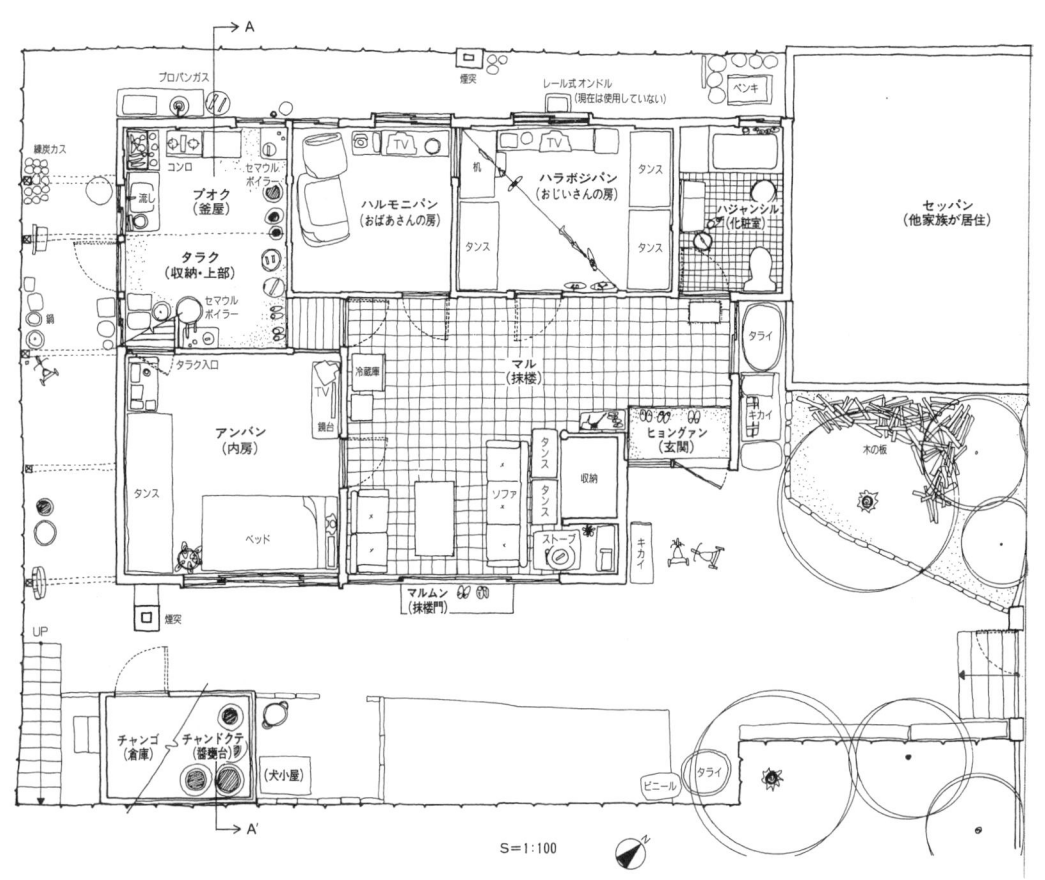

図1　「公団住宅」を改造したと思われる「日式住宅」の例
玄関左手の座敷と廊下の壁が取り払われ、「マル」（本来は板の間の意味、現在では広間一般をも指す）が造られた。
ハウジング・スタディ・グループ（1990）『韓国現代住居学』による

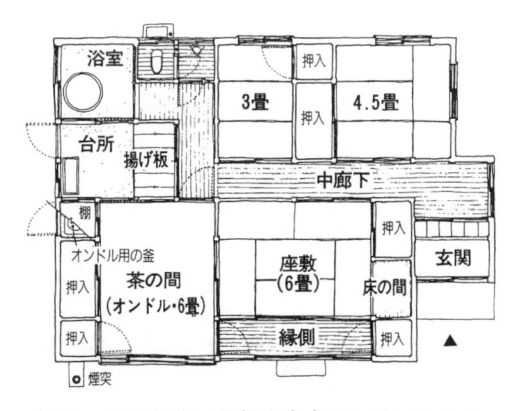

図2　1940年代に朝鮮半島各地に建てられたいわゆる「公団住宅」
出典は図1と同じ

か懐かしい雰囲気をかもし出してくれる建物である。「日式家屋」の存在は、当時日本から多くの人々が朝鮮半島にわたっていたという複雑な歴史的関係のほか、地震などが少なく、古い家屋の残りやすい韓国の特色を示している。

　そして、こうした「日式家屋」を韓国の地方都市で探してみると、それらの都市が第二次世界大戦以前に、日本そして日本人といかに強くかかわっていたのかを知ることができる。また、その分布をみることで、当時日本人が、韓国の街の中でどこまで展開していた

写真3　山々の稜線とその延長線上に築かれた城壁に囲まれる旧市街（釜山広域市東萊区）

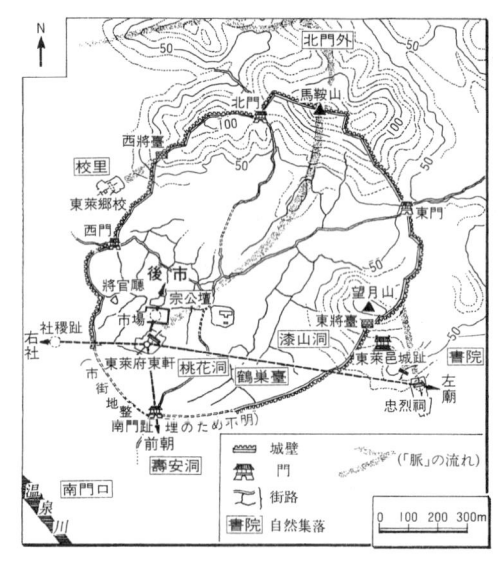

図3　かつての東萊邑城を想定したもの
（現在の釜山広域市東萊区の旧市街に相当）

のかを把握することもできる。古くからの港や鉄道駅の近くでは、驚くほど多くの「日式家屋」をみることができる。

さらに可能であれば、住民の皆さんにお願いして「日式家屋」の中を見せてもらおう。取り払われた壁や柱、逆に増設された「温突（オンドル）」（韓国式床暖房）の存在を見ることで、隣国とはいえ異なる住居文化を築き上げてきた日韓の違いを体感することができるであろう（図1、図2）。

3．「城跡」を探す

日本では「城」といえば、規模の大きいものは街中にそびえるように築かれた「天守閣」が代表的であるが、韓国では街全体を城壁で囲んだものが一般的であった。

冬の厳しい季節風や、国外からの敵の侵入にさらされてきた朝鮮半島の人々は、それらを防ぐために、半島各地に発達した盆地を取り囲む山々が重要であることを経験的に理解してきた。そのため、こうした盆地のとくに南向き斜面こそが、都市や集落を設けるのに理想的な条件であるとされてきた。こうした条件が整っていることを、朝鮮半島では「風水（プンス）が良い」とも呼ぶ。そして、盆地を取り囲む山々の機能を強化するためにも、半島各地で、山々の稜線とその延長線上に沿って城壁が築かれた。城壁の途中には、城内外の出入りのための石造りの門（写真4）や、見張り台ともいえる砦が築かれた。そして、そ

写真4　城壁の途中に設けられた石造りの「門」
（釜山広域市東萊区）

の城壁の内側には伝統的な市街地が発達していた（写真3、図3）。

現在でこそ、一見すると日本と変わらない近代的な町並みの広がる韓国の地方都市であるが、釜山広域市のほか大邱広域市、水原市などの多くの地方都市で、城壁の一部が残されているのを見ることができる。こうした城壁を探すことで、韓国地方都市の発展の核となった旧市街の位置と、その範囲を知ることができる。

また、残された城壁に沿って市街地の周りを一周しながら、砦などに登って市街地を見渡せば（写真3）、韓国の伝統的な街の立地やその構造と共に、厳しい自然と共存してきた韓国の人々の生活をうかがい知ることができるであろう。なお今回、図や写真で示した釜山広域市東萊区の城壁は、かつて豊臣秀吉による朝鮮出兵（1592～98年）の際に、進軍してきた日本軍と住民とが戦った舞台となったところでもある。

4．墓地を探す

儒教の影響が色濃く残る韓国では、祖先に最大の敬意を示すために「人生最後の住まい」、すなわちお墓を理想的な場所に置こうとする。その人々の力の入れようには、私たちの想像する以上のものがある。とくに朝鮮半島では、日本とは異なり「土葬」が一般的に行われる中で、都市や集落を取り囲む山々の斜面に個人単位（あるいは夫婦単位）の墳墓、いわゆる「土まんじゅう」（写真5）がふもとに向かって列状にもうけられている。

山々の中腹にもうけられた墳墓の列は、韓国では都市部でも簡単に見つけることができる。そして、普段は山林の中に隠れてしまっている墳墓の列は、年に数回設けられる墓参

写真5　稜線上に並んだ「墳墓」（忠清北道清州市）

の時期には子孫によって「ポルチョ」と呼ばれる草むしりなどが行われ、その存在がより目立つことになる。こうした墓地の分布からは、「風水」なども参考にしながら墓地の場所を選び、景色のよく南向きのなだらかな山々の稜線を「理想の場所」と捉えてきた、朝鮮半島の人々の考え方を知ることができる。

一方で、経済発展と共に自らの一族のルーツへの関心が高まった近年の韓国では、以前にも増して墓地への儀礼が加熱していることによる問題も生まれている。条件の良い山々のとくに稜線は、すでにそのほとんどが「○○金氏一族」といった氏族集団によって占有されている。この傾向は大都市においても顕著であり、おかげで韓国では、都市化の著しく進んだ地域においても、都心のすぐ近くにまで山林が残される結果となっている。しかし、こうした墓地として条件の良い斜面は、同時に住居用としても恵まれた条件となる。そのため、氏族集団の代々の墳墓が並ぶ山林のすぐ手前まで高層アパートが立ち並ぶ、といった事態も各地でみられている（写真6）。

なお、稜線などに沿って並びやすい墓地の配置は、上に行くほど上の世代のものになっており、埋葬されている人々どうしの人間関係をよく示してくれる（写真5）。また近年では、豪華な墓石（その置かれ方から「臥

写真6 高層アパートのすぐ裏までせまる「墓地」　（全羅南道木浦市）

写真7 韓国の墳墓の「墓碑」（慶尚北道慶州市）

5．変わっていく「住所」をみる

　近年ではインターネットなどを通して、自宅や教室に居ながらにして、韓国国内の様々な施設、観光地情報に接することができるようになった。その際に、ぜひ注目してほしいのが、そうした施設や観光地の住所である。韓国で用いられている「住所」には、日本のそれとよく似ている従来からの住所と、新たに付けられつつある新しい住所とがある。たとえば、筆者がかつて滞在していたアパートの住所は、従来からの住所では「慶尚北道慶州市城乾洞839」であった。日本式にいえば、さしずめ「慶尚北県慶州市城乾町839」であろうか。

　韓国の近代的な「住所」の体系は、日本統治時代初期の1912年から行われた「土地調査事業」で付けられた地番に端を発する。そして、日本の「県－市（または郡－町・村）－町（または大字）＋地番」に相当する、「道－市（または郡－邑・面）－洞（または里）＋地番」といった体系が作り上げられた。とくに都市部においては、日本の「○丁目」に相当する「○街」も存在する。また、農村部において住所に用いられている「郡」には、それぞれ「郡庁」がおかれ、日本国内では事実上廃止されてしまった「郡」という行政単位が現在でも機能している。日本国内では大正末期以降に失なわれてしまった制度が残されていることに、日本の植民地治の影響と、その時代性（1910年代とはほぼ大正時代に相当する）とをかいま見ることができる。

　しかし一方で、1997年以降の韓国では、あらゆる街路に名称をつけ、街路を基準に新しい住居表示を定めていく「道路名＋建物番号」制が実施されつつある。たとえば図4に

碑」とも呼ばれる）が置かれるようになっているが、その記載からは、韓国の人々の名前の仕組みがわかる。たとえば写真7は、「月城孫氏」に属する「基翼」氏、すなわち「孫基翼」氏の墳墓であるが、その墓碑の側面には「子」として「俊鎬」…「富鎬」と、「鎬」の付く名前が連なって記されている。こうした同じ代で共通して名前につけられている漢字が「行列字」と呼ばれるもので、韓国の人々、とくに男性は、自分の名前に入るこれらの漢字を見て、自らの所属する氏族集団との関わりや、自分が何代目に属しているのかを実感することになる。

示した範囲では、西帰洞200番台だったこの地区のあらゆる道路に新規の道路名が付けられた。そして、それらの道路の両側に、一定の方向（図中では道路中央の矢印方向）に向かって、左側に奇数、右側に偶数と交互に建物番号がふられている。そして住所は、「東門路117番」といったように表記されることとなる。なお、この新たな道路名をつける作業においては、日本統治時代にルーツをもつ地名を廃するという目的も込められた結果、いわゆる「ハングル」でしか表記できない固有語の名称が多く取り入れられることとなった。

　この新たな制度は、「街区」を基準にすることを勧める日本のいわゆる「新住居表示法」とはかなり異なる路線である。こうした両国の「住所」に注目して調べることにより、日韓の歴史的な関係と共に、そもそも日本の「住所」がいかにして定められたのかということについて関心をもたせることができると思われる。

　以上のように、日本からわずか数時間で渡ることのできる韓国の地方都市の景色には、日本とは異なる歴史や文化のもとで培われたさまざまな特色がみられる。さらにそこには、日本とのかかわりも見いだすことができる。その中で、今回紹介したようなポイントに注目しながら韓国の町並みを見れば、必ずしも

図4　「道路名＋建物番号」（済州道西帰浦市）
道路の中央の、矢印状の五角形の表示などに示されている「ハングル」が、新たに付けられつつある「道路名」である。なお、この五角形の表示は、実際に標識として各通りに建てられているものを模している。

韓国語を修得せずとも、子どもたちに容易にその特色について理解を求めることができるであろう。それだけでなく、観察した結果を発展させることで、子どもたちを韓国の歴史や文化についての深い学習に導くことができることが期待される。

（山元貴継）

参考文献
・ハウジング・スタディ・グループ（1990）『韓国現代住居学』基礎知識

トピックス1

韓国人の姓
―同じ姓で困らない？―

韓国の姓の少なさと本貫(ポンガン)の存在

　もし「韓国人の姓を挙げてみなさい」と尋ねられたら、真っ先に思いつくのは「金さん」ではないだろうか。実際、韓国では「ソウルの南山の頂上から石を投げると金さん・李さん・朴さんの誰かに当たる」という諺があるほど、金・李・朴の姓は多い。

　1985年に実施された「人口並びに住宅センサス―韓国人の姓氏並びに本貫調査―」によれば、金姓が878万人と当時の韓国全人口の約20％を占めることが明らかになった。さらに、それに続く李姓は598万人、朴姓は343万人、崔姓は191万人、鄭姓は178万人であり、これら五つの姓を合わせれば、韓国人口の50％以上を占めるのである。

　このように韓国の姓は、姓の多い日本とは異なり、数が少ない。しかし、東アジアではむしろ日本が例外であろう。韓国の隣国である中国でも姓は限定される。中国の漢民族においては張・王・李・趙・劉・朱・宋・陳・孫の9つの姓が、漢民族の姓の大半を占めるといわれる。

　しかし、韓国と中国の姓に対する認識には大きな違いがある。韓国では、同姓であり、なおかつ本貫が同じであって、はじめて祖先も同一と認識される。本貫とは、自分たちのそれぞれの始祖が居住していた土地の地名であり、多くは姓の前につけられる。たとえば、姓が金で本貫が慶州ならば慶州金氏である。このように、韓国においては、同姓であって本貫が同じであることを同姓同本といい、同姓同本すなわち同族と認識される。逆にいえば、同じ金さんでも本貫が金海の金海金氏と、本貫が慶州の慶州金氏では赤の他人である。

　同姓同本は同族とみなされるので、まったく面識のない者同士でも、始祖まで辿っていくうちにどこかで血の繋がりがあると考え、同姓同本同士の結婚がタブー視されてきた。好きになった人が後に同姓同本であったことがわかり、諦めなければならないという悲劇がしばしば起きてきた。この点は、ごく近い血縁者のみを同族と認識している日本人にとっては、理解しがたいことかもしれない。日本人にとってタブーとされる婚姻は、叔父（伯父）と姪または叔母（伯母）と甥の結婚のように、ごくごく近い近親者のみである。近年、民法の改正により、同姓同本不婚の制度は廃止されたが、未だ同姓同本不婚の考えは根強い。

「血」の存続重視

　韓国の姓は、その発祥を紀元前とされるものもあるが、一般的に上流階級に姓の使用が普及するのは12～13世紀の高麗中葉である。さらに一般階級にまで姓の使用が普及するのは高麗末期以降といわれ、儒教（朱子学）の浸透とともに朝鮮半島に広がった。朱子学は「孝」を最も尊び、血の純粋性を重んじていたため、韓国の血縁意識にも大きな影響を与えた。同姓同本の人々が集住して住む同族集落では、やがて始祖から始まる同姓同本者を掲載した族譜（日本の家系図にあたる）の編纂が盛んとなる。命日には四世代前までの祖先を祀るのはもちろん、五世代以上前の祖先

を祀る時亨祭(ジヒャンジェ)が、今でも行われている。

　また韓国では、父系血縁の繋がりを重視するため、日本の婿取りという婚姻形態は存在しない。男子しか祖先祭祀を受け継ぐことができないため、男の子が生まれないと、その夫婦は養子を貫わなければならない。こうして養子縁組をする場合、血縁関係のない者から相手を選ぶことはできず、同姓同本者の中から選ばなければならない。より厳密にいえば、族譜に掲載された同姓同本者の子どもの同世代者からしか選ぶことができないのである。日本では婿取りが存在するように、「家」の存続を重視する。一方、韓国では「血」の存続が重視されるのである。

　韓国において祖先祭祀がどのくらい重視されてきたかは、同族集落をみれば一目瞭然であろう。同族集落の裏山には、祖先の墓が入郷祖（その村に最初に定住した祖先）から脈脈と連なって築かれている。墓地の付近には、斎室や廟など祖先の功績を称える建物が建てられている場合が多い。さらに祖先祭祀を維持していくために、門中という組織が作られ、祖先祭祀用の田畑などを共有財産として維持している。

都市にも広がる血縁組織

　このように、同姓同本による祖先祭祀を重視する考えは、都市が発展し、多くの韓国人が都市に住むようになった今日でも変わることはない。韓国のお盆にあたる「秋夕(チュソク)」には祖先の墓に参拝しようとする人々で、帰省ラッシュが発生し、大変な交通渋滞を起こすことも、それを物語っているといえよう。

　また韓国の諸都市では、村落から転入した同姓同本者たちが集まって血縁組織を形成している。就職や住居の世話をする場合もあり、ともに親睦を深め、助けあったりするなど、さまざまな扶助活動が行われている。この血縁組織は、ソウルの本部を頂点に、韓国諸都市をネットワークのように繋いでいる。

　1985年のセンサスによれば、韓国には275の姓と3,000以上の本貫が存在すると報告されている。韓国の諸姓の20%を占める金姓では、300件に近い本貫が存在する。同じ金さんであっても、多くの場合は本貫が異なり、同族か否かの区別がつく。韓国では同姓同本こそ同族との考えがあるので、姓の数が少なくとも問題はないのである。もし同姓同士の夫婦に会ったら、「本貫は？」とお聞きしてみよう。二人の本貫は、必ず異なるはずである。

（斎藤久美）

参考文献
・伊藤亜人編（1997）『もっと知りたい韓国　第2版1・2』弘文堂
・伊藤亜人ほか監修（2000）『朝鮮を知る事典』平凡社
・中根千枝（1987）『社会人類学—アジア諸社会の考察—』東京大学出版会
・服部民夫（1975）日本・朝鮮における同族観念の比較試論—養子と相続を中心として—．アジア経済 16(2), pp. 60-72

メソッド1
身のまわりの素材から世界を調べる

　食は地域の文化や自然を表しており、食を切り口にして地域的特色を調べたり、考えたりすることができる。食べるという行為は、誰にとっても身近なものであることから、食を素材とした授業に対する生徒の興味・関心は高い。実際の食材を目の前にしたり、口にしたりすることで、世界の国々との距離を近づけることはできないだろうか。

インターネットショッピングの利用

　インターネットショッピングを利用すれば、日本にいても海外の食材を取り寄せることが可能である。日本から最も遠い南米大陸の食材も例外ではない。生徒にとってあまり馴染みのない地域の馴染みのない食材から地域のイメージを広げたり、地域の特徴を考えたりすることができる。

　検索サイトで「南米　通販」などとキーワードを入力してみると、意外にも食材を扱っているサイトが数多く出てくる。なかでも、取り扱いが多いのがマテ茶である。マテ茶はブラジルの南部からパタゴニアまで、南米大陸南部で広く飲まれている茶であり、この地域を理解するための高素材である。味はもちろんだが、特徴はその飲み方である。現地では、茶器にたっぷりの茶葉を入れて、ボンビージャと呼ばれるストローで飲むのが一般的である。インターネットではこの茶器もセットで購入することができる。ストローで飲むお茶は、緑茶よりも苦く、茶葉も口のなかに入ってくる。「飲みにくい・苦い」という生徒もいるだろうが、生徒と一緒にこのお茶の効果を地域の農牧業と合わせて考えてみたい。このお茶が飲まれる地域は牧牛が盛んな地域でもあり、マテ茶が不足するビタミンを補う役割も果たしている。

　また、多くのサイトで販売されている物として、日本の食料品店では目にしないような大きさ、形、色をした様々な種類のジャガイモやトウモロコシがある。なかには乾燥させたジャガイモを販売しているところもある。アンデスでは、多くの種類のジャガイモやトウモロコシを育てることによって、インカ時代から高地の厳しい自然環境のなか、多くの人口を支えてきた。そこには乾燥ジャガイモのような自然環境を活かした人々の工夫をみることもできる。様々な種類のジャガイモやトウモロコシを目の前に、アンデスでの自然環境を生かした農業から私たちが学ぶべきものを考えさせたい。

各国の飲食店へ「フィールドワーク」に出よう

　海外から多くの人・モノ・情報が集まってくるようになり、日本でも海外の料理を扱う飲食店が増加した。各国の料理を提供する飲食店で食事をすることは、その国の食文化や農牧業事情を知る手段にもなる。また、身近な地域の調査と一緒に、生徒がこうした飲食店に訪問することができれば、「フィールドワーク」となり、得るものは多いのではないか。ここでは、カレーで馴染みが深いインド料理店で注目すべき点をいくつか挙げてみる。

　① メニューはどうなっているのか

　カレーをはじめとして牛肉や豚肉が使われているメニューはない。その代わりに、鶏肉や羊を使った料理が目立つ。ヒンドゥー教や

人口の約10％を占めるイスラム教と食との関わりをみることができる。一方で、ヨーグルトやラッシーなど、牛から採れる乳製品は充実している。また、肉類がまったく使用されていないカレーの種類も豊富である。インドのヒンドゥー教徒のなかでも、日本の人口をはるかに超える約2億人の人が菜食主義者といわれている。ヒンドゥー教の宗派やジャーティーの違いが現れており、インド社会の複雑さが実感できよう。

ところで、インドカレーといえば、小麦から作ったナンをイメージする生徒が多い。しかし、多くのインド料理店では、ナンにするか、米にするかを選ぶことが可能である。インドは国土が広い。降水量の違いから小麦の栽培が盛んな地域と、稲作が盛んな地域は異なる。教室に帰って、自然環境の学習を行う際の参考になる。

② インド料理に共通する特徴は何だろうか

肉類や穀物などからインドの多様性を実感したら、今度は出された料理をよく見て、味わって、それぞれの料理に共通する点は何かを考えてみる。見た目の色の濃さや、辛さが共通点として挙がってくるだろう。インド料理を特徴付けるものは香辛料である。多種多様な香辛料を求めてヨーロッパ人がインドにやってきた。香辛料からインドと世界との関わりをみることができる。

③ 飾りや内装はどのようになっているか

インド出身者が経営している店舗であれば、飾りや内装にも注目すると、日本にはないインドらしさを発見することができる。それは多くの神様である。青い肌をした神、体は人間のようだが顔は象である神、生首を首飾りにした神などの絵は飾られていないだろうか。ヒンドゥー教は多神教である。これを教室で説明してもピンとくることではないが、目の前にすると教室内での感じ方とは異なってくるだろう。

その他にも店内を観察すると、インドで使用されている文字が見つかったり、インドの観光地の写真が張られていたりする。見慣れない文字をみて何語だろうと考えたり、写真がどこのものであるかを考えたりすると面白い。そして、「フィールドワーク」後には、生徒に疑問に思ったことを複数挙げさせ、それをもとにして授業を進めていく。

世界の国々を理解する方法として体験に勝るものはない。実際にその地域に赴くことは難しいが、ここに示したような方法を用いれば気軽に多くの体験が可能である。身近にある、そして身近になってきた食の利用をお勧めしたい。

（佐々木智章）

参考文献

・アルベルト松本（2005）『アルゼンチンを知るための54章』明石書店
・小磯千尋・小磯学（2006）『世界の食文化⑧インド』農文協

インド料理店にあるナンを焼くための釜。ナンは十分に発酵させる手間暇と大きな道具が必要なため、実はインドでも普段からよく食べるものではないそうだ。

【2章　アジア・オセアニアを調べる】

2.2　中国
―工業に着目して調べる―

1．「世界の工場」

　平成10年版学習指導要領では、中学校社会科地理的分野において、二つまたは三つの国を選択した「世界の国々」の学習が取り入れられた。これは従来の世界地誌的な学習に代わって導入されたもので、知識の習得ではなく、地域的特色を調べる視点や方法を身につけることを目的としている。また、これにあたってはアジア諸国を重視するために、近隣諸国を含めて選択することが求められている。
　中華人民共和国（以下、「中国」と略す）はわが国に隣接する大国であり、歴史的・経済的・文化的に深いつながりを持っている。また、中国は近年急激に経済を発展させており、日本との貿易的な結びつきも深い。われわれの身の回りには"Made in China"があふれている。しかし、その一方でこのような中国の急速な成長が日本の農業や工業を圧迫していることが、マスコミなどでもよく取り上げられている。中国は日本と深い関係をもつ、重要な国となっているのである。中学校社会科の授業でも、中国を取り上げるケースが多いのではないだろうか。
　本節では中国の工業を例として、その調べ方をいくつかの視点から検討したい。中国は1949年、社会主義国家として成立し、人民公社にみられるような特徴的な経済体制をとってきた。しかし、それが行き詰まったことから1970年代末に開放路線に転換し、その後急成長を遂げた。とくに工業の成長は顕著で、中国は今や「世界の工場」となっている。このため、中国の特徴をとらえる上で、工業を事例として取り上げることは有効であると考える。
　ここで取り扱う資料は、『中国統計年鑑』（中国統計出版社）から得られるデータを中心に取り上げた（図表の出典もすべてこれによるので、各図表の出典の注記は省略した）。「世界の国々」の調査は資料等に頼らざるを得ないが、詳しいデータになるほど入手が難しい。『中国統計年鑑』は中国に関する各種の基礎的なデータが多数収録されており、日本国内においても比較的入手しやすい。
　以下では、この資料を活用しつつ、中国の工業を、①時系列に沿って変化を調べる、②地域差から調べる、③外国とのつながりから調べる、という三つの視点から考えてみたい。なお、ここでは政治・経済体制や歴史的背景の違いなどから、台湾・香港・マカオについては検討の対象から除外している。

2．時系列に沿って変化を調べる

　前述のように、中国の工業発展は独特な歴史的背景をもっている。そこで、ここでは中国の経済政策の流れを簡単に概観した後に、資料からその特徴をとらえることにしたい。
　1949年に中華人民共和国が成立した後、中

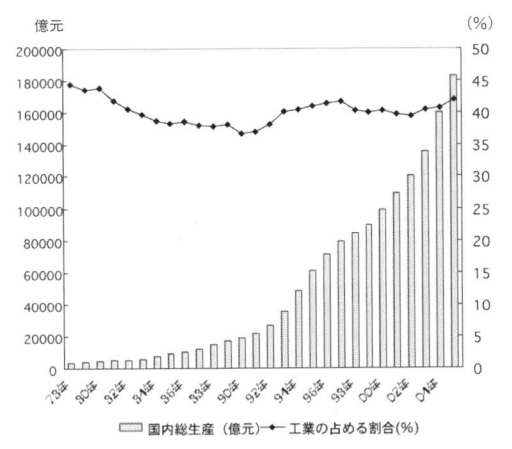

図1　中国の国内総生産と工業の占める割合の変化

国は社会主義計画経済の下で工業の発展を図ってきた。集団所有体制に基づく人民公社などは、中国の特徴的な経済組織として注目を浴びた。しかし、文化大革命などの政治的混乱から経済成長は低いレベルにとどまり、先進諸国に比べて大きく立ち後れることになった。これに対処するため、1978年より鄧小平の指導の下に「改革・開放政策」が打ち出され、農業・工業・国防・科学技術の発展を図る「四つの現代化」が進められ、シェンチェン（深圳）など5つの経済特区が設定されたほか、それに準ずる経済技術開発区や経済開放区が次々と設定された。これに伴い、外国からの資本や技術の導入も拡大し、中国工業は急速に成長することになった。

中国の経済成長を経年的にとらえるためにはGDPとその内訳の変化をとらえるのが有効であろう。図1は中国のGDPの推移とその中に占める工業の比率の変化を示したものである。1978年に3,654億元であった中国のGDPは、2005年には18兆元を超え、急激に拡大していることがわかる（2005年現在、1元は約13円）。とくに1990年代半ば以降の成長が著しいものになっている。

これを工業との関連でみると、GDPに占める工業の比率は1978年には44.4％であったものが、1980年代を通じて低下し、1990年代には36.7％まで低下した。これは、第3次産業の成長が著しく、その比率が増大したためである。しかし、1990年代に入るとその比率は増大に転じ、2005年には再び42.0％にまで増加した。これは、1990年代の中国経済の成長に工業が果たした役割が非常に大きいことを示している。このような工業の成長が"Made in China"を世界に広めていったのである。

このように、中国の工業活動を時系列的にみることを通して、経済成長などの量的な変化の特徴をとらえるだけでなく、その背景となっている構造的な変化もとらえることも可能となるのである。

3．地域差から調べる

中国の工業の特徴を把握するためには、その時系列的な変化だけではなく、空間的な特性もとらえなければならない。そこで、次に中国の工業についてその地域差から検討を加えたい。ただし、中学校社会科地理的分野では各国の詳しい地誌的な学習をすることを目的とはしていないため、ここでは中国国内に存在する構造的な地域格差——経済が急速に発達している東部沿海地域と立ち後れている西部内陸地域との格差——に注目して、中国工業の地域的特性を考えてみたい。

まず、中国工業の地域差をマクロ的に把握することにしたい。図2は工業に関するGDPを省・直轄市別に示したものである（2005年）。最もGDPが大きいのは広東省の10,482億元、次いで山東省の9,569億元、江蘇省の9,335億元、浙江省の6,349億元、河南

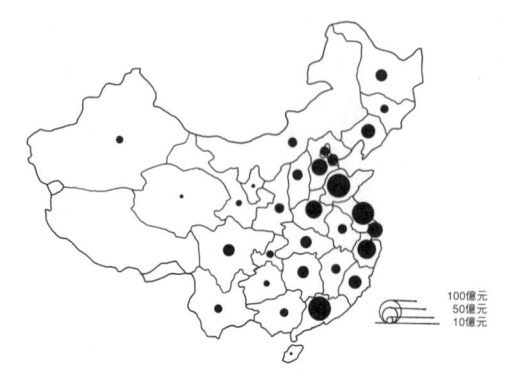

図2　中国の省市別工業関連GDP（2005）

図4　中国の省市別鉄鋼生産量（2005）

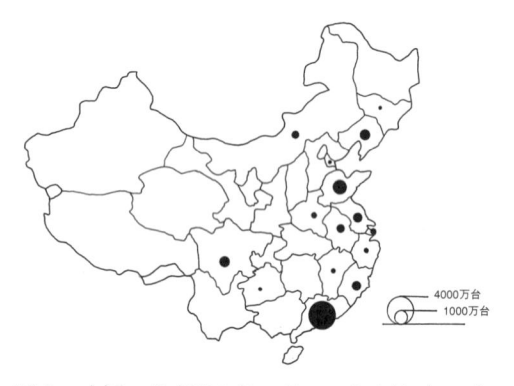

図3　中国の省市別カラーテレビ生産量（2005）

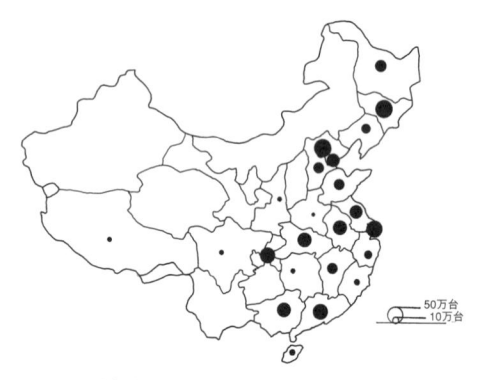

図5　中国の省市別自動車生産台数（2005）

省の4,896億元の順に続く。一方、GDPが最も小さいのは西蔵自治区の17億元、次いで海南省の156億元、青海省の203億元、寧夏回族自治区の229億元の順に続く。全体的にみると、海南省を除いて、東部沿海地域と長江流域の省市のGDPが大きく、西部内陸地域では小さくなっている。これは、経済特区や経済技術開発区などが沿海地域に集中し、外資等の導入が急速に進んだこと、各種のインフラ整備が進んでいること、などのためである。

次に、これをいくつかの工業製品の生産地域からみることにしたい。図3～5は、それぞれカラーテレビ、鉄鋼、自動車の省市別生産量を示したものである。カラーテレビは、中国が世界最大の生産量を誇る工業製品である。カラーテレビは改革・開放政策が始まる

1978年には年間3,800台の生産しかなかったが、その後急速に生産を拡大し、2005年には年産8,283万台に達している。この生産状況を省・直轄市別に見ると（図3）、広東省の生産量が4,090万台と全体の半分近くを占めている。次いで山東省の1,019万台、四川省の565万台、遼寧省の550万台、江蘇省の404万台の順に続く。中南部の沿海地域と長江流域を中心として生産されていることがわかる。これらの地域の多くは改革・開放後に形成された比較的新しい工業地域である。

鉄鋼についても、中国は日本の生産量を上回る生産大国である。1978年の生産量は3,178万tだったが、2005年には3億5,324万tと、約11倍に増加している。かつて、「鉄は国家なり」と言われた。現在ではIT産業

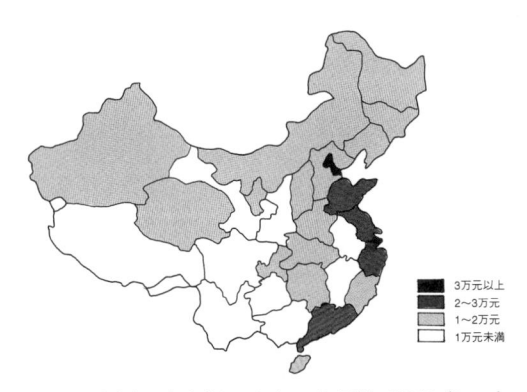

図6　中国の省市別1人あたり平均GDP（2005）

などの比重が高まっているが、鉄鋼は工業各分野の基盤を形成するものであり、その重要性には変わりはない。鉄鋼生産の拡大は、中国の工業発展を支える基盤となっているのである。この生産を省・直轄市別にみると、生産量の最も多いのは河北省の7,425万t、次いで江蘇省の3,301万t、山東省の3,188万t、遼寧省の3,059万t、の順に続く（図4）。東部沿海地域での鉄鋼の生産が多いものの、中北部およびやや内陸部での生産も多くなっており、改革・開放後に急成長した広東省・福建省などでは生産が比較的小さい。これは、鉄鋼の生産が資源立地型を示す傾向が強いこと、また、巨大な生産設備や関連産業を必要とすることから新たな生産地域を形成するよりも、既存の生産地域を拡大・更新しながら生産拡大がなされる傾向が強いこと、などのためである。鉄鋼生産においては、旧工業地域の影響が依然として大きいと言える。

最後に、自動車工業について検討することにしたい。自動車工業はその国の工業力をはかる重要な指標の一つである。現在、中型乗用車は約3万点の部品から構成されていると言われている。自動車を生産するためには、多数の部品を精密、かつ安価に生産するだけの技術力、工業力が必要とされるのである。

中国の自動車生産量は1978年に約15万台であったものが、2005年には570万台（うち乗用車は277万台）にまで増加している。この期間に生産量は40倍近くに増加しているものの、年間1,000万台以上の自動車を生産しているアメリカ合衆国や日本と比べると、その生産力は小さいものにとどまっている。これは、自動車の生産のためには前述のような総合的な工業力が必要とされ、それが成長するためには長い時間が必要なためである。このような自動車工業の特性から、その生産地域をみると、古くからの主要工業都市での生産が比較的多くなっている。また、自動車工業では既存の各企業が外国企業と提携して技術導入を図っていることが多い。このことも、自動車工業の立地移動を限定的なものにとどめているのである。省・直轄市別に生産量をみると、最も多いのが北京市の59万台で、次いで吉林省の58万台、上海市の48万台、重慶市の42万台の順に続く（図5）。ただし、乗用車生産に限定すれば上海市の48万台が最も多く、次いで広東省の37万台となる。

このように、中国の各工業製品の生産は東部沿海地域に集中しつつも、生産構造の特徴の差違から特徴的な分布形態を示している。各工業製品の生産特性から、各地域の工業構造の特徴をとらえることもできる。

このような工業の地域差は、経済活動全体の地域差にもつながっている。図6は、中国の省・直轄市別1人あたり平均GDP（工業以外のものも含む、2005年）を示したものである。最高は上海市の51,474元で、次いで北京市の45,444元、天津市の35,783元、浙江省の27,703元、江蘇省の24,560元の順に続く。工業のGDPの分布と同様、東部沿海地域の値が大きいが、沿海地域南部よりも北京等の

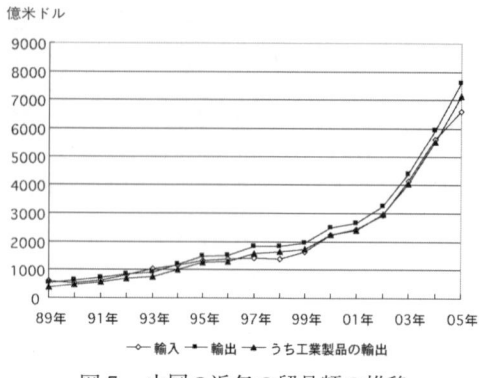

図7 中国の近年の貿易額の推移

表1 中国の主要貿易相手国・地域（2005年）

輸出	（億米ドル）	輸入	（億米ドル）
合計	7,620	合計	6,600
アメリカ合衆国	1,629	日本	1,004
香港	1,245	韓国	768
日本	840	台湾	747
韓国	351	アメリカ合衆国	486
イギリス	325	イギリス	307

大都市の方が値が大きくなっている。これは大都市部においてはサービス業などの比重が高いためと考えられる。一方、最も値が低いのは貴州省の5,052元で、次いで甘粛省の7,477元、雲南省の7,835元、安徽省の8,675元となる。上海市と貴州省では10倍以上もの開きがあり、経済活動の地域差がきわめて大きいことがわかる。

このように、中国の工業活動の地域差に着目することにより、中国工業の地域的特性と、それが生み出している地域的格差をとらえることができる。ただし、個別の工業製品に関しては、その分布を考えるための専門的な知識が必要となり、その背景まで考えることは中学校の学習においては適当ではないだろう。工業地域や工業都市の分布と重ね合わせて把握する程度にとどめることが妥当であると考える。

4．外国との結びつきから調べる

中国工業の成長は、その輸出力の強化となって現れ、日本にもさまざまな影響を与えている。そこで、最後に中国の貿易の動向を工業と結びつけながら検討することにしたい。

図7に近年の中国の貿易額の推移を示した。中国の貿易額は1989年には輸出591億米ドル、輸入525億米ドルにすぎなかったが、1990年代に急増し、2005年には輸出7,620億米ドル、輸入6,600億米ドルと、ほぼ13倍に増加している。また、輸出入バランスをみると、1990年代初めまでは輸入額と輸出額は拮抗していたが、1990年代半ば以降は輸出が輸入をコンスタントに上回るようになり、貿易黒字が定着している。ここで注目されるのは、輸出額の中で工業製品の輸出が占める割合が高いことである。工業製品が輸出に占める割合は、1989年には約7割だったが、1990年代半ばから急増し、2005年には9割を上回っている。このことから、工業の成長が中国の貿易構造を転換させ、その輸出力を強化させていることがわかる。

次に、中国の貿易相手国・地域をみることにしたい（2005年）。まず、輸出先についてみると、最も多いのがアメリカ合衆国、次いで香港、日本、韓国の順となり、先進国への輸出が多くなっている（表1）。輸出品の多くは工業製品であり、日本で"Made in China"を多く見るのはこのためである。また、香港への輸出が多いのは、新しく成長した広東省などに地理的に近いこと、貿易中継地として利用されていることなどのためである。香港を中継しての輸出先は中国内地、アメリカ合衆国、日本、イギリス、ドイツなどである。とくにアメリカ合衆国の比率が大き

いが、旧植民地であったこともあり、イギリスとの結びつきも強いことが注目される。

　一方、輸入では香港の比重は低下し、日本、韓国、台湾、アメリカ合衆国などとの結びつきが強い（表1）。これを輸出とのバランスから見ると、中国はアメリカ合衆国に対しては大幅な輸出超過、韓国・日本に対しては輸入超過となっている。

　貿易は各国と世界とのつながりを示す重要な指標である。ここでは中国の貿易について概観したが、その輸出の多くは工業製品であり、貿易の拡大は工業の成長と密接に関連している。また、輸出の急増などの貿易の急激な変化は、相手国の産業構造にも深刻な影響を与えることにもなる。貿易を通して考えることにより、日本を考えることにも結びつけることができるのである。

（初澤敏生）

メソッド2

社会主義の国
中国調査の心得

調査は会食から

　中国における調査は、美味しい"中国料理"の会食から始まる。中国で食する料理は、何よりも華やかで、多様で、文句のつけようがない。そして、料理を食しながら白酒(パイチュウ)を少し飲み(決して飲み過ぎない)、相手と会話を交わす。中国語が十分にできればよいが、ほんの少しでも話せれば後は筆談でも会話ができる。どうせ食事の時は難しい話はしないし、どうしても駄目ならば優秀な通訳(日本語学科を卒業した留学生など)を同席させればよい。こうした愉快で楽しい食事の後、一緒に食事をした人々は、何千年も前からの「古い友人」となるのである。

　中国は広く、多様な国土ゆえに、言語も生活文化も地域ごとに異なる。TV放送に字幕テロップが流れるのは、アナウンサーが話す北京語が理解できないことも多いからである。同じ中国語といっても四声を基本とする北京語と十六声もある広東語しか話せない人々の会話は通訳が必要である。これら多様な地域の人々が生活上の会話を交わし、ビジネス取引を行う場合、何が重要であるか、それはまさに人間的な信頼関係である。中国は長い歴史の中で人間関係が重視され、よい意味でも悪い意味でも"人治主義"といわれる。そして中国における「信頼」関係の基本はなんといっても血縁(家族・親族)関係であり、地縁関係である。それは同じ言語と文化、価値観を共有しているという安心から生じる「信頼」である。こうした血縁・地縁関係に基盤を置く信頼はなにも中国だけでなく、アジア地域全体にみられることであるが、中国人に強く感じられる。会食は相互の価値観を確かめ、そして新たな人間関係を構築する場であり、換言すれば多様な情報が交換される前提が形成される場なのである。

情報と調査の意味

　どの地域・国でも情報の交換は、生活をし、ビジネスを行う上で重要なことに変わりなく、情報の新鮮さと正確さが人間の社会的行動を規定している。それ故、多様な情報の公開が必要であり、それが社会発展の基本となる。しかしながら1949年以降、社会主義計画経済体制に移行した中国は、共産党への権力と情報の集中という社会体制に移行し、情報の閉鎖性が顕著であった。いわゆる国家による情報の独占と操作である。計画(指令)経済の下での情報は中央政府、地方政府が独占し、それを知りうる立場にある者の社会的地位が決定されることになる。

　1978年の改革開放政策は社会主義社会体制の変革をめざすものであるが、すぐに情報の公開が行われたわけではなく、これもまた政府機関による「改革情報」の独占状態が継続された。一般大衆は改革・開放の行方をめぐる情報収集が生活やビジネスを左右することから、多様な手段と方法によって信頼ある情報を収集する必要があった。この情報収集機会の一つが「一緒に食事をする」ことであり、新たな「古き友人」関係の形成であった。中国において「上に政策があれば、下に対策あり」といわれるのもうなずける。

こうした状況において中国で「調査する」ことは基本的に政府機関の行うことであり、一般大衆がかかわることではない。現在も、情報は政府機関に近ければ近いほど厚く、一般大衆もまた、あらゆる手段を講じて情報を獲得しようとしている。そのため、たとえ日本の○○大学の著名な研究者であったとしても、どのような人間かわからないままに、簡単にインタビューに応じたり、資料を提供したりすることは考えられない。これが中国において調査される側の論理である。この論理を打破するというより、論理の枠の中に入るための儀式が必要であり、「古き友人」なることが情報の共有をもたらすことになる。とくに政府機関や政府系企業との情報交換は、政治的にも強い「友人」関係が形成されていなければ困難である。情報の公開を前提とした日本のような「地域を調査する」とか、「地域の調査に入る」ということは中国の機関、一般大衆にとって無縁のことであり、その論理は通用しない。

筆者の場合、幸いにも有能な中国からの留学生に恵まれ、彼ら、彼女らの中国における血縁・地縁関係によって「古き友人」となる機会が与えられ、中国の農村工業化の学習を続けることができている。しかし、農村での調査において、政府機関との情報交換はやはり儀式的なコミュニケーションも必要であるが、それ以外の信頼関係、いわゆる人間としての生活経験、人生からもたらされる価値の共有が重要である。それは都市出身の若い研究者や教師にとって酷なことではあるが、中国における農業労働・家族・教育をめぐる課題の理解とコミュニケーションのためには、日本における多様な生活経験あるいは人生経験が必要である。

2つの課題

そうはいうものの筆者が中国農村の課題を感性的に、肌を通して理解しているかというとそうでもない。その難題の一つは、中国の戸籍（戸口）制度である。中国の戸籍は常住地を基本として、都市戸籍と農村戸籍に分けられている。都市は労働者が就業・生活する場であり、（制度上の）農村は農民が農業に従事し、居住する場である。農村は生産手段である土地を占有することから自給自足生活が原則であり、居住地からの移動も様々な制限がある。また、就業、福祉・年金等も保証されず、子どもたちの教育・進学にも大きな課題を抱えている。筆者自身こうした制度化された農村の状況を十分に理解できているのか、悩むところである。

第二は土地の所有制である。改革・開放が進んだといえ、中国の土地はすべて国有であり、企業も農民も国家から使用権あるいは占有権を与えられているに過ぎない。大都市周辺農村では都市化が進行し、農地が宅地、工場用地に転換している。この場合、それまで土地を耕作し、農業生産を行ってきた農民はどうなるのか。土地は国家の所有であるから農民は農地転用に異議を挟む余地はなく、わずかな保証を得るだけで将来の約束はない。そして都市の中に組み込まれたとしても農村戸籍は残存し、せいぜい準都市戸籍を得るだけである。

こうした中国農村の課題を調査者が感性的にも共有することこそ「古き友人」としてコミュニケーションが成立するのである。

（上野和彦）

2.3 ロシア
― 「広大な北国」を手がかりにして調べる ―

1. 調べる手がかりを選ぶ

　手もとに調べる上で必要な資料（統計、写真、地図など）がそろっている場合もあるし、それらの入手そのものが問題となる場合もある。とくにロシアの場合、現地資料の多くがロシア語であることは、資料の収集を困難にする。

　つぎに、調べる手がかりとして、一つはその国について日本でよく知られたものを選ぶという方法がある。たとえば、ウオツカ、マトリョーシカ、ボルシチ、ダーチャ、ロシアン・ティー、ボリショイ・バレー、シベリア横断鉄道などである。それとやや似ているが、日本国内にあるロシアとゆかりのある人・物・場所、例えば大黒屋光太夫、ニコライ堂、稚内などを取り上げる方法もある。

　もう一つは、その国についてよく知られている表現、たとえば「広大な北国」、「多民族国家」、「移行期社会」などを選び、それを手がかりとしてその国の理解を深め、広げるような形で調べる方法である。この場合、選んだ表現で、すでに一定の性格づけがなされているので、それを再検討しながらある国や地域、とくに現地調査が難しい外国の認識を深めていくことになる。本節では、資料はある程度手元にあるという前提で、ロシアについてよく知られた表現を手がかりとした調べ方を考えてみたい。

2. 「広大な北国」とその現実

　ロシアは10数年前まで社会主義国のソ連における最大の構成共和国であったので、ソ連解体後の社会状況に関心が集まるのは当然であろう。しかしながら、ここでは現代のロシアを調べるのに、「広大な北国」を手がかりとして選んでみた。この表現は、ロシア、ときには旧ソ連などを特徴づける際にもしばしば使用されてきた。ただし、よく知られた表現を導入として、この国を調べてみようということであって、こうした自然環境の一面から現代ロシアのありようをすべて明らかにしてみようということではない。まず「広大さ」と「北国」を日本とも比較しながら調べることからはじめよう。

(1) 広大さ

　ロシアの国土は世界最大であり、面積第2位のカナダの1.7倍、日本の45倍という広さである（表1）。この広さは、ソ連時代と同様に、ロシアをアジアとヨーロッパにまたがる国としており、そのために、ときにはユーラシア国家といわれることもある。ウラル山脈にほぼ沿ったアジアとヨーロッパの境を調べ、面積を比較してみると、圧倒的にアジア部分が広いことがわかる。

　ロシアは15～19世紀にその国土を北、東、南など周辺へ広げた。こうして形成されたユーラシア国家の広大さは、民族あるいは人口

そのものも均等分布ではないため単純に広さに比例するわけではないが、多民族性をもたらしている。さらに広さと多民族性は、その実質的な機能はともかくとして、連邦制の選択につながる。また、広大さは多数の国と国境を接することにもつながる。カリーニングラード州はリトアニアとポーランドに囲まれた飛び地であるが、バルト海に面したロシア最西地点となっている。このためもあり、東西方向すなわち経度方向に長く、9の時間帯（2010年）の設定を必要としている。

モスクワ、サンクトペテルブルクなどを含む国土の一部を中心部として、ヨーロッパ部北部やアジア部の大部分の地域は周辺部となり、一部の例外を除き、中心部とそれらの地域の間は距離の長大さに加えて交通の未整備により、その時間距離はきわめて長くなる。しかも、こうした周辺部にも、たとえば北極圏内のムルマンスク、ヴォルクタ、ノリリスクなどの都市があることからわかるように、世界的にみても比較的多くの人が住んでいる。そのため、国土の広がりは、いっそう強調され意識されることになる。

(2) 北国を特徴づける寒さ

北国は北方の国や地域ということであり、北半球では高緯度の国・地域ということになる。その特徴の一つである寒さに焦点をあててみる。

気温の特性を調べるために図1を作成した。北国ロシアは日本の北海道のような寒さであろうという認識はどうだろうか。北海道北部の内陸、たとえば旭川と、モスクワ、サンクトペテルブルクなどヨーロッパ部中部を比較すると、年平均気温では、緯度差もあって旭川のほうが1℃以上も高いが、最寒月の気温の低さは大きく違わない。また、クラスノダール地方など、ロシア最南部には北海道北部より温暖な地域もある。しかし、人口1,000万や500万近くの巨大都市がある、ロシア国内では比較的温暖な地域が、日本の寒冷地域と気温の面でやや重なるということであり、それ以外の地域は著しい低温を示す。

図1で、北緯70度を超え最暖月でも低温のディクソン島を除いて、ロシアの各地点における年間・最暖月・最寒月の平均気温をみると、冬の気温の地域差が大きく、ひいては年平均気温や気温の年較差にも影響を与えている。冬の低温は、一般的に南部より北部、同一緯度でも西部より東部で厳しい。このため、冬の厳寒やその長さとともに、国土の広大さとも関係して、その地域差が大きいことに注目する必要がある。

ロシアの社会や生活は寒冷地仕様になっている。都市部などでは集中暖房式で室内は暖かい。しかし、通りとの温度差は大きく、防寒のために建物の入り口や窓は二重構造にな

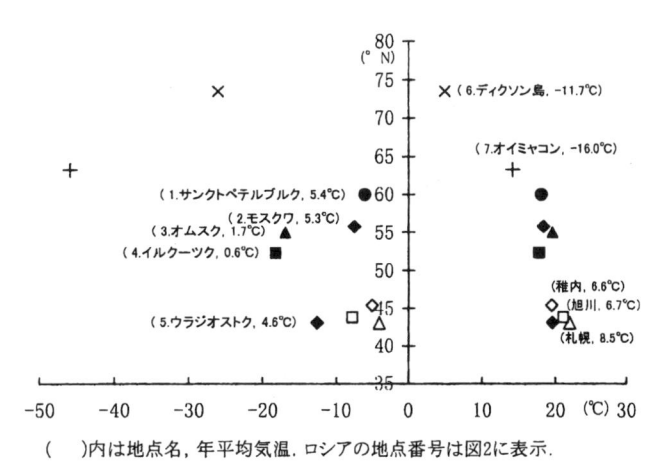

( )内は地点名，年平均気温．ロシアの地点番号は図2に表示．
図1 ロシア・日本各地の緯度と最寒月・最暖月平均気温
資料：理科年表（2002）

っており、冬は建物に隙間があればテープを貼り、外出時に帽子とコートは必需品である。モスクワあたりで冬に「寒い」というのは、個人差もあるが、-20℃前後の場合である。北東部のヤクーチアでは、冬に気温-50℃以下になると戸外の仕事は中断される。宗教行事マースレニッツアは、もともと春を迎える祭りであった。

通常の生活をするために、暖房だけで他のヨーロッパ諸国の2～3倍の燃料を必要とし、その費用はロシア全体で一冬に数百億ドルに達すると試算されている。寒さの経済的代償を考える必要もある。

3．ロシアを区分する

上記のように広大さと北国の一面である寒さの現実を少し調べてみると、国内をいくつかに区分してロシアを考えてみる必要性に気づく。そこで、広大さを考えたときに取り上げたアジア・ヨーロッパの区分と、寒さで取り上げた気温の地域差と関係する南部・北部の区分を組み合わせて、4つの大地域に区分してみた（図2）。同時に、大地域別の面積や人口を調べてまとめてみた（表1）。各地域はどのような特徴をもっているのだろうか。

まず、人口分布は人口100万以上の大都市の分布からおおよそ明らかであるが、東西区分ではヨーロッパ部に総人口の約80%が分布し、しかもそのほとんどを南西部が占める。人口密度（2010年）も南西部が全国平均の4倍以上とぬきんでて高く、南東部、北西部、北東部の順で低くなっている。このうち南東部と北西部の差は比較的小さく、ヨーロッパ部とアジア部の差を大きくしている。これは、南東部が上述のように緯度に比して気温など厳しい気候となるだけでなく、モスクワの位置する中心部からの遠隔性や、道路・鉄道・電力供給などの生活・産業基盤が未整備であることも関係しているからである。こうした地域的傾向は、生活費の地域差にもよく現れている（図2）。

しかし、ロシアにおいては、ソ連時代から、一部の資源についてはそれ以前から、資源開発とその大量使用が産業の急成長を支えてきた。その過程で、多くの資源は、先進開発地である南西部から北西部、次に南東部・北東部へと開発されてきた。一例として、現在、ロシア経済にとって対外貿易上も最も重要な

表1　ロシアにおける大地域別人口の変化（1979～2010年）

	面積		人口密度	大地域別・人口数割合							
			2010年	2010年		2002年		1989年		1979年	
	万km²	%	人/km²	万人	%	万人	%	万人	%	万人	%
ヨーロッパ部	432	25.3	26.4	11,396	79.7	11,514	79.3	11,491	78.2	10,944	79.6
うち北西部	133	7.8	2.7	357	2.5	396	2.7	478	3.2	429	3.1
南西部	299	17.5	36.9	11,039	77.2	11,118	76.6	11,013	74.9	10,515	76.5
アジア部	1,278	74.7	2.3	2,894	20.3	3,002	20.7	3,212	21.8	2,797	20.4
うち北東部	777	45.4	0.5	427	3.0	409	2.8	469	3.2	316	2.3
南東部	501	29.3	4.9	2,467	17.3	2,593	17.9	2,743	18.7	2,481	18.1
全　国	1,710	100.0	8.4	14,290	100.0	14,516	100.0	14,702	100.0	13,741	100.0

注）人口密度については、ノリリスク都市圏分の補正をした。　　　　　　　　　人口センサス結果より作成

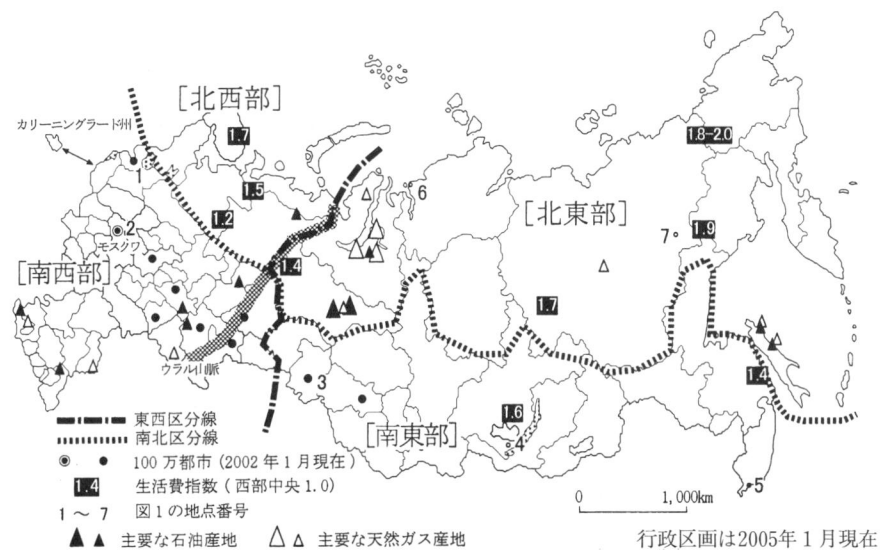

図2　ロシアの大地域区分
ロシア地図などにより作成

資源である石油・天然ガスについてみると、その主要な産出地はチュメニ州北部に集中しているし、将来有望な産地もカスピ海地域などを除くと、極東のサハリン州、北極海沿岸など北東部や南東部に偏っている。

4．ロシアの現状をとらえる

現在のロシアは、ソ連解体後、どのような状況にあるのだろうか。この国に興味・関心が少しでもあれば、当然抱く疑問であり、大切にされるべき問題意識である。マスコミはニュースとして政治活動、頻発する爆破・人質事件の経過や原因などを伝えるが、国全体の状況は見えにくい。

そこで、大地域区分に対応させて、ソ連解体時に近い1989年を境にセンサス年間、すなわちソ連時代とソ連解体後の人口変化を確認してみよう（表1）。1979～89年には総人口が増加しており、4つの地域とも人口が増加している。しかし、地域別割合を見ると、東西区分ではアジア部が増加し、4地域別では南西部のみが減少している。この時期の人口変化は、けっして急速ではないが、ゆるやかに周辺3地域の人口割合が増加するような傾向を示していた。なお、同様の傾向は1970～79年にも認められていた。ところが、1989～2002年には前期と変化傾向が逆転する。この時期には総人口が減少し、東西区分ではヨーロッパ部、4地域別では南西部だけが実数でも割合でも増加している。2002～10年も基本的には同傾向にあるが、北東部が再び人口増加に転じている。とくにソ連解体後の人口をめぐる変化方向の大逆転は、ロシアが体制転換という社会的激変を経験したことを端的に物語っている。

人口変化の逆転はどのようにして起こったのであろうか。まずは出生・死亡による変化で、1992年以降は死亡数が出生数を上回る自然減少となっているが、この地域差は大きくない。残りは人口移動による変化である。一つ目は国際移動であり、隣接する旧ソ連構成共和国との人口移動、イスラエル・ドイツな

ど、旧ソ連構成諸国以外の国々との人口移動である。二つ目は国内移動である。このうち人口変化の逆転と密接に関係するのは、一つは旧ソ連構成諸国からの流入で、帰還ロシア人がその主力をなし、これには「難民」、「強制された移動」に認定された流入者を含めることができる。この流入先は、4地域区分による南東部、とくにシベリア南部もあるが、カザフスタンに隣接する、主に南西部であった。もう一つは国内移動であり、北西部・北東部から南西部・南東部へ、一部は南東部から南西部へという人口移動である。これと同じ出発地であるが、ウクライナ人がウクライナへ帰還する人口移動のように、南西部を目的地とせずに国際移動となるものもある。1991～2001年における人口移動のおおよその規模をみると、旧ソ連構成共和国からロシアへの流入者は約700万人、難民・強制移動の認定を受けた流入者は約60万人で、さまざまな移動方向が含まれるが、国内の地域間移動による流入者は1400万人であった。こうした国際・国内人口移動の要因は多様であるが、連邦解体と新独立国への分化、生産縮小・閉鎖も含めた産業・企業の新しい状況への対応、国境警備・軍備など国家政策の変化など、多くはソ連解体と体制転換に伴うものである。

産業は移行過程にあり、ソ連解体後、生産は大きく落ち込み、回復し始めたのは1998年以降である。この間、就業人口構成では、工業の縮小と流通・サービス・金融部門の分離・成長が顕著であった。工業でも石油・ガス採掘、鉄・非鉄金属、食品などのように比較的好調な部門がある反面、機械・金属加工、軽工業、たとえば繊維・縫製・履物など、不振の著しい部門がある。

当初は失業問題、給料の遅配などが表面化したが、その後は所得格差の拡大が指摘されている。住民の現金所得分布をみると、2007年には最高所得層は人口20％で総収入の47.9％を得ており、逆に最低所得層は同一人口割合で総収入の5.1％を得ているに過ぎない。1990年のソ連時代にも所得格差は存在したが、ソ連解体後に拡大し、その後も縮小する兆しは見せていない。なお、あくまでも統計上、かつ現金収入のみからみているという制約はあるが、現金収入が最低生活費未満の人口割合は、33.5％（1992年）から13.3％（2007年）へ2000年代に入って大きく減少しつつある。

近年の個人所得の上昇を背景にしながら、おもに高所得層向けの商店・レストランが増加している。たとえば、モスクワやその他の大都市において、輸入品を陳列した高級衣料品店、郊外部の巨大スーパーマーケット、日本食レストランの代名詞ともなっている「すしバー」などである。同様に、モスクワなど大都市地域では、モータリゼーションが急速に進んでいる。

モスクワの都市内土地利用も変化しつつある。その中の一つに、進行速度は遅いものの、「モスクワ・シティ」建設があり、モスクワ川沿いで連邦政府ビルよりやや上流にその関連施設の一部がすでに完成している。モスクワ以外の都市は、2003年に創建三百周年記念を迎えたサンクトペテルブルクを除き、モスクワと比べその変化は少ない。ソ連時代もその後のロシアにおいても、モスクワはロシアの諸都市の先頭をつねに走り、かつ輝き続けなければならないのである。

産業動向や個人・家計の収入水準は地域間でも格差があるし、変化する現実に対する受け止め方の世代間格差も認められる。しかし、

人々は森のキノコなど自然の恵みを大切にし、都市居住者はダーチャでの生活・収穫を楽しんでいる。また、人々のネットワークとたくましい生活力も健在である。ローソクの炎をシンボル化した屋根をもつロシア正教会は、廃墟のままのものも散見されるが、各地で修復・再建作業が行われている。その勢いには目を見張るものがある。数は少ないがイスラーム礼拝所も同様である。信教は個人・世代間で差はあるものの、復活祭やクリスマスなどの宗教行事も人々の生活の中に定着してきている。

それにしても、ソ連解体の過程で生じたチェチェン問題は、16世紀以来の歴史的経緯もあって根深く、複雑である。これに関係するとされる爆破・人身事件がモスクワや北カフカスで頻発したが、近年減ってきた。しかし、その解決は大きな課題である。なお、ソ連時代から継承した領土・国境問題のうち、中国とはすでに合意・解決したが、日本とは「北方領土」をめぐって未解決のままである。

ソ連解体から15年以上になり、その変化は社会経済の多方面に及んでいる。しかし、体制転換後の安定社会が到来するにはまだまだ時間が必要であり、現在は新しい社会への移行期にあるとみなせよう。

5．ロシアをどうみるか—総合的な考えの試み—

ロシアの国土、とくに今回取り上げた「広大さ」や資源をめぐって、異なる二つの考え方を例示して比較してみよう。

まず広大さをマイナスと評価する考え方を二つあげよう。その一つは、「国土のかなりの部分は北極圏にあり、その開発やそこに集中した天然資源の採取は容易ではなく、莫大な資金や時間が必要とされる」とするものである。もう一つは、「無辺の空間ともいえる広大さは、これまで大量の資源を浪費的に使用して発展する方向へと国を向かわせ、高度に発展した文明国にさせなかった」という考え方である。

つぎに、広大さをプラスに評価する考え方を二つあげよう。その一つは「現在のロシアの外貨獲得源は豊富な天然資源であるし、経済・軍事力に影響をもつ重要な天然資源を豊富に提供している」とする考え方である。さらに「将来の富となるのは、資源や物の生産ではなく、人間活動の及ばない、きれいな空気や地下水など良質で手つかずの自然である」とする考え方もある。

この場合、どちらの評価のどの意見を正しいと判断するかというよりも、その意見の根拠を具体的に考えてみることが重要であり、複眼的見方・考え方の必要性が確認されよう。いずれにせよ、こうした枠組みの中でロシアの人々が生活してきたこと、あるいは生活していることを理解することが重要である。その過程こそが、日本に対する見方や理解の深化へつながってゆく。

(小俣利男)

参考文献
・小俣利男（2006）『ソ連・ロシアにおける工業の地域的展開—体制転換と移行期社会の経済地理—』原書房
・ユーラシア研究所（1998）『情報総覧　現代のロシア』大空社
・ユーラシア・ブックレット編集委員会（2001）『ロシアがわかる12章』東洋書店

メソッド3
CIAの『The World Factbook』を使って世界の国を調べる

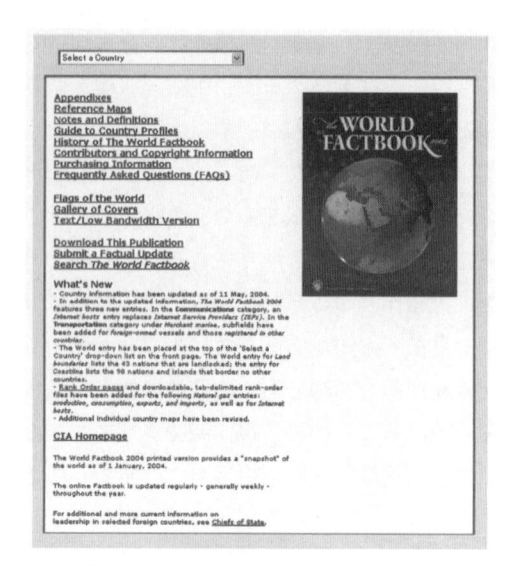

図1 『The World Factbook』のトップページ
　　　背景色を修正

『The World Factbook』とは

　CIA（Central Intelligence Agency、アメリカ中央情報局）の前身は、軍事的な諜報機関である。しかし、現在では、平時の情報収集機関としても、さまざまな情報を集めている。『The World Factbook』はこうした情報の一つで、アメリカ合衆国の政府機関への情報提供を目的に収集された世界の国・地域別の基礎資料である。『The World Factbook』はもともと冊子体の資料であるが、現在では、Webページとしてhttp://www.cia.gov/cia/publications/factbook/ で、各種情報を閲覧できるようになっている（図1）。また、サイズは大きいが、全体をダウンロードして利用することも可能である（圧縮ファイルで31.6MB。ただし、分割ダウンロードも可）。

『The World Factbook』の構造

　『The World Factbook』のページには、国別・地域別の情報に加え、これを情報源にして二次的に作成されたアルファベット順の一覧表やランキング表もまとめられている。また、世界の州レベル・世界全体の地図のページや国旗のページ、そのほか項目の定義表もあり、地域別・国別情報を活用するのに必要な基礎資料がwebページ内にすべて揃っている。さらに、これらの情報がWebページの特性を活かして有機的に結びつけられ、国・地域別情報の各項目からその定義表や一覧表、ランキングリストなどを引き出せるとともに、どのページからでも国名を選択して各国・地域別情報を引き出せるような構造になっている（図2）。

　こうした構造をもつ『The World Factbook』のwebページは、「○○国はどういう国か（国名の選択）」という発問を出発点として、特定の国について、世界全体の中に位置づけながら、さまざまな観点から眺めるのに適している。たとえば、先の発問に対してある国の情報を引き出した後、「その国はどこに位置するのか（地図へのリンク）」を調べたり、「その国の□□はどれくらいか（項目の閲覧）」を調べた上で、「この値は、世界的に見てどれくらいの地位にあるのか（ランキング表へのリンク）」「世界の平均より上か下か」を調べ、世界の中にその国を位置づけることが可能である。なお、ランキング表には、世界全体の集計値が位置づけられるため、

国としての順位をみる場合にはこの点を考慮する必要がある。また、面積の比較の項目にアメリカ合衆国の州やワシントンDCの約何倍であるかが示されているように、いくつかの項目はアメリカ合衆国の国内に向けたものである。

日本版の国別・地域別情報

日本で発信されている国別・地域別の情報には、外務省（http://www.mofa.go.jp/）の「各国地域情勢」、キッズ外務省（http://www.mofa.go.jp/mofaj/）の「世界の国一覧」および「国際理解／開発教育用教材『探検しよう！みんなの地球』」の「各国の情報」などがあり、資料的には充実している。ただし、子ども用の二つのページは、世界の州別に各国の情報を引き出すしくみとなっているため、「アジアにはどのような国があるのか」といった発問には適していても、特定の国を調べる目的で利用するには、あらかじめ地図帳等でその国が属する州（地域）を調べる必要がある。また、いずれの国別情報とも、日本以外の情報で構成されている。

（中村康子）

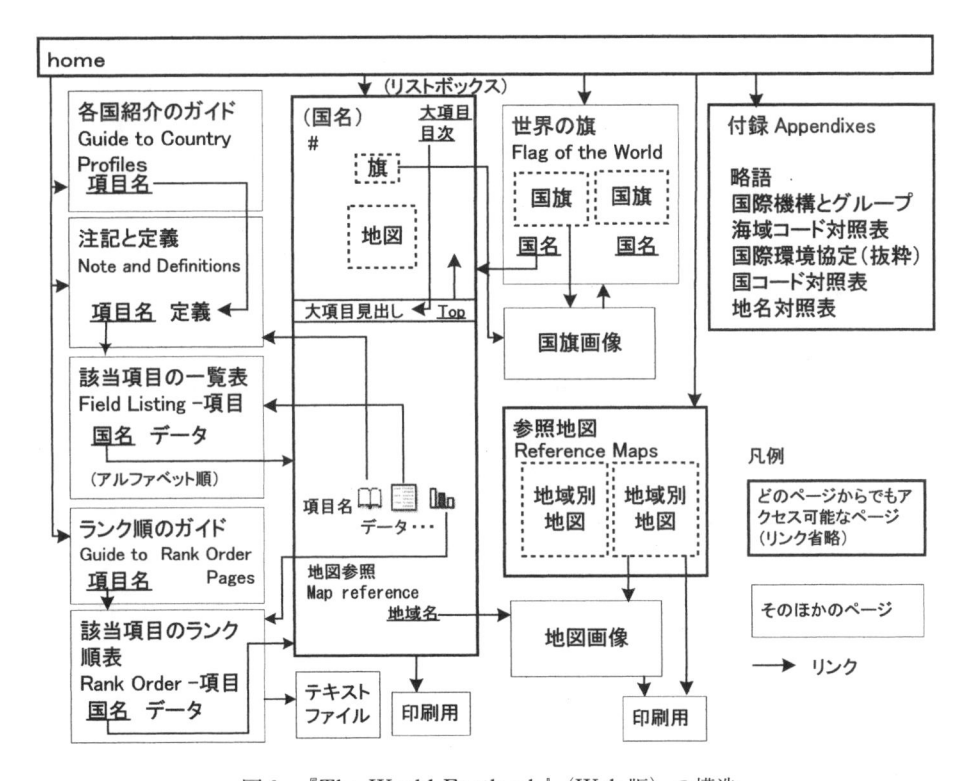

図2 『The World Factbook』（Web版）の構造

2.4 マレーシア
― 自分たちとのかかわりに着目して調べる ―

1．マレーシアを取り上げる意義と視点

(1) 身近に多いマレーシア産品

　マレーシアは多くの生徒にはなじみのない国である。中学校入学時の生徒に知っていることを書かせると、マレーシアまたは東南アジアについて、何も書けなかった生徒が4分の1弱いた。書けても「暑い」くらいで、それに「森林」「貧乏」「発展途上国」と、自然の豊かさ・きれいさに関する回答が続く程度である。

　ところが、身のまわりにはマレーシアからの輸入品がいろいろある。パーム油や合板、LNGのほか、各種電気・電子機械が輸入されている。パーム油がインスタントラーメンやポテトチップス、マーガリン、やしの実洗剤など多方面に使われていることを知ると、マレーシアに対する親近感が高まるであろう。

　これらを生産する人々が、どのように生産を行い、どのようにくらしているかを考察して、自分の生活や社会のあり方を考えることは、地球市民を育成する上で大切である。

(2) 異文化理解・環境教育の観点から

　マレーシアには高さ452m（世界2位）のペトロナス・ツインタワーがある。マレーシアは、急激な経済成長により、大きく変容している。アジアや「発展途上国」に対するイメージの変容をせまるのに適している。

　また、国教はイスラームで、日本人になじみが薄く、誤解されやすい宗教であるので、異文化理解として取り上げる価値が大きい。マレーシアには世界の主要宗教がそろっており、この国を通して宗教と暮らしについても学習できる。多民族国家は、国際化や将来の日本を考える上でも示唆に富む。

　さらに、カリマンタン島の熱帯雨林の破壊は、日本が深く関わっている問題で、環境教育の観点からも取り上げる価値がある。

　このように、自分たちの生活と関わりが深い内容から、自分の問題として学習を進めるようにすることが大切である（荒井 2004）。

表1　マレーシアの日系企業、日本人、日本人学校在籍者

年	日系企業数（社）	在留邦人数（人）	クアラルンプール日本人学校児童・生徒（人）
1986	477	4,096	627
1992	846	7,193	954
1998	1,433*	11,726	1,324
2004	1,258	10,208	768
2010	1,184**	9,705	721***

在マレーシア日本国大使館、クアラルンプール日本人学校による
＊1,433社のうち製造業777社、うち335社が電気・電子部品
＊＊1,184社のうち製造業689社
＊＊＊2011年の統計による

2．マレーシアとの関係を調べる

貿易について、マレーシアからの輸入品と、マレーシアが占める割合が高い輸入品を調べる。統計で終始せずに、リモコンなど身近な物の製造国を調べさせるとよい。

人の交流についても、日系企業数、在留邦人数などを調べるとよい（表1）。それらは1998年をピークに、アジア通貨危機、世界的な景気低迷、中国への生産シフトなどによって減少気味である。在留邦人の半分弱は首都クアラルンプールに、2割弱がペナン市に居住している。クアラルンプール日本人学校は1966年に創立した後、児童・生徒数の増加に応じて2回移転し、現在は7万m²の校地を持つ大規模校になっている。日本人学校は、ペナン、コタ・キナバル、ジョホールにもある。

3．工業化と日本企業

(1) 日本企業の進出

マレーシアには千社を超す日本企業が進出している。その6割弱は製造業で、特に電気・電子機械工業が多い。日本のマレーシアからの輸入品にその製品が多く、低賃金労働力を利用して日本向けに製造していることがわかる（表2）。近年は、マレーシアの賃金水準が上がり（製造業では2003～2007年で約14％上昇）、中国やベトナムなどに移転する企業も増えている。なお、賃金については現地の物価を考慮する必要があることに留意したい。

(2) 急速な工業化と工場労働者

輸出品の変化から、マレーシアの産業の中心がゴムなどの原材料の生産から工業製品の生産に変わったことが読み取れる（図1）。今日では輸出額の4割以上を電気機械が占めている。工業化は自由貿易地区での外国企業

表2　IT関連企業のマレーシア選択要因　　　　　（複数回答）

選択要因	日系企業 回答企業数	回答率	日系企業以外 回答企業数	回答率
低賃金労働力の利用	54	81.8%	54	73.0%
政治的に安定している	47	71.2%	58	78.4%
投資優遇措置の充実	44	66.7%	41	55.4%
インフラ整備の充実	35	53.0%	40	54.1%
良好な経済状況	28	42.4%	32	43.2%
市場へのアクセス性	23	34.8%	25	33.8%
未熟練労働者の存在	21	31.8%	26	35.1%
言語問題の少なさ	18	27.3%	27	36.5%
原材料調達に便利	15	22.7%	18	24.3%
関連産業の工場の存在	12	18.2%	7	9.5%
熟練労働者の存在	6	9.1%	17	23.0%
資金調達の容易さ	2	3.0%	9	12.2%
その他	5	7.6%	6	8.1%
総回答企業数	66		74	

注）回答率は、回答企業数÷総回答企業数×100で算出
藤巻正己・瀬川真平編『現代東南アジア入門』による（1995年の調査）

の資本と技術の導入によって大きく進められた。なお、原油や液化天然ガスなどの鉱物性燃料やパーム油などの動植物油脂の比重も大きい。

外国の電気・電子機械工場は、農村からマレー系の女子労働力を多く雇用してきたが、賃金の上昇により、近年ではインドネシア人などの外国人労働者も多く雇用している。

4．森林破壊と先住民の生活

マレーシアの熱帯材の輸出量は世界有数で、その輸出先は、かつては日本が圧倒的に1位であったが、2000年ごろから中国が、そして最近ではインドが1位になった。

熱帯林の伐採による環境破壊はよく取り上げられるが、最も直接的に損害を被る先住民のことを忘れてはいけない。彼らは焼畑耕作や狩りなどで生活してきた。その焼畑耕作は生態系に即した知恵の結集で、環境に適合した農業であることを理解させる。サラワク州の先住民プナン人は、伐採によって野生動物がいなくなり、川が汚染されたことなどに抗議して、伐採を阻止するために道路封鎖を行った（地球の環境と開発を考える会、1988）。

しかし、近代化と貨幣経済化の進展で、住民は現金収入を得るために、政府が進めているあぶらやし園などの開発を受容せざるを得ないと考えている。パーム油や木材の恩恵を受けている一人として、この住民の悩みを共感的に理解させたい。こうして、大規模なあぶらやし農園が増え、その生産・輸出も増えているが、価格変動は大きい（図2）。

5．多民族国家と人々のくらし

外国の人々の生活に関心がある生徒は多い。異文化理解には地理的な考察が求められる。人々の生活をテーマにして写真を多く載せている児童書は多い。それらを活用して、衣食住と自然的・社会的条件との関係を考察する。たとえば伝統的な住居の写真をじっくり見て、

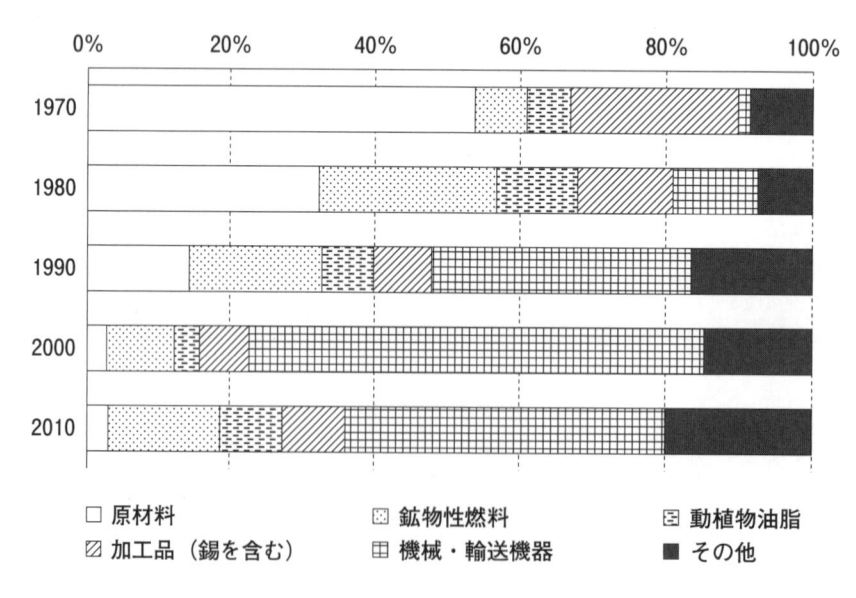

図1　マレーシアの輸出品の変化
Malaysia Economic Statistics—Time Series 2010 により作成。

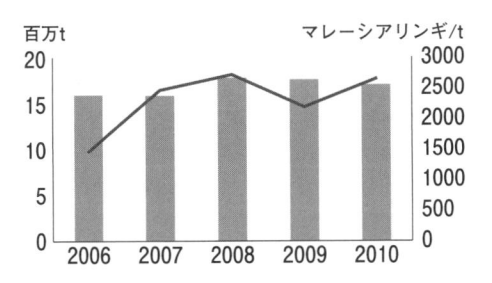

図2　パーム油の生産量と価格
棒グラフは生産量、折線グラフはtあたり平均価格を示す

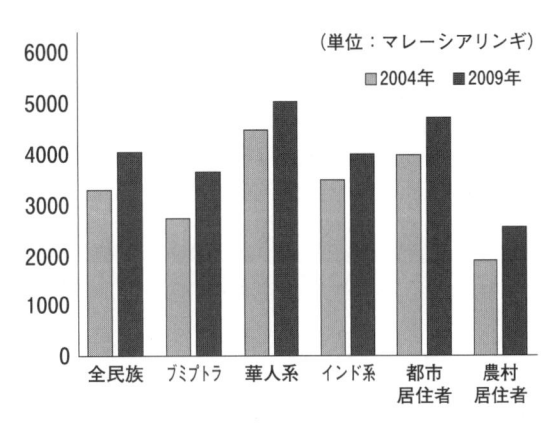

図3　マレーシアの平均月間世帯所得
出典は図2と同じ

その特徴を挙げ、その理由を考える。熱帯は住みにくいという印象があるが、現地で生活した人のルポによると（柴田 1993など）、スコールや海風などのために、夜は過ごしやすく、町では屋台が並び、活気がある。なお、生活の洋風化が進んでいることに留意する。

衣服や食事には宗教との関係が見られる。その際、たとえば現地の人々の断食に対する考えを紹介して（柴田 1993）、宗教に対して寛容的な態度を育てるべきである。ちなみにイスラム教については女性が差別されているイメージがあるが、マレーシアの管理的職業従事者の割合は23.2%（2003年）と、日本の10.1%（2005年）の倍以上であるなど、女性の社会進出は進んでいる（「平成19年版男女共同参画白書」）。

多民族社会については、街行く人々の顔つき、看板、宗教施設から、民族によって異なる宗教が信仰され、異なる言語が使用されていることをとらえる。食生活のタブーから、多民族の混住は容易でないことがわかる。

祝祭日からは、それを決める政府の国家像がうかがえる。多民族国家マレーシアは、各宗教の主要行事を国家の祝日にしている（表3）。その背景を推察させよう。

マレーシアの場合、先住民族のマレー系（ブミプトラ）の所得が低いことが大きな問題であり、1969年にはマレー系が華人を襲撃する事件が起きた。マレー系を優遇するブミプトラ政策によって、都市で働くマレー系が増え、民族間の交流も進んだ。経済発展によって中間層も拡大したが、民族間の所得格差

表3　マレーシアのナショナルホリデー（2006年）

ニューイヤー	1月1日
ハリラヤ・ハジ（聖地巡礼祭）*	1月10日・11日
中国正月	1月29日・30日
イスラム暦新年	1月31日
モハメッド聖誕祭	4月11日
メーデー	5月1日
ウェサック デー（釈迦誕生祭）	5月12日
国王誕生日	6月3日
国家記念日	8月31日
ディーパ・バリ（ヒンドゥー教　光の祭）*	10月21日
ハリラヤ・プアサ（断食明けの大祭）*	10月24日・25日
クリスマス	12月25日
ハリラヤ・ハジ*	12月31日

＊印の祝日は変更もある（新月の観測により最終的に決定される）。太陰暦であるため、この年のように、同じ行事が太陽暦の西暦では2回あることがある。

マレーシア政府観光局ホームページ www.tourismmalaysia.or.jp/event/ev.htm による

6. 都市への人口集中と農村

(1) クアラルンプールの急速な都市化

首都クアラルンプールとその近郊の人口は、近年急増し、他の発展途上国と同様、首都への一極集中が進んでいる。郊外にはコンドミニアムやリンクハウスとよばれる長屋型の近代的住宅など、中間層向けの良好な郊外住宅地が発達している。

その一方で、スクォッターと呼ばれるスラムも多く見られる。スラムに対してはマイナスイメージが強いが、人々が生活向上を目指して助け合って頑張っていること、電気製品や耐久消費財も普及していること、子どもの就学に熱心であること、家族の絆が深いこと、なかには政治力を行使して環境改善に成功した例もあることなどに注目したい（藤巻1998）。

そして、農村から都市への人口移動の背景を、農村の問題と都市の魅力の両面から考察する。なお、農村を出るのは中から下の階層で、生活向上意欲の高い若者が多いという。

(2) 都市の分布と国内の地域差

地図で都市の分布を調べよう。都市は半島西海岸に多い。その背景を推察するために、地図をよく見ると、半島西海岸には鉄道が発達しており、すずやゴム、油やしなどの特産物が見られる。このことから、西海岸はイギリスが植民地として開発を進めたことがわかる。米などの食料が自給できないことも、樹園地優先のモノカルチャー経済の影響と言える。工業も西海岸に集中している。

このため、半島部では、人口増加は大都市のある西海岸の州で顕著である（図4）。一方、半島東海岸ではマレー系の割合が高く（図5）、貧困世帯の割合が高い。図4と図5を比べると、反比例の関係であることがわかる。北東部の2州では出生率が国内でも突出して高いのに人口増加率が低く、若者の流出率が高いことがわかる。この地域でイスラム政党の勢力が強い背景に、こうした地域格差

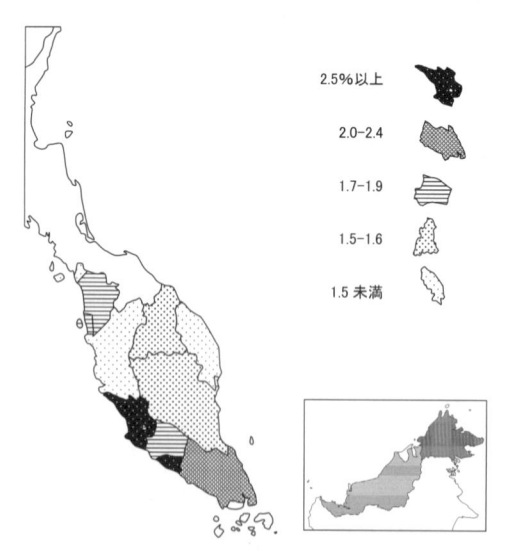

図4 州別人口増加率（2000～2010年）
（Department of Statistics, Malaysia, Official Websiteにより荒井作成）

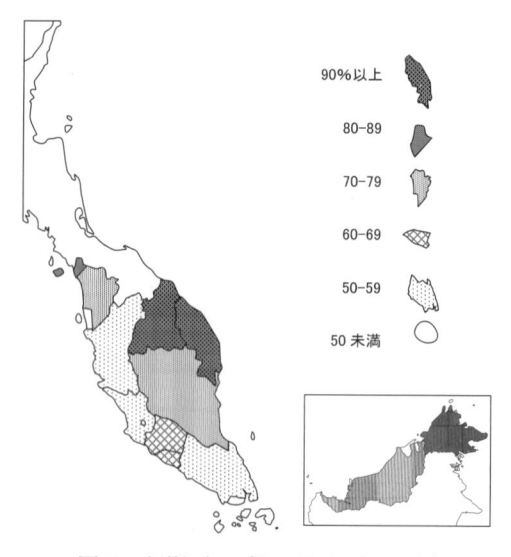

図5 州別ブミプトラ比率（2010年）
（Department of Statistics, Malaysia, Official Websiteにより荒井作成）

がある。

しかし、農村が極端に貧しいわけでもない。農家は食料をほとんど購入する必要はない。物質的には貧しいかもしれないが、精神的には豊かかもしれない。豊かさとは、発展とは何かを考えてみたいものである。

（荒井正剛）

参考文献
- 荒井正剛（2001）カレンダーを利用した異文化理解．地理46(12)，pp.84-89，古今書院
- 荒井正剛（2004）事例学習とグループ発表学習を組み合わせた「世界の国々」の学習．山口幸男・清水幸男編『これが新しい地理授業の現場だ』pp.35-46，古今書院
- 生田真人・松澤俊雄編（2000）『アジアの大都市3　クアラルンプル・シンガポール』日本評論社
- 生田真人（2001）『マレーシアの都市開発—歴史的アプローチ—』古今書院
- 柴田直美（1993）『マレーシア　にんげん事情』三一書房
- 地球の環境と開発を考える会（1988）『破壊される熱帯林』岩波ブックレット
- 藤巻正己（1998）多民族都市クアラルンプルのスクォッター・スラム社会．藤巻正己・住原則也・関雄二『異文化を「知る」ための方法』pp.56-71，古今書院
- 藤巻正己・瀬川真平編（2003）『現代東南アジア入門』古今書院
- DEPARTMENT OF STATISTICS, MALAYSIA. Official Website（人口や各種生産統計などが豊富に掲載されている。）

トピックス2
多様性の中の統一と華人社会の復権
—インドネシアの試み—

インドネシアという国

インドネシアと聞いて、私たちはどのような国を想像するだろうか。南国の暑い国、天然ガスが豊富な国など、様々なイメージが思い浮かぶかもしれない。また、アメリカ合衆国とイスラーム過激派との対立が深刻化している近年では、「世界最大のイスラーム教徒を擁する国」として理解されることも多くなった。2億3,800万を超える人口のうち約90％がイスラーム教徒である。ジャカルタでは、毎日決まった時間にモスクからお祈りの放送が流れてくる。しかし、この国では宗教の自由が憲法で保障されており、カトリック、プロテスタント、ヒンドゥー、仏教、儒教を信仰する人々が人口の約10％を占める。インドネシア国民はこれらの6つの宗教のいずれかに属していなければならない。そうでないと、「共産主義者」とみなされてしまう。

「サバン（スマトラ島北端）からメラウケ（パプア州東端）まで」。これはインドネシアの広さを表す表現である。東西およそ5,120km、南北1,760kmの領域には、大小18,000もの島々が横たわり、「赤道にかかるエメラルドの首飾り」ともいわれる。このような国土に、人種、宗教、言語、文化を異にする約400もの民族が共存している（人口や島の数は、文献によって数値が異なる）。

この広大かつ多様な地域を一つの国家にまとめあげるには、様々な工夫が必要である。インドネシアの国章であるガルーダ（ヒンドゥー神話の中の神鳥、公共機関や紙幣にも必ず描かれている）も、「Bhineka Tunggal Ika（多様性の中の統一）」という標語を掴んでいる。すなわち、多様な人々がそれぞれの存在を認めあうことが、インドネシアの建国理念となっているのである。

祝祭日からみえるもの

マレーシアと同様に、国の祝祭日を調べると興味深い結果が得られる（表1）。なお、○はイスラーム、■はキリスト教、▼は仏教、●はヒンドゥー教の行事で、○はイスラーム暦（1年は350日）によるため、西暦に対して毎年12～13日ずつ早くなる。

表1　インドネシアのナショナルホリデー（2012年）

1月1日	新年
1月23日	中国正月
2月5日	○ムハンマド降誕祭
3月23日	●ヒンドゥー暦新年
4月6日	■キリスト受難日
5月6日	▼釈迦誕生日
5月17日	■キリスト昇天祭
6月17日	○ムハンマド昇天祭
8月17日	独立記念日
8月19～20日	○断食明け大祭
10月26日	○犠牲祭
11月15日	○イスラーム暦新年
12月25日	■クリスマス

・上記のほか連休が取れるように政令指定休日ができた（2012年は5/18、8/21、8/22、11/16、12/24）。
・ナショナルホリデーの日程は変更されることもある。

インドネシアの祝祭日を日本の祝祭日と比較すると、大きな違いに気づくだろう。インドネシアでは、様々な宗教の行事が祝祭日となっている。マレーシアと同じく各宗教がかなり対等に扱われていることも理解できる。この祝祭日の中には、つい最近加えられたものもある。それは中国正月である。

インドネシアと華人

　インドネシアのチャイナタウンは、「漢字のないチャイナタウン」として有名であった。それは、1965年にクーデター未遂事件（9.30事件）が発生した際に共産党が弾圧され、共産党の支持者とみなされた華人が大量に虐殺されたことによる。この事件以降、儒教の禁止、中国風からインドネシア風への名前の変更も行われ、漢字のない独特のチャイナタウンが形成された。

　インドネシアの華人である私の妻（1976年生まれ）の話によると、彼女の父親（1938年生まれ）は、高等学校まで華人学校（日本ではコリアンスクールやインターナショナルスクールに相当する）に通い、中国語を使用して中国の歴史や文化を学んだそうである。しかし、中国語・中国文化禁止時代に育った彼女の母親（1953年生まれ）や彼女自身は、インドネシア語で教育を受けたため、漢字の読み書きができない状態である。私が2000年4月にジャカルタに赴任した際にも、中国語の書物や漢方薬は持ち込めないといわれたため、漢字の多い日本語の本を持ち込めるのかどうか、不安になったことを記憶している。

　ワヒド大統領の時代の2000年6月に、中国語・中国文化が解禁され、儒教も「宗教」として認められた。中国正月も、2002年度は華人のみの祝祭日と認められ、さらに2003年には国民すべての祝祭日となった。中国正月のイベントも、年々華やかさを増してきている。

　また、中国文化も脚光を浴び始め、大陸や香港、東南アジアの映画や音楽も輸入されてきた。こうした変化とともに、日本の映画や音楽も輸入され始めた。街には少しずつ漢字の看板が目立ち始め、ショッピングモールでは、中国正月のみならず、中秋月など、旧暦の祭に催し物を開催するようになった。学校でも中国語を学ぶことが可能になっている。なお、公立学校ではイスラームを学習するため、華人の子弟は私立学校に通うことが多く、中国語の学習は私立学校で実施されている。

　このように、21世紀に入り、中国文化がインドネシアの多様性の中に復権を果たした。しかし、それ以前の数百年間、たびたび暴動や虐殺が起きたこと、同じインドネシア人でありながら、Peri bumi（原住民）とpelanakan（華人）と呼び合うことなど、問題の根は深い。多様性の中の統一というインドネシアの試みが成功するのかどうか、今後の動向が注目される。　　　　　　　　（押元常徳）

写真1　中国文化解禁後数年で、街の中に増えた漢字入りの看板

写真2　インドネシア語（アルファベット）と漢字の混ざった看板

【2章 アジア・オセアニアを調べる】

2.5 インド
―― モンスーンに注目して調べる ――

1．モンスーンについて

　春夏秋冬の四季が季節の基調となる日本などの中緯度地域に対して、インドから東南アジアを中心とする熱帯モンスーン地域では、乾季と雨季の交代が季節のリズムを刻む。

　モンスーン（monsoon）は、アラビア海の船乗りたちが、時期によって風向が変化する海上の風のことをアラビア語で季節を意味するマウシム（mausim）と呼んでいたことに由来するとされる。6～9月に卓越する南西モンスーン風系が雨季をもたらすことから、モンスーンは雨季や雨も包含した概念として用いられ、インドではたくさんの雨に恵まれた場合を good monsoon、少雨傾向の場合を bad monsoon という。monsoon の邦語訳にあてられる季節風には、通常それ自体に雨季や雨の概念は含まないことから、両者の意味内容は多少異なっている。

2．インドは雨の多い国？ 少ない国？

　まず、インドと日本の年降水量を比較してみよう。図1は、インドの主要な気象観測点（117地点）と日本の気象官署（156地点）の合計273地点における年降水量について、平均値の小さい地点から順に並べたものである。インドの地点は、降水量の多いところと少ないところとに多く現れる。月や年などの降水量で世界最大記録を有するチェラプンジ（メガラヤ州）では平均年降水量が10,000mmを超えるほか、インド東部の山岳南斜面やインド西岸から西ガーツ山脈西斜面では九州南部～南西諸島と同等かそれ以上の多雨域である。一方、デカン高原からインド北西部・北部にかけては北海道と同等以下の少雨域であり、タール砂漠に含まれるビカネール（ラージャスターン州）では300mm程度、カラコルム山脈谷間のレー（ジャンム＝カシミール

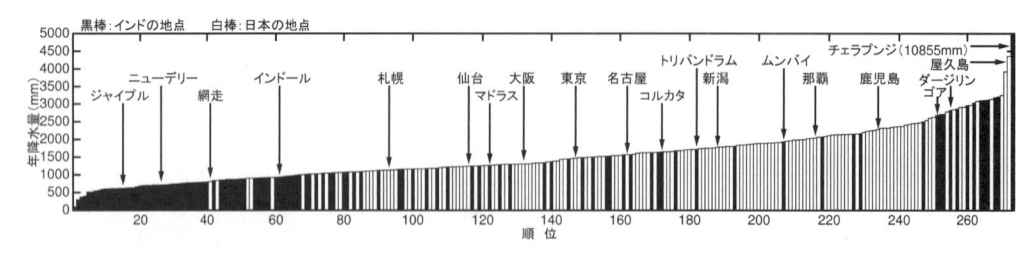

図1　インドと日本の各地における平均年降水量の比較
気象庁および The Global Historical Climatology Network（GHCN）の資料により作成。日本については「新平年値」CD-ROM（気象業務支援センター）による1971～2000年の平均値で、インドについては GHCN V2（ftp://ftp.ncdc.noaa.gov/pub/data/ghcn/v2/）のデータに基づき30年以上の資料が得られる WMO 登録地点について年降水量の長年平均値を計算した。

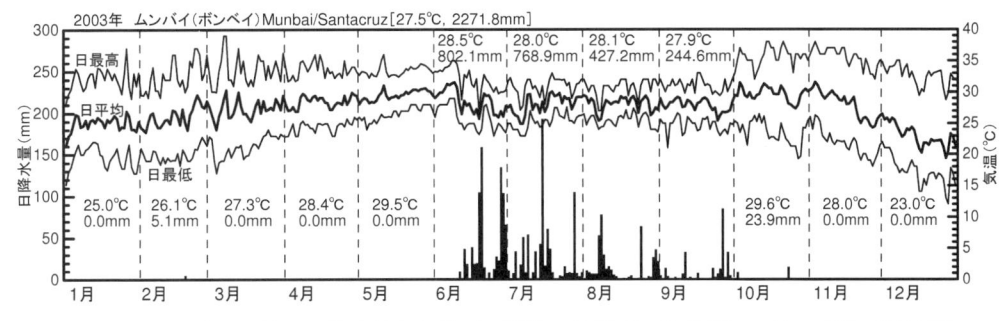

2003年 ムンバイ(ボンベイ)Munbai/Santacruz[27.5℃, 2271.8mm]

図2 ムンバイにおける日降水量と気温（日平均・日最高・日最低）の日々変化（2003年）
NCDC の資料（ftp://ftp.ncdc.noaa.gov/pub/data/globalsod/）により作成

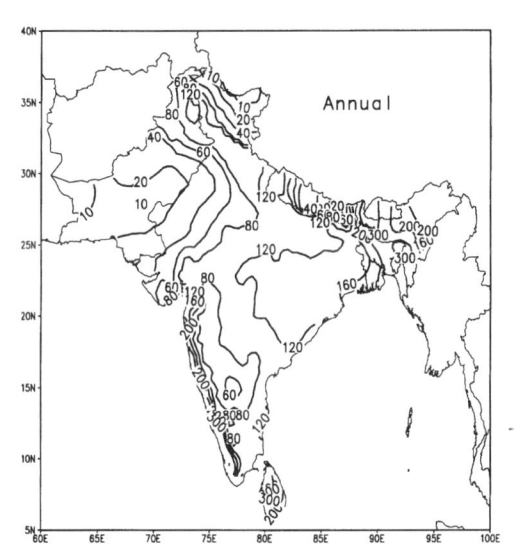

図3 インドの年降水量分布図（単位：cm）
Pant and Kumar (1997): *Climates of South Asia*
による

州）では100mm 以下の平均年降水量である。図3に示したように、多雨域と少雨域の併存がインドの気候の地域的特徴であるが、季節的にはほとんどの地域において南西モンスーンの時期に降水が集中する。

3．インドの季節

雨季と乾季が明瞭なインドの季節推移の事例として、ムンバイ（ボンベイ）の2003年における日降水量と気温（日平均・日最高・日最低）の日々変化を図2に示す。1～5月に

は5mm程度の降水が1日あったに過ぎないが、6月11日以降は連日のように降水が記録され、9月29日までの111日間において降水がなかった（0mm）のはわずか11日である。また、日降水量50～100mm以上のやや強い降水が連続的に出現する期間があり、それが周期的に現れていることが特徴的である。雨の降り方として、「この1、2週間は連日たくさん雨が降ったなぁ。大雨で浸水したところもあちこちであったし…」という状況が、3～4カ月にわたって数回繰り返されると考えればよいであろう。当然インドでも大雨による浸水が発生するが、インドの人々は日本人をはるかに凌ぐたくましさで日常生活をおくっている。日本の梅雨入りに比べてインドのモンスーンの入り（onset）は明瞭であり、モンスーンの爆発（burst of monsoon）と表現されることがある。

雨季と乾季を軸として、インドの季節は大まかに次の4つに区分される。

(1) 12～2月の冬季（乾季）は、気温の日較差が大きい時期でもある。北東モンスーン気流に伴う寒気の流入によって、インド北部のニューデリーでは最低気温が5℃を下回る日もあり、日中は薄手のシャツでも過ごせるが夕方以降はセーターやコートが必要となる。

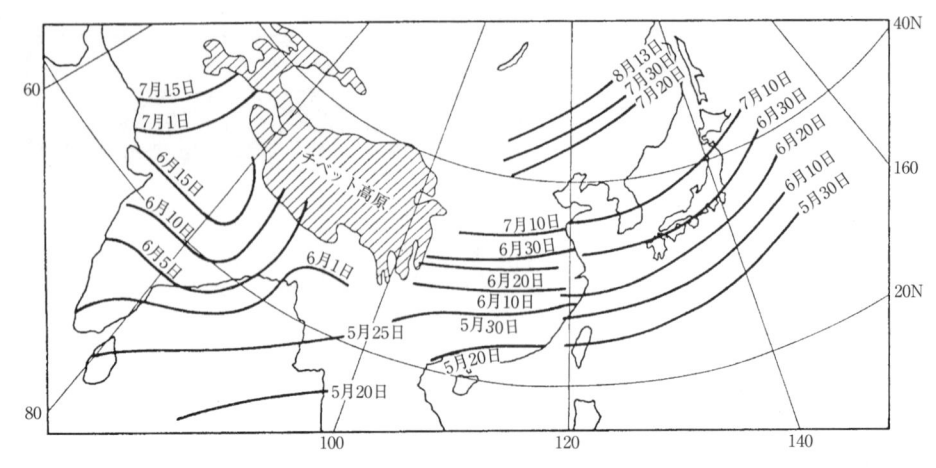

図4 アジアにおける雨季の開始時期
倉嶋 厚 (1972)『モンスーン』による

(2) 3～5月はプレモンスーン季（乾季）と呼ばれ、日中の気温が極端に高くなる場合があり、最低気温も日増しに上昇する。デカン高原では最高気温40℃以上の日が続き、暑く過ごしにくい時期である。この頃カシミールなどの北部山岳地域では雪解けが進行し、インド南端のタミル＝ナドゥ州やケーララ州ではモンスーンの開始が秒読み段階となる。

(3) 6～9月がモンスーン季（雨季）で、モンスーンの開始とともに気温は数度低下し、酷暑から解放される。日射が少なく気温の日較差が小さい時期でもある。モンスーンは5月末頃にインドの南部と東部から開始し、約1か月半かかってインド北西部に到達する。このころ日本や韓国などの東アジアでも南から梅雨が始まり、モンスーンの進行とともに梅雨の季節季が北上して行く（図4）。モンスーンの後退は9月前半にインド北西部から緩やかに始まり、インド南部では12月になってモンスーンが明ける（図5）。

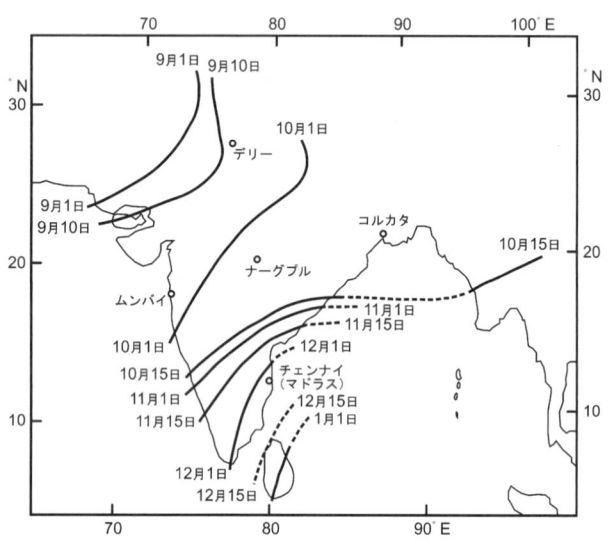

図5 インドにおけるモンスーンの終了時期
Pant and Kumar (1997): *Climates of South Asia* による

(4) 10～11月はポストモンスーン季（乾季）と呼ばれる。日射が戻るため最高気温は上昇するが、最低気温は日増しに低下し、過ごしやすい時期となる。

このような天候の季節推移に関連して、さまざまな社会現象にも季節性が現れるという。やや古い資料であるが、図6はインドにおける宗教暴動の発生件数、図7はダコイトと呼

ばれる集団泥棒の発生件数の季節変化である。宗教暴動は、人々のイライラがつのる酷暑のプレモンスーン季や雨が続いたモンスーン季の後半に多く、気候の比較的良いポストモンスーン季には少ない。ダコイトは、雨や洪水で逃走しにくいモンスーン季をさけ、その前に一稼ぎするのだという。ポストモンスーン季になると件数が増加するが、この時期にはインド全土でさまざまな祭りが行われ、不用心になるからとのことである。

ポストモンスーン季の最大の祭りはディワリ（Diwali）であり、ヒンドゥー暦（一種の太陰太陽暦）でカーティック月（10月か11月）の満月から2週間後（新月の日）を中心に行われる。これはヒンドゥー教のヴィシュヌ神の化身であるラーマと、富と幸運の神である女神ラクシュミ（ヴィシュヌの妻）を迎える祭りである。家々や商店では玄関や店先に油を入れた素焼きの皿に火を灯すことから、灯明の祭りともいわれる。たくさんの小さな光が揺らめき、路上には赤、橙、黄などの色

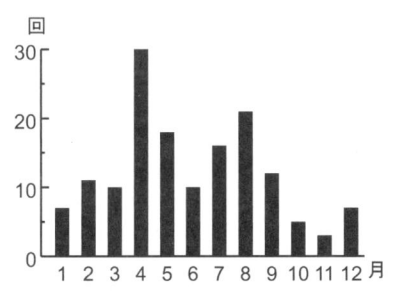

図6　インドの宗教暴動の季節変化（1919〜1941年）
出典は図4と同じ

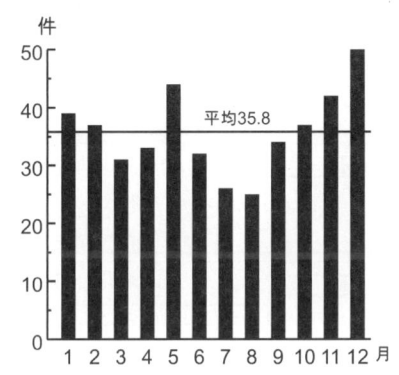

図7　ダコイトの季節変化（1956〜1960年）
Dutt, A.K.: *Subculture of Violence in India* による

図8　リゾートホテルの料金表
(http://www.ashextourism.com/hotelsresorts/Goa/MajordaBeachResort.html) 2004年5月現在

粉でマンダラが描かれ、街中は幻想的な世界となるが、長かった雨季の憂さを晴らすかのように、夜通し花火や爆竹が鳴り響く。

インドにはモンスーン・ディスカウントという言葉があり、とくにホテルの宿泊料金がモンスーン季には大幅に割引される。図8はインド西岸南部のゴアにあるリゾートホテルの料金表である。クリスマスや年末年始に特別料金が設定されているのは、ゴアにキリスト教徒が多いためか万国共通なのか定かではないが、7～9月の料金は11～2月のおよそ半額となる。

4．インドの食事と農業

主食が小麦粉（パン）か米かによって、北インドと南インドの料理を分けることができる。北インドの一般家庭で食されるチャパティは、全粒小麦粉を発酵させないで焼いたパンである。ナンは、精製した小麦粉にイースト菌を加え発酵させて焼いたもので、日本ではチャパティよりもよく知られているが、どちらかというと「よそいき」の食事の場合に出される。南インドでは、金属製容器に入った米飯と数種類のおかずを金属製のトレイ

にのせたターリーが一般的である。また、バナナの葉に山盛りの米飯とおかずが盛りつけられることがある。食事には基本的に右手のみを使うため、食後にバナナの葉を牛に食べてもらえば洗う必要のある食器は一切ない。ゴミも出ないのできわめて合理的である。

図9は、小麦や米などの農作物に関する概

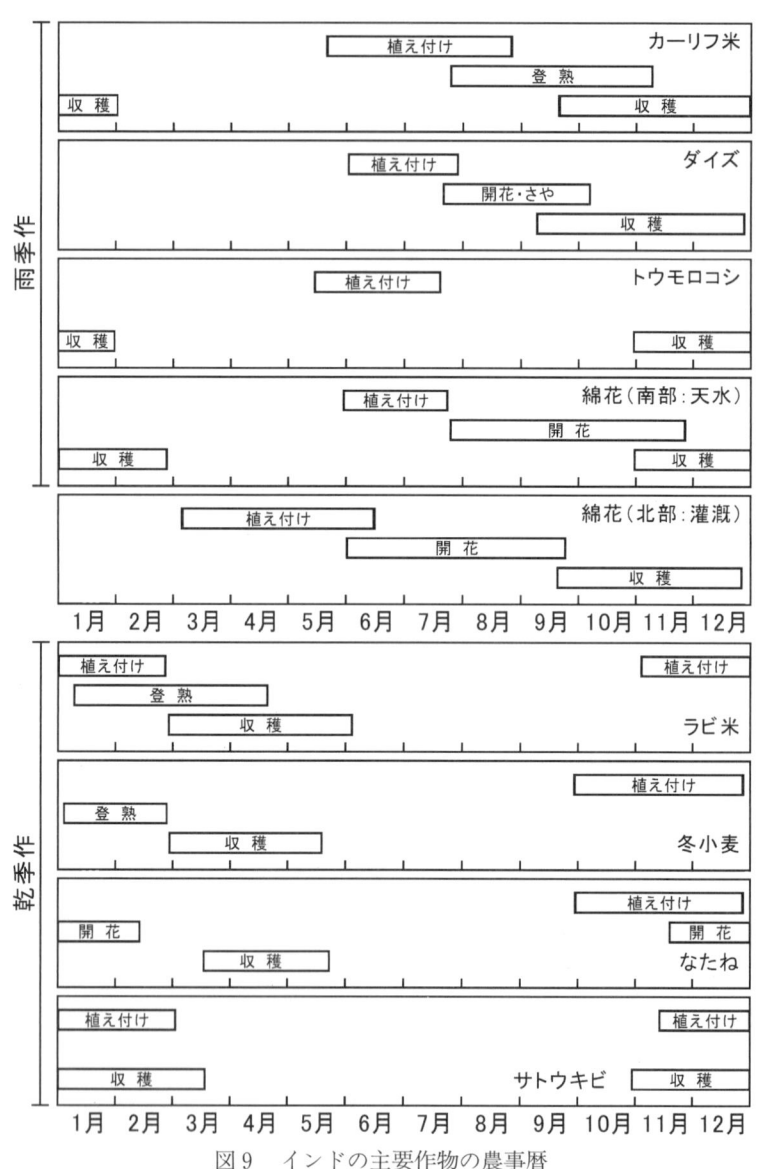

図9　インドの主要作物の農事暦
Joint Agricultural Weather Facility (USDA/NOAA) の資料 (http://www.usda.gov/oce/waob/jawf/profiles/html/ind/indpage.htm) により作成

写真1　インドの100ルピー紙幣（裏面）
1993年頃流通していた紙幣であり、現在では図柄が変更されている。

略的なインドの農事暦である。小麦（冬小麦）は、インド北部のウッタルプラデシュ州、パンジャブ州、ハリアナ州などヤムナー・ガンジス川流域の肥沃なヒンドスタン平原で多く栽培され、なたねやサトウキビなどとともに乾季を中心とする作物である。米は雨季作米であるカーリフ（Kharif）米と乾季作米であるラビ（rabi）米に分けられる。カーリフ米は、おもにウッタルプラデシュ州などのヒンドスタン平原や、ウエストベンガル州からタミル＝ナドゥ州にかけてのインド半島の南部や東部で作られる。カーリフ米、ダイズ、トウモロコシなどは、モンスーンの開始とともに植え付けが始まり、ポストモンスーン季に収穫される。ポストモンスーン季に植え付けられるラビ米は、インド半島南〜東部が主産地である。ここは11月頃に降水量が増加する地域であり、これには北東モンスーン気流による降水のほかに、ベンガル湾から西進してくる熱帯低気圧による降水が寄与している。

10億人を超える人口を有するインドにおいて、農業は文字通り国の根幹を支えており、その重要性は写真1に示した100ルピー紙幣の図柄からも読み取れる。大規模な灌漑事業や機械化が進行しつつあるとはいえ、農業生産はモンスーンによる降水量に大きく左右される。これはインド一国の問題にとどまらず、世界的な食料の輸出入に多大な影響を与え、穀物相場を動かしてしまう。まさにモンスーン・ギャンブルである。

(高橋日出男)

参考文献
・岡田芳朗（2002）『アジアの暦』大修館書店
・ギーターンジャリ・スーザン・コラナド（小磯千尋・小磯　学訳）(2000)『カルチャーショック11　インド人』河出書房新社
・倉嶋　厚（1972）『モンスーン』河出書房新社
・二木敏篤（2001）『インド史の諸相』大明堂
・根本順吉・倉嶋　厚・吉野正敏・沼田　真（1959）『季節風』地人書館
・Pant, G. B. and Kumar, K. R. (1997) *Climates of South Asia*. John Wiley & Sons

メソッド4
景観（風景）の写真を撮る

景観（風景）の写真

手軽に海外旅行を楽しめる時代になり、「百聞は一見に如かず」とばかりに、一見して百聞したつもりの風潮を戒めて、「一見は百聞に如かず」と警告し、百聞することの大切さを強調したのは元東京学芸大学学長で歴史学者の阿部猛である。確かに、一見したからといって、何ほどのことを理解したかは疑問である。しかし、一見することでその場所は身近になる。視点を現在において地域を教える地理教師にとって一見することは必須条件といっても過言ではない。一見した証が景観や風景の写真である。

景観と風景は重なりあった概念だが、景観は人間による改変や修復といった工学的意味合いが強い。結果的に狭い範囲の建物などが景観百選として選別の対象となる。風景は自然的な景色を含み、視覚的である。風景は季節の概念を含み、主観的であるので、季節や主観を越えた存在が景観ともいえる。

景観は元来地理学用語で、日常景観という言い方があるように、改変したり、修復したりする工学的な対象ではなく、日々我々が暮らしている日常の中にこそある。筆者は生物多様性を支える土台として「景観の多様性」を主張したい。

地理的な景観（風景）写真を撮る

景観（風景）写真などを含めて写真の撮り方に関するハウツウものはプロ向きから初心者向きまで多々あり、筆者が述べるまでもない。ここでは地理的な景観（風景）写真について個人的な経験を述べる。まず、写真によって何を訴えるかである。それは景観や風景の写真に地理的な事象が含まれていることを意味している。それは撮る人の地理的知識に依存している。当然芸術写真とは異なるので写真の腕前を極度に問題視することはない。

撮ろうとしている写真はいつ、どのようなところで使うつもりかを考えることである。ただ美しいから撮るという場合もあるが、何のために撮るのかをはっきりさせることである。写真は主観的、恣意的であるからこそトリミングをしないですむ写真を撮ることが重要で、そのためにはファインダーを覗いてシャッターを切る前に考える時間が必要というのは地理写真家の石井實である。ファインダーを覗く前に、一歩二歩、左右または前後に動いて構図を定めることも重要である。構図を決め、ファインダーを覗いて想いを込めてシャッターを切るということであろう。その想いとは、シャッターを切ったときには、すでにどういう場面でどのように使うか、つまり研究のどの部分で何のために使うかが決まっているというのは気候学者を超えた存在の吉野正敏である。ということは1枚の写真も無駄はないということである。しかし、これは誰でも真似できるものではない。とにかく1日10本以上、枚数を気にせずたくさん撮ることを勧めるのは前述の石井實である。

空からの地理学

「空から見下ろす地上の風景は私に無限の

写真1　ロンドンの空撮写真（2004年8月）

写真2　ダブリンの空撮写真（2004年8月）

夢をさそう」と言って空中写真や航空機からの眺めに大きな価値を見出したのは民俗学者の宮本常一である。宮本は全日空の機内誌に「空からの民俗学」と題して一枚の航空写真から何を読み取ることができ、何を予測できるかを連載した。単に現在を説明しているだけでなく、過去を類推し、現在を考え、未来の変化を予測している。1枚の写真について、考え、想像することに無限の楽しさと意味を見出していたようだ。

自分の写真3枚

　地理の教師が「いくら頑張って勉強し、少々外国巡検旅行」したからといって、その国について先生よりもずっと詳しい生徒がいるのが今のグローバル化した現状である。それならば、地理（地誌）の授業は意味がないのか？　地理教師が外国を経験してもしょうがないというのだろうか？　けっしてそうではないと思う。グローバル化した時代だからこそ「一見でも」経験しているということは何物にも換えがたい知識であるといえよう。

写真3　成田の空撮写真（2004年8月）

しかし、単に書物から得た知識で「写真」を説明するだけでは事実の紹介でしかない。地理学はどうしても比較することが重要である。過去と現在、現在と未来、東と西、北と南というようにして、目的意識を持って比較することである。

ここに例として示したのは、ロンドンとダブリンの飛行場近くの景観である。いずれも境界が昔のままのようであるが、一つの区画はダブリンのほうが大きいのがわかる。これはアイルランドが長いことイギリスの植民地下にあり、地主が存在していたことに関係しているのではなかろうか？　もう一枚は成田空港近くの景観である。日本では多くの場合、上からの権力で区画整理がなされ、きっちりしている。民衆と権力者の関係が土地に刻まれているという解釈も可能となる。

なお、外国へ行くときはもちろんであるが、航空機に乗るときは、「おのぼりさん」と言われようとも窓側席を取るべきである。いかに衛星写真や航空写真が手に入りやすくなったとしても、自分の目で見た景観に勝るものはない。写真に収めれば自分だけの資料となる。曇っていようとも、雲海を見て下界を想像することも楽しい。ジェット化されて、窓際席を取ることが困難になったと嘆いたのは前述の宮本常一である。最近では正式運賃（エコノミー）を払えば前もって座席を指定できるので、少々高くても格安航空券などに頼らずに窓側席を確保するのが地理学徒であろう。地理を教える者には1年1回の外国巡検は必要経費として認められてしかるべきであろう。

（山下脩二）

参考文献
・愛知大学総合郷土研究所（1992）『景観から地域像をよむ』名著出版
・松原隆一郎ほか（2004）『〈景観〉を再考する』青弓社
・宮本常一（2001）『空からの民俗学』岩波現代文庫
・山下脩二（2003）景観の多様性序説—景観の地理学を考える—．東京学芸大学紀要第3部門 54, pp.39-47

【2章　アジア・オセアニアを調べる】

2.6　オーストラリア
―身近な資料やインターネットを使って調べる―

1．オーストラリアを調べる

　世界中の人々を魅了する巨大サンゴ礁「グレートバリアリーフ」、サーファー憧れの地「ゴールドコースト」、世界最大の一枚岩「エアーズロック（ウルル）」のある国、そして「世界一の羊とオパール生産国」オーストラリアを調べてみよう。

　"オーストラリアを調べる"には、何をどのようにして調べたらよいだろうか。"何を"には、自然（地形、気候、植生、動物など）、文化、政治、歴史などがあげられる。ここでは身近かな資料から、どのようなものが調べられるかをまとめてみた。

2．旅行ガイドブックから調べる

　オーストラリアの観光地、主要都市が写真つきで詳しくまとめられているのが、旅行ガイドブックである。これには、主要観光地の詳しい地図や説明、ホテル、レストラン、ショップの紹介まである。日本人観光客が多く訪れるグレートバリアリーフの玄関口がケアンズであり、そこから船（ボート）や飛行機でグレートバリアリーフへ出発できることがわかる。

　ガイドブックには、オーストラリアの特定地域を限定したものもあり、グレートバリアリーフのみを取り上げたものや、エアーズロックや内陸部の自然を特集したものもある。そのようなガイドブックには、「穴場」と呼ばれるような観光地、島も掲載され、興味深い。また、観光以外にも紙幣・硬貨の種類や為替レート、郵便、電話の情報も載っており、旅行に行かなくても旅行した気分を味わうこともできる。また、オーストラリアの歴史や先住民である「アボリジニー」の解説、オーストラリアについて出版されている本の紹介まで掲載されているものもある。そのような本の中には、ブーメランがアボリジニーによって作られた内容まで説明したものもある。

3．地図から調べる

　地図帳のオーストラリアのページを開けてみよう。経線などから、オーストラリアの位置が日本列島の南に位置することがわかる。また、アジアなどと比べ、大都市が少なく、その都市も南東部を中心とした海岸部に集中していることがわかる。地形は東部にグレートディバインディング山脈が南北に連なっているほかは、険しい山地山脈はない。西部は砂漠が広がり、それが大都市を少なくしている。そのような砂漠の中に、小さな都市が突

写真1　オーストラリアのガイドブック

如として現れる。金や鉄鉱石の鉱山都市である。オーストラリアは世界でも有数の地下資源の輸出国であることが、このようなことからも理解できよう。地図帳にキャンベラの都市図があれば見てみよう。キャピタルヒルと呼ばれ、新国会議事堂を中心に放射状そして、環状に道路が整備されている。ここから、キャンベラが計画都市として作られたことがわかるだろう。主題図を探せば、羊や牛の分布と降水量の違いを著した地図が見られるだろう。オーストラリアは世界最大の羊毛の産地であり、南東部、南西部に顕著に見られることを表している。

4．統計資料から調べる

授業で使用する統計資料からもオーストラリアの特色を理解できる。主要都市の項目からは、オーストラリアには、100万都市がシドニー、メルボルン、ブリスベン、パース、アデレードの5つしかないことがわかる。アジアの国々のその数と比べると違いは大きい。オーストラリアにとっては、日本は金額による輸出量第1位、輸入量第3位であり（2007年）、結びつきが大きいことがわかる。

表1からわかるようにオーストラリアは資

表1　学校版『地理統計』で調べられるオーストラリアの世界ベスト5（農産物ほか）

世界順位	内　容（％は世界における占有率）
1位	・羊毛（脂付き）の生産（2008年度）　21.2% ・羊毛の輸出（2007年度）　37.2%
2位	・羊の頭数（2008年度）　7.3%
4位	・小麦の輸出（2007年度）　10.1% ・えん麦の生産（2008年度）　4.9% ・砂糖の輸出（2007年度）　7.7%
5位	・牛肉の生産（2008年度）　3.7% ・綿花の輸出（2007年度）　3.8% ・肉類の輸出（2007年度）　4.9%

『2011データブック　オブ・ザ・ワールド』（二宮書店）により作成

表2　学校版『地理統計』で調べられるオーストラリアの世界ベスト5（鉱産物ほか）

世界順位	内　容（％は世界における占有率）
1位	・ボーキサイトの産出（2008年度）　29.9% ・ウラン鉱の埋蔵量（2007年度）　22.7% ・鉛鉱の埋蔵量（2008年度）　34.2% ・チタンの産出（2008年度）　26.2% ・亜鉛鉱の埋蔵量（2008年度）　20.8% ・ジルコニウムの産出（2008年度）　43.0% ・ニッケルの埋蔵量（2008年度）　19.3% ・タンタルの産出量（2008年度）　47.6% ・石炭の輸出（2007年度）　28.5% ・鉄鉱石の輸出（2008年度）　34.0%
2位	・マンガンの産出（2008年度）　17.4% ・鉄鉱石の埋蔵量（2007年度）　17.5% ・鉛鉱の産出（2008年度）　16.8% ・リチウム鉱の産出（2008年度）　24.7%
3位	・鉄鉱石の産出（2008年度）　18.5% ・金鉱の産出（2008年度）　9.4% ・ウラン鉱の産出（2008年度）　15.8% ・ニッケル鉱の産出（2008年度）　12.5% ・アルミニウムの輸出（2008年度）　9.2% ・亜鉛鉱の産出（2008年度）　12.8% ・亜炭・褐炭の産出（2007年度）　6.9%
4位	・銀鉱の産出（2008年度）　9.0% ・石炭の産出（2007年度）　5.8% ・ダイヤモンドの産出（2008年度）　9.9%
5位	・銅鉱の産出（2008年度）　5.8% ・亜鉛の生産（2008年度）　4.9% ・アルミニウムの生産（2008年度）　5.1% ・マグネシウム鉱の産出（2008年度）　4.4% ・タングステン鉱の産出（2008年度）　2.0% ・コバルト鉱の産出（2008年度）　8.0% ・石炭の可採埋蔵量（2009年度）　8.9% ・ニッケルの生産（2008年度）　7.4%

『2011データブック　オブ・ザ・ワールド』（二宮書店）により作成

源の輸出大国となっている。また、日本の貿易の項目をみると、オーストラリアは輸入量第5位となっているが、輸出量は10位以下で、日本からみて輸入超過の国となっている。日本はさまざまな品目をオーストラリアから輸入していることは、統計資料から表2のようにしてまとめるとよくわかる。

5．旅行パンフレットから調べる

駅や旅行代理店などの店頭に海外旅行のパ

表3 日本の主要輸入品のうちオーストラリアが占める順位と割合（2009年度）

輸入額順位	内　容　（%は日本の全輸入額におけるオーストラリアの占有率）
1位	・牛肉（71.6）・羊毛（23.3）・石炭（66.8）・鉄鉱石（54.8）・アルミニウム・同合金（19.2）
2位	・液化天然ガス（18.1）
3位	・小麦（16.0）・綿花（16.4）
4位	・銅鉱（10.3）
5位	・まぐろ（6.1）・液化石油ガス（10.4）

『2011データブック　オブ・ザ・ワールド』（二宮書店）により作成

ンフレットが置かれている。時期が過ぎたものを駅員やお店の方に話して譲ってもらおう。これらのパンフレットには、オーストラリアのエッセンスが凝縮されている。旅行先を調べると、オーストラリアの主要観光地や主要な都市が一目瞭然である。また、オプショナルツアーの項目を見ると、その観光地の中でも特徴的なところが記されてあり、簡単な旅行ガイドブックの機能を果たしている。予備知識を得るには最高の資料である。

6．インターネットから調べる

インターネットの検索エンジンに「オーストラリア」を入力すると、600を超えるサイトが紹介されている。政府が作成しているものから、個人の旅行記、学校間における日本とオーストラリアの生徒との交流の様子まで、様々である。また、航空会社や旅行会社のホームページにも国の紹介を掲載しているところもある。その中のいくつかを表4にまとめてみたので、興味があれば実際にホームページを開いてみてほしい。

図3　豪日交流基金「オーストラリア体験セット」
http://ajf.australia.or.jp による

図4　航空会社のオーストラリアの情報サイト
http://style.qantas.jp/powerspot/ による

図5 旅行会社のオーストラリアの情報サイト
http://www.his-navigation.com/area/ による

表4 オーストラリア関連のインターネットホームページ
（検索エンジンでサイト名を入力してみてみよう）

サイト名およびアドレス	内　　　容
オーストラリア政府 http://www.australia.com/jp/	オーストラリアの基礎知識、気候、天気、観光地の紹介、旅行のプランサポート、旅のキャンペーン情報、イベント情報を掲載
外務省 （各国インデックス　オーストラリア連邦） http://www.mofa.go.jp/mofaj/area/australia/index.html	オーストラリアの基礎知識、略史 政治体制、経済、国防、在留邦人の状況、安全情報、在オーストラリアの日本大使館および総領事館の情報
日豪センター http://www.nichigonet.com/	パースにある日本とオーストラリアの交流センターのホームページ。ビザの取得方法、留学および留学先の学校の紹介、ホームステイの紹介が掲載
オーストラリア大使館 http://www.australia.or.jp/	在日の大使館の業務、ビザ発給の方法、関税、図書館、検疫、芸術・スポーツ、交流基金、豪日関連団体の紹介のほか観光地や州の紹介もある。
オーストラリア貿易促進庁 http://www.austrade.or.jp/	経済状況、コンベンションセンターでの催し物の紹介、オーストラリアの主要輸出品（農産物　鉱産物　工業製品）が紹介されている。
豪日交流協会 http://ajf.australia.or.jp/	貸し出し可能なオーストラリアを学習するためのビデオ（小学校、中・高等学校、大学別）、オーストラリア体験セットやパネル、学習指導プランがある。
在オーストラリア日本国大使館 http://www.au.emb-japan.go.jp/j-web/index_j.html	日本とオーストラリア関連の最新情報がまとめられている。また、大使館や領事館からの情報もある。

　インターネットの利用にあたって気をつけて確認してもらいたいのが、その情報がいつのもので、どのような立場の人によって作成されたものかである。一個人の情報で、誤った視点から書かれたものもあるので注意が必要である。
　インターネットを利用して、さらに調べてもらいたいものに「オーストラリアの○○」がある。おすすめなのは「オーストラリアの動物」と「オーストラリアの植物」である。オーストラリアには、北半球には存在しない動植物や独自の進化を遂げた動植物が数多く生息している。動物ではカンガルー、ワラビー、コアラ、ハリモグラ、エミュー、植物ではユーカリ、ブリスベーンアカシアなどがその代表例である。それらを紹介したホームペ

ージも数多くある。これらを利用して学習を進めることもとても有効である。

7．本から調べてみよう

大規模書店のホームページにある本の検索コーナーで、「オーストラリア」と入力すると、百を超える本の紹介が見られる。それだけ、様々な本が出版されていることになる。

種類をみると、旅行のガイドブック関係に続いて、旅行記が多い。旅行記といっても、様々な視点で書かれている。旅行に利用する交通手段の違いだけでも航空機や鉄道であったり、オートバイ、レンタカー、ヒッチハイクまでもある。さらに鉄道を詳しくみても、大陸横断鉄道の「インディアン＝パシフィク号」や大陸縦断鉄道の「ザ・ガン号」を特集したものから、ケアンズ近郊の観光鉄道「キュランダ鉄道」や都市近郊の鉄道を紹介したものもある。

また、動植物関連の書籍も多く、コアラやカンガルーを紹介した本（ムック）もあり、視覚を通して楽しめる。オーストラリアの先住民アボリジニーについて書かれた本も多くある。アボリジニーの歴史や伝説について書かれたものもある。興味をもった本を手に入れて調べてほしい。

(井坂　孝)

> **メソッド 5**
>
> オンライン地図を使って
> アメリカの地名を調べる

地名を調べる意義

　アメリカ合衆国の地理教科書を使ってアメリカ国内の地理的記述を読んでいるとしよう。一般の文章については英和辞典を引いて意味を理解することができる。しかし、地名を英和辞典で調べても、読み以上のことはわからない。地名は、地表面上のある場所を言葉によって特定する手段であり、読みがわかることよりもその位置を知ることのほうが、内容を理解する上でずっと重要になる。

オンライン地図へのアクセス

　地名を地図上で確認することは、日常生活においても頻繁に必要になる情報検索の一つである。このため、Yahoo!Japanやgoogleなどの検索サイトでは、オンライン地図が利用できるようになっている。日本の検索サイトなら、利用できる地図は日本国内のものに限られるが、海外版の検索サイトなら、海外の詳細な地図が利用できる可能性がある。Yahoo!やMSNなどの多国籍の検索サイトであれば、言葉に慣れない海外版でも比較的利用しやすい。Yahoo!を例にとると、アメリカ版の検索サイトへは、「世界のYahoo!」から辿ることができる。図1は、Yahoo!の日本版とアメリカ版のトップページを並べてみたものであるが、アメリカ版にも、日本版の「地図」に対応する「Maps」という項目がある。「Maps」をクリックすると、オンライン地図の検索画面が表示される。地名を入力して地図を表示させる手順は、図2のとおりである。

位置情報からわかること

　地理学習の場面では、表示された地図をそのまま印刷して利用する必要があるとは限らない。その一方で、オンライン地図を利用する場合でも、白地図や学習用の地図帳が必要になることは多い。たとえば、ある事象の分布について、地名を列挙して記された文章を理解する場合には、その場所を白地図上に布置してはじめて分布の傾向を捉えることがで

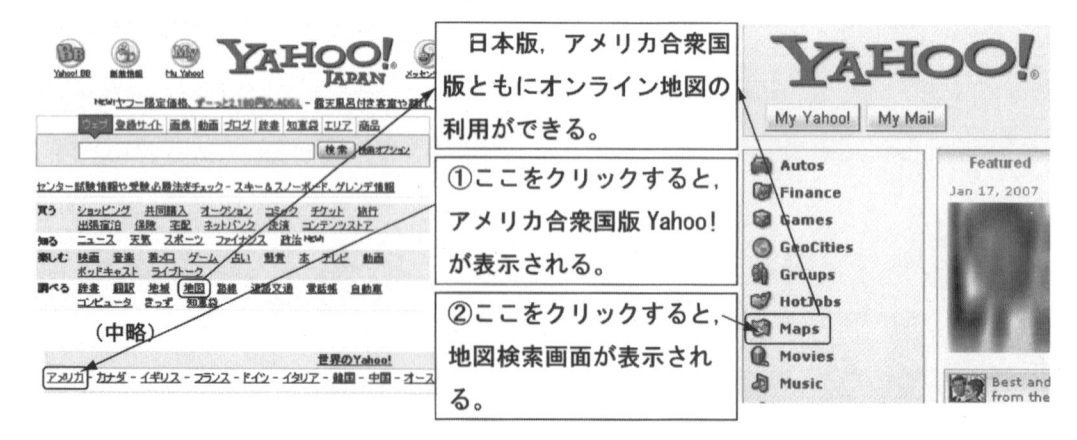

図1　Yahoo! Japan と Yahoo!USA

きる。また、地名検索によって得た地図を手がかりに、その場所が学習用地図上のどのあたりに相当するのかを特定することで、地形をはじめとするほかの地物との関係から、はじめてその場所がどのようなところに位置しているのかを把握することが可能になる。

(中村康子)

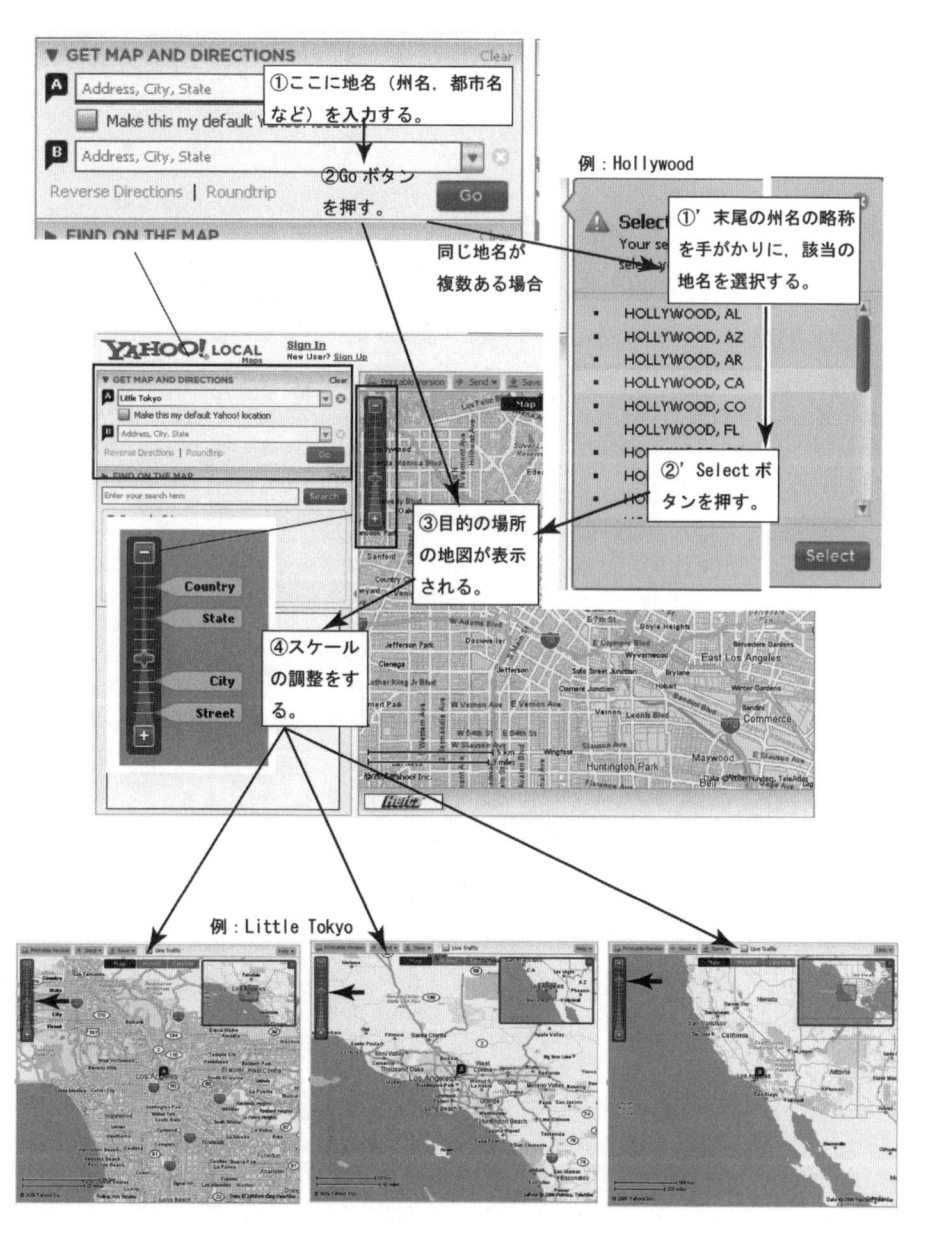

図2　Yahoo! Mapsによる地名検索の方法

> **メソッド 6**
>
> インターネットで
> アメリカ合衆国の
> 空中写真を見る

MSR Maps

　空中写真は外国の地域を調べるための材料として重要である。アメリカ合衆国地質調査所（USGS）は空中写真を公開しており、それらを地形図とともにインターネットで見ることができる。GoogleやYahoo!の検索画面にMicrosoft Research Mapsと入れ、出てきた一覧のMicrosoft Research Mapsをクリックしてみよう。TerraServerとは合衆国地質調査所の空中写真閲覧システムで、アメリカ合衆国全域について空中写真を見ることができる。地名を打ち込んで検索する方法と、地図上の地点をクリックして検索する方法がある。

地名を打ち込んで検索する

　見たい場所の地名がわかっている場合は、Microsoft Research Mapsの検索画面の左上にあるMSR Mapsの下のボックスに地名を入れ、Goをクリックする。たとえば、サンフランシスコと入れた場合、該当する地名の一覧が表示される。そこで、1 San Francisco, California, United Statesを見ると、Available image（閲覧可能な画像）の下に2004年2月27日撮影の空中写真が閲覧できると表示されるので、Urban Areas 2/27/2004をクリックする。サンフランシスコの空中写真が現れるので、この写真を自在に拡大したり縮小したりすることができる。写真上の地点をクリックすると、ズームできる。写真の左側にNavigate（操作）の表示があり、写真の範囲を東西南北にずらすことができる。ズームやワイドは＋と－をクリックすることによって調整することができる。＋と－の間にはメモリがあり、その上に解像度が表示される。

地図をクリックして検索する

　アメリカ合衆国の地図上で、見たい場所のだいたいの位置をクリックして検索することもできる。たとえば、グレートプレーンズのセンターピボット灌漑の風景を見る場合、カンザス州南西部あたりをクリックしてみよう。画像が現れるので、その範囲をずらしたり、拡大したり縮小したりして、円形の灌漑圃場や牛を肥育するフィードロット（肥育牧場）や大規模食肉工場を見ることができる。

有名な場所を見る

　関心の高い場所については画像が用意されている。右上にはFamous Places（有名な場所）の項目があるので、クリックしてみよう。写真とタイトルの一覧が表示されるので、見たい場所をクリックすると、大きな画像が現れる。グランドキャニオンやヨセミテバレーなど、一つ一つ見ていくだけで大いに楽しめる。

Google Earthの登場

　最近では、無料ソフトGoogle Earthのおかげで、もっと手軽に世界中の空中写真を見ることができるようになった。画像に様々な情報を付加できるので便利である。139頁のメソッド12を参照頂きたい。　　（矢ヶ﨑典隆）

3章
ヨーロッパを調べる

【3章 ヨーロッパを調べる】

3.1 イギリス
――国名と国旗を手がかりにして調べる――

1.「イギリス」という国名

　イギリスといえば、ピーターラビットやビートルズ、サッカーやラグビーの発祥国、世界に先駆けて産業革命を達成した国、バラの花咲くイングリッシュ・ガーデン、そして優雅な午後の紅茶などが思い浮かぶのではないだろうか。カントリー・サイドには多くの自然が残る反面、ショッピング、エンターテインメントなど、あらゆる文化の最先端と伝統が混在するロンドンという刺激的な大都市もある。さまざまな顔をもっているイギリスについて、まず国名と国旗を手がかりに調べてみる。

　日本では一般に「イギリス」といったり、「英国」といったりしているが、正式名称は「グレートブリテンおよび北部アイルランド連合王国」という長い国名で、ヨーロッパでは単に連合王国（UK）ともいわれている。つまりグレートブリテン島のイングランドとウェールズとスコットランドの3王国と、アイルランド島の北部アイルランドからなる連合王国である。サッカーの世界では、連合王国（イギリス）ではなく、4カ国がそれぞれ1国として出場している。日本での「イギリス」という呼び名は、江戸時代の交易を通じて知ったオランダ語のEngelsch、またはポルトガル語のInglesからきており、元々は連合王国中のイングランドのみをさしている。

したがって、「イギリス」は日本のみで通用する国名である。

　これら4カ国の連合王国であるイギリスの領土は、グレートブリテン島とアイルランド島北部と周辺の島々からなっている。周りは北極海、大西洋、イギリス海峡に囲まれヨーロッパ大陸の国々に隣接する。なお、マン島とチャネル諸島は、法的には連合王国の一部ではない。4つの連合王国からなるイギリスの現在の面積は、日本の約6割の24.3万km²で、人口は日本の5割弱の6,007万人（2005年）である。

　グレートブリテン島には、フランスのブルターニュ地方と同じ民族のケルト人が住んでいた。ケルト人は早くからヨーロッパのライン川の西に定住していたインド・ヨーロッパ語族系の民族である。ライン川をはさんで東のゲルマン人と対峙し、南は地中海に達しギリシャやローマと対峙していた。ブリテンの名は紀元前1世紀、ローマの属領になったとき、「ブリタニア（入れ墨をした人々の意味）」と呼ばれたことに由来する。4世紀末のゲルマン民族の大移動期になると、ゲルマン人とローマ人の抗争の狭間に埋没し、次第にゲルマン人にも隷属的な立場に追いやられていった。ローマ人が去ってから5世紀ごろに、ブリテン島に移り住んだアングロ・サクソン人と総称的に呼ばれるようになったゲルマン人が、先住のケルト人を圧倒して、次第

に彼らを耕作に適さない土地に追いやっていった。そして彼らを奴隷や農奴として使い、差別するようになる。そのケルト人が多く住み着いたのが、ウェールズやスコットランドなどのグレートブリテン島西部の高原や山地・丘陵地などであった。

アングロ・サクソン人は8世紀にイングランド王国を建設したが、1066年には北欧からノルマン人が侵入・征服し、ノルマン王朝を樹立した。その後、ウェールズ（1284年）、スコットランド（1707年）を合併し、グレートブリテン王国が成立し、ついでアイルランド（1801年）を併合して連合王国となった。

英国旗を見ると、こうした併合と「連合王国」成立の歴史が理解できる（図1）。英国旗は一般にユニオン・ジャック（Union Jack）と呼ばれているが、ジャックとは船の舳先につける「船首旗」の事を指し、正しくはユニオン・フラッグ（Union Flag）という。1707年に白地に赤十字のイングランドのSt. George旗と、青地に白の斜十字のスコットランドのSt. Andrew旗が組み合わされ、その後1801年に白地に赤斜十字のアイルランドのSt. Patrick旗が加えられた。北部の6郡を除くアイルランドは後にイギリスから独立（1921年）したが、英国旗はそのまま使用されている。もう一つの連合国であるウェールズは、早くからイングランドに併合されていたため、赤い竜のデザインは英国旗の中には採用されていない。英国旗の赤の斜線部分は左右対称ではなく、白の部分と赤の部分の太さが互い違いになっている。これは、「カウンターチェンジ」と言われ、スコットランドとアイルランドが同位である事を象徴している。正式国名や国旗を通して、イギリスの国柄の一端である連合王国という性格を知ることができる。

イギリスは18世紀の初頭に産業革命を達成し、その後ビクトリア王朝時代に多くの植民地をかかえ、大英帝国の絶頂期を迎えた。しかし、第二次世界大戦後には海外の植民地が相次いで独立した。島国のイギリスは、長い間、ヨーロッパ大陸諸国とは一線を画してきたが、1973年にはEEC（ヨーロッパ経済共同体）に加盟し、フランスやドイツ、イタリアなどの大陸諸国と協調の道を歩んできた。

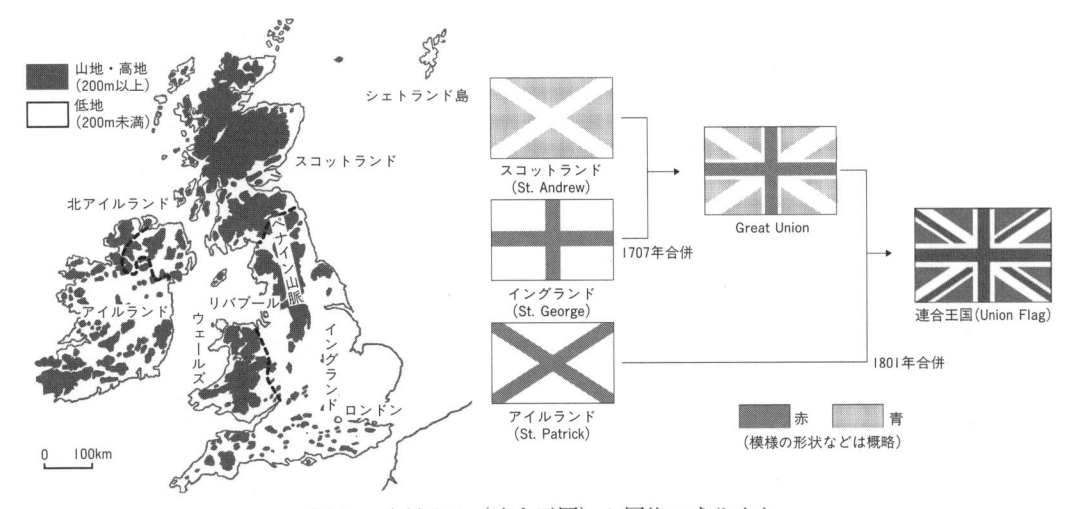

図1　イギリス（連合王国）と国旗の成り立ち

EECは1967年、EC（ヨーロッパ共同体）に統合され、2007年1月には加盟国が27カ国となったEU（ヨーロッパ連合）へと発展し、イギリスはより一層大陸諸国との結びつきを強めつつある。

2．イギリスの自然環境と生活

アイルランドを含むイギリス諸島は、暖流の北大西洋海流に洗われ、湿気を帯びた偏西風が吹きぬける。このため、日本列島のような大陸東岸に比べると、冬は緯度で20度ほど南に、夏は逆に10度ほど北に位置するのと同様の気候となり、北緯50～60度に位置するにもかかわらず、穏やかな寒さの冬と、涼しい夏に恵まれている（図2）。

現在の気候環境は、新生代第四紀の最終氷期が終わり新石器時代に入ってからである。氷河期には、ほぼイギリス全域が氷床下に埋もれた時代があった。氷河が退き新石器時代に入ると、温和な気候の下で南から森林が広がり、やがてイングランド全土はオーク（ナラ類）の森に覆われた。先住民族のケルト人は、自然崇拝的宗教であるドルイド教を信仰していた。ドルイド（druid）とはケルト語で「オークを知る者」を意味する。イギリスの教会の壁や屋根でよく目にする、オークの葉を口から吐き出している「グリーンマン」の彫像も、ケルトの森の信仰がキリスト教の中で生き抜いてきた証である。「灰色の髪をした森林の敵」と呼ばれたアングロ・サクソン人が入ってから、平地のオークの森は次々に伐り開かれ、農業集落を点在させていった。その後イングランドの森林は開墾に加えて、造船や製鉄用の木炭や薪としても伐りつくされ、早くも15世紀には木材不足を引き起こしていた。

グレートブリテン島の地形は、変化に富んでいる。イングランド東部では緩やかに起伏する緑の大地が広がり、穀物農業地帯が展開している。それに対して、イングランド北西部からスコットランド、ウェールズでは氷河に刻まれた山々や湖沼群が、東部とは異質な風景を展開させている。湖水地方はイングランド北西部のカンブリア地方の中心部にあり、氷食を受けた山々と大小15に及ぶ氷河湖が観光資源になり、多くの観光客を集めている。ここで暮らした絵本作家のB.ポターは、「ピーターラビット」の印税と住居を「ナショナルトラスト運動」に寄付し、氷河地形の残る湖水地方の美しい田園景観の保全に貢献した。

イギリスで最も古い地質構造を持つカレドニア山系は、古生代中期の大造山運動によって形成された褶曲山脈で、スコットランドから北イングランド、ウェールズへと続いている。それに続く石炭紀に石炭層が広範囲に堆積した後、古生代末期の造山運動によって形成された褶曲山地はヘルシニア山系と呼ばれ、コンウォール半島からペナイン（ペニン）山

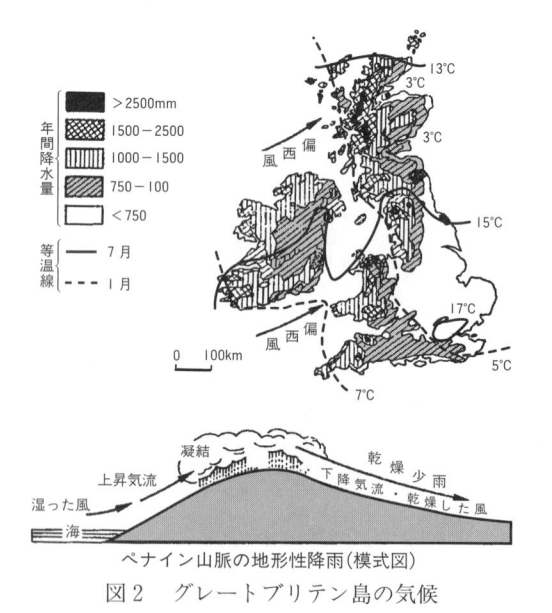

図2　グレートブリテン島の気候

脈に至る。イギリス産業革命の基礎となった炭田地帯は、このヘルシニア山系の端に位置するペナイン山脈を取り巻く山麓部に集中している。なお、ペナイン山脈は山脈とは言うものの、侵食が進んで高原状になっていて、最高所はクロスフェル山の893mにすぎない。もともと、ペナイン（ペニン）とは先住民族のケルト語の「丘」を意味している。

これらの山地に対して、北海、イギリス海峡に面するイングランド東半分の平地帯は、中生代から新生代にかけて、泥岩、砂岩、石灰岩がくり返し重なり合った厚い互層で形成されている。互層中の石灰岩や砂岩は泥岩などに比べると硬いので地表での侵食に強く、地表に残っている。ロンドン盆地の周辺部では、パリ盆地と同様に、硬い石灰岩層や白亜層が残ったケスタ地形の発達が見られる。

大西洋から吹きつける、湿った西風が当たるイングランド西北部の山々では2,000mmに近い年間降水量を示す場所もあるが、イングランドの中部から東部の平原では600〜700mmにすぎない。イングランド中北部は、脊梁山脈のペナイン山脈によって、湿潤な西麓と、やや乾燥した東麓とに分けられる（図2）。このため産業革命時にはペナイン山脈西麓に、製糸の際に糸切れを防ぐ湿気が必要な綿工業、東麓に乾燥した牧草地で生産される羊毛を原料とする毛織物工業が発達した。

3．イギリスの農業と農村の変化

第二次世界大戦後のイギリスは、日本と同様、食料確保が重要な課題であった。イギリス農業は1930年代には国民の必要とする食料の40％足らずしか供給しておらず、残りはイギリス連邦諸国をはじめとした外国に依存していた。第二次世界大戦後、イギリスでは、食料生産の拡大が戦略的にも重要な課題であり、農業生産に対して財政的補助がなされ、外国からのより安価な輸入農産物に対処するための保護がなされてきた。そして1973年にEECに加盟した後は、域内の農業生産を護るために強力な「共通農業政策（CAP）」の網がかけられた。イギリス農民は上昇した生産者価格や価格補償といった制度に守られるとともに、農薬、農業機械、食品加工といった諸部門の技術革新によって、食料農産物の生産拡大を達成した。イギリス東部の平坦地の穀物農業地域と、北西部の山岳・高地の畜産地域が明瞭に分かれ、小数の農民による大規模経営が行われてきた。

その結果、1980年代の初期に、イギリスをはじめEU内では、農産物の過剰生産と環境問題が深刻になった。穀物や牛乳の生産拡大に伴い、土壌や水の汚染、湿地や荒野や森林の減少と野生生物の絶滅、風景の悪化、そして農産物の残留化学物質汚染といった農村環境問題が生じた。

イギリスの条件不利地域（LFA）は、基本的にペナイン山脈やスコットランド北部の高地、島嶼部、ウェールズの一部といった高地や山岳地からなり、イギリスの全農用地面積の53％を占めている。これらの地域は営農条件には恵まれないが、美しい風景や野生生物の存在が貴重な観光資源になった。こうした農村では、農業生産性を増大するよりも、風景の保全や環境保全に取り組めば農家の所得を直接補償する「デカップリング政策」が実施され、「社会林業」や観光農園と組み合わせたグリーン・ツーリズム、レクリエーションといったサービスを供給することが可能になった。

またイギリスでは、現在、都市と農村間の

人口と産業配分の逆転現象である「逆都市化」が進行している。2000年現在、イングランドでは農業のGDPのシェアは1.5％に過ぎないが、農村部に居住する人口は全人口の約4分の1を占め、しかもその数は徐々に増加する傾向を示している。そしてイギリスの農村は農産物生産の場から、通勤者の郊外住宅地、退職者の隠居場ないし週末用セカンドハウス地としての色彩を強めている。

4．世界都市ロンドンとイギリスの変容

紀元前1世紀にグレートブリテン島に南から侵入したローマの軍隊がテムズ川に橋を架けて対岸に渡り、ローマ風の町を作り「ロンディニューム」と命名したのがロンドンの起源となった。そこが城壁で囲まれたわずか1.6km²のシティである。シティを中心とする道路網の発達とテムズ川の水運を背景に、ロンドンは商業都市として発展してきた。ヨーロッパ大陸から隔てられたロンドンが著しく発展したのは、16世紀後半からイギリスが海洋国家として世界へ進出していき、イギリスの首都として、またテムズ川の河港であるロンドン港が国内第一の貿易港として栄えた時期からである。そして、ロンドンは1801年には世界最初の100万都市になった。

人口の増大と貿易の拡大にともない、世界各国の銀行、為替取引所、証券取引所、保険会社、世界的な通信社などがシティを中心としてロンドンに集積するようになった。世界各国とさまざまな取引がなされ、ここでの情報は瞬く間に世界各地に伝えられた。資金や情報だけでなく、人々も世界中から集まり、ロンドンは代表的な「世界都市」に発展していった。

20世紀になってからもロンドンの人口はさらに増え続け、無秩序な宅地化、都心部の交通混雑、大気汚染などの都市問題が発生した。そこで、第二次世界大戦後、ロンドンに集積した産業と人口の分散を目的として、「大ロンドン計画」が立てられた。市街地の無秩序な膨張を抑えるために、都心部から30～40km圏に大規模なグリーンベルト（緑地帯）が設けられ、その外側に8つの新しい計画都市である「ニュータウン」の誕生をみた。

ロンドンの中心部で見られる歴史的建造物、緑が色濃い広大な公園、バッキンガム宮殿を中心として繰り広げられる王室関連の華麗な式典、演劇やミュージカルなどの行われている数々の劇場、数多くのアートギャラリーや博物館の存在などが、ロンドンを国際的な観光都市にもしている。最近、古くからの市街地が衰退してきたため、市街地の再開発が積極的に行われている。シティをはじめ歴史的な建造物が多く残っている地域では、再利用が可能な古い建造物をできる限り修復して、優れた環境を継承している。2階建ての赤いダブルデッカーバスと、黒塗りの箱型のタクシーは、ロンドンに残る古い街並みによく似合う。シティの東側に広がるドックランズ地区は、かつてのロンドンの港として栄えたが、船舶の大型化に対応できず衰退してきたが、1981年から本格的な再開発が始まり、近代的な高層ビルの建つビジネスセンターとして生まれ変わった。

ロンドンに次ぐ貿易港として古くから栄えていたイギリス北西部のリバプールは、18世紀後半以降の産業革命の進展により、ランカシャーとウエストライディング両工業地域の重要な門戸として発展した。リバプールとマンチェスターを中心とするランカシャー地方

では、アメリカやインドから大量の綿花を輸入して、蒸気機関を利用した工場で綿工業が発展した。1773年にはランカシャーの中心工業都市であるマンチェスターと結ぶ運河が、1830年には世界で初めての蒸気機関車による鉄道が開通し、ランカシャー地方はいっそう繁栄した。綿製品はインドや中国に輸出されたが、第一次世界大戦後は日本やインドなどの安い綿製品との競合に敗れて衰退した。このような変化は綿織物業だけでなく鉄鋼業や造船業などのほかの工業部門でもみられる。その原因は工場の設備が老朽化した上、その更新が遅れたために、技術革新を取り入れた後発工業国よりも生産性が劣っていたことや、経済の発展に伴って労働者の賃金が大幅に上昇したことや、強固な労働組合（ユニオン）の存在などがあげられる。また、イギリス工業の基盤は産業革命以来、動力源や原料として重要な石炭にあった。石炭の産出量は19世紀から20世紀初頭にかけて、ヨーロッパ最大であった。しかし現在では、多くを輸入に依存するとともに、第二次世界大戦後の「燃料革命」により、石炭から石油に変化するなど新しい時代への対応を迫られてきた。

「世界の工場」としてイギリスで製造された製品は世界各地へ出荷され、原材料はイギリスへ輸送された。このような経済活動のみならず、イギリスから他国へは言語・宗教・教育制度などが広まり、世界を「イギリス化（パックス＝ブリタニカ）」というプロセスに組み込んできた。しかし第2次世界大戦後、植民地の独立が相次ぎイギリスの国際的地位は大きく低下した。工業の不振は他の産業にも波及し、イギリスの経済は停滞して「イギリス病」と揶揄されるようになった。

「ゆりかごから墓場まで」の福祉国家の実現を目指したものの、労働生産性の低下や経済成長率の低さで多くの失業者が生じる結果となった。1960年代になると、イギリス経済はかつての栄華が失われ、さまざまな社会・経済問題が街にあふれていた。産業革命以来、栄華を誇ってきたリバプールで見いだされた「ビートルズ」は、1960年代のこの町の生活の変化と苦悩をロックという音楽にぶつけた。イギリスのみならず世界中の人々が彼ら4人の音楽に共感をおぼえた。

イギリスは紆余曲折をしながら、おもな大陸諸国によって順調な発展を続けていたEECに1973年に加盟した。その背景にはイギリスの厳しい社会・経済状況と、再生の願いがあったからに他ならない。1994年にはドーバー海峡下のユーロ海底トンネルの開通により、イギリスと大陸諸国とが直接鉄道で結ばれた。日本をはじめ諸外国からイギリスへ向けて多くの投資がなされてきた。2004年には25カ国に拡大したEUの一員として大陸諸国との一層の協調が進められようとしている。これまで、島国であるイギリスは大陸諸国とは一線を画してきたが、大陸との結びつきを深める中で、イギリスの関係位置やイギリス人の意識はどのように変化していくのだろうか。

（犬井　正）

参考文献

・安藤萬壽夫・山鹿誠次（1994）『新訂イギリスとアメリカ』大明堂
・犬井正監訳（1995）『イギリス歴史統計』原書房
・梅田修（2002）『講談社現代新書―地名で読むヨーロッパ―』講談社
・週刊朝日百科編（2002）『世界100都市 ロンドン 6号』『世界100都市 リバプールとマンチェスター 56号』朝日新聞社

メソッド7
イギリスのテキストブックとフォトパック

テキストブックと利用法

　イギリスでは、教科書検定制度はないし、授業での教科書使用義務もない。しかし、ナショナル・カリキュラム制定以来、それに沿った前期中等教育用テキストブックが多く出版されている。なかでもいち早く出版されたNelson Thornes社の"Key Geography"シリーズは多くの学校で使われた。そのほか、Longman, Oxford University Press, Collins Education, Heinemann Education, Hodder Murray, John Murrayなどの出版社から多様なテキストブックが出版されている。

　イギリスでは個人持ちの教科書はなく、学校に学級生徒数分を用意してある。また、日本のように一種類のテキストブックに沿って授業を進めるのではなく、何種類か用意し、適当なテキストブックを適宜使っている。筆者の聞き取り調査では、一つのテキストブックに沿った授業については、バイアスがかかる恐れがあるとか、教師の専門性が疑われるというような批判的回答が目立った。

テキストブックの内容

　それぞれのテキストブックの内容構成は多様性に富むが、ナショナル・カリキュラムが地理のスキルを強調しているため、Activitiesを多く設け、時には資料を中心にした見開きページを構成して探究的な活動ができるような配慮が見られる点では共通している（由井 2001）。

　イギリスでは開発教育が早くから発達して、各種のアクティビティが現場で受け入れられている。ロールプレイや現地の人の立場を踏まえた意思決定など、価値や態度にせまる内容もよく見られる。確かな事実認識に基づいた価値認識を重視していること、しかし、一面的にならないように、様々な立場や意見を批判的に吟味・考察させている点は注目される。このように、市民的資質の育成を意識した教育がなされている。

　内容面も充実しており、その視点に学ぶべきことが多い。テーマ学習では、国内や世界の様々な地域を事例として取り上げて、具体的に考察しながら、地理的パターンやプロセスを見出そうとしている。また、スケールの違いや経済的発展段階による違いなどに留意している。

　国の学習では、経済的発展段階の異なる国を取り上げることになっている。とくに開発に関する話題をよく取り上げて、「開発」とは何か、豊かさとは何かについて、開発指標を各種取り上げて考察している。また、都市部と農村部を両方取り上げるなどして、国内の多様性について着目させて、ステレオタイプを除去するくふうがされている。

　地理学習全体に、持続可能な開発のための教育（ESD）が特に重視されているほか、現代社会の地理的課題などを積極的に取り上げており、生徒は地理の社会的有用性を感じやすいであろう。

　図表は、日本の教科書と比べて、統計表やグラフ・地図も大まかで、厳密さに欠けるきらいがあるが、中学生にはかえってわかりやすい。また、様々な立場の人々の意見が、そ

の顔とともに吹き出しで示されたり、ある生徒の手紙という形で資料が示されたりしていて、生徒の関心を高めやすい。

フォトパック

フォトパックは地域の実像を生き生きと示しており、解説書も充実している。小学校高学年用が多いが、中学校などでも活用できる。とくにOxfam, ActionAid, Christian Aidなどの海外協力NGOが、それぞれ活動している地域についてのフォトパックを含めて、ビデオやテキストブックなど様々な教材を作って、学校向けに貸与・販売している。

また、Geographical Association（イギリス地理学協会）やDevelopment Education Centre（開発教育センター）が同様に多様な教材を出版している。これらの団体は、国内各地に支所を置き、地理教育の啓蒙・普及に努めている。

テキストブックなどの入手法

上記のテキストブックなどは、インターネットで容易に購入できる。各出版社やNGO、Geographical Associationなどのホームページやamazonなどのインターネットブックショップを通して検索するとよい。内容のサンプルを示していることも多い。

インターネットで得る単元計画例

教育雇用省（DfEE）とその外部組織である資格カリキュラム局（QCA）が「単元計画例（Schemes of Work）」をネット上で公開している。Schemes of Workで検索して、Geography Key Stage 3（Key Stage 1 & 2は初等教育段階）を選択すればよい。

地誌的な学習としては、途上国の例としてブラジル（中等部2年生対象）の単元計画があがっている。その位置や国内の地域的差異、自然的・人文的プロセスを探究して、国の経済発展段階の評価の在り方を考察し、重要な環境問題を開発の持続性の視点から考察する。一方、先進国からはフランスを挙げ（中等部3年生対象）、その経済活動の変化についての単元計画が示されている。どちらもテーマ学習の様相が強い。

このほか、イングランドについて、人々の認知に注目し、その多様性をとらえたうえで、最後にイングランドの観光計画を作らせる単元計画（中等部1年生対象）などがある。

（荒井正剛）

参考文献
・藤谷正一（2001）開発教育の視点を取り入れたイギリスの地理教科書分析―途上国の「国家規模の地域的特色」をとらえる学習の観点から―. 新地理48(4)，pp.38-48
・由井義通（2001）アクティビティ教材の開発と実践，ロングマンの地理教科書―地理の技能. 地理46(10)，pp.47-53

トピックス3

路面電車の復権
―LRTの世界的普及―

注目される路面電車

近年、日本でも路面電車が注目されるようになり、とくに西日本の諸都市、たとえば広島や長崎などにおける路面電車の活躍がしばしば話題になる。この現象は決して日本だけではなく、欧米の先進国―とくにアメリカ合衆国とイギリス―では主要都市でいったん廃止された路面電車が復活した。路面電車復権の社会的背景はいかなるところにあるのだろうか。

第二次世界大戦後、戦前まで都市の公共交通機関の中核と考えられてきた路面電車の将来像を考える上で、世界的に見て二つの流れが対立した。

第一は路面電車を全面的に廃止して、その機能を大量輸送機関である高速電車（rapid transit）と少量輸送機関としてのバスに二極分解する考えであった。都市の中心部では地下鉄網が路面電車に取って代わることになる。もっともアメリカ合衆国では、バスとマイカーで問題はすべて解決と考えた時代もあった。このアメリカ合衆国を筆頭に、イギリス、フランスなどの国々が追随し、日本もこれこそ世界的な傾向と考えて、路面電車経営上の赤字を直接の理由として廃止に踏み切る都市が1970年代まで続出したのであった。

これに対して、第二の流れは、路面電車を中量輸送機関として機能させ、その性能を十分に発揮できる環境を整備して存続させる方法である。この考えでは、大量輸送機関、中量輸送機関、少量輸送機関の3種類の交通機関が並立し、それぞれが適切に配置され、相互に補完しながら機能を発揮することになる。人口数十万程度の都市ではコストのかかる地下鉄のような大量輸送機関の必要はなく、中量輸送機関の適切な運用で十分に輸送需要に応じることができると考えられた。ドイツを中心に、オランダ、ベルギー、オーストリア、スイスなどで進められた都市交通政策であった。

また、旧社会主義圏の国々では自動車交通量の増加が少なく、新しい交通政策の模索もないままに、路面電車の営業を続けた都市が多かった。

ドイツの復興と路面電車

第二次世界大戦で、西ドイツの各都市は爆撃を受け、あるいは直接に戦場となって、戦後は破壊された路面電車の復旧に努力した。単なる復旧ではなく、電車自体を大型化して輸送力を向上させるとともに、高速化、高加減速性能の向上が図られた。路面電車には急カーブがたくさんあるために電車車体をそのまま長くすることはできず、大型化には比較的短い車体を繋ぎ、連結部に二つの車体を共通に載せる台車を置く「連接車」という形態を採用する。連接車は2車体型から始まり、最終的には5車体型まで登場した。高速、高加速を得るためには基本的には電動機の出力を大きくするが、なるべく多くの車軸が動軸になるように電動機を配置するとともに、電動機の回転を車軸に伝える駆動方式にカルダン式を採用、台車も防振、防音に効果のある構造とした。

また、いくら電車の性能を向上させても交通渋滞に巻き込まれてしまえば何にもならないので、路面電車は併用軌道という常識を破って、路線の専用軌道化が行なわれた。併用軌道内の敷石を撤去して自動車が侵入できないようにするのが手始めで、自動車交通量の多い都心部では、軌道そのものを地下線に入れてしまうことも行われた。また、郊外電車線や比較的近距離の都市間鉄道への乗り入れ運転も行われて、車輛側と線路側を統合したシステムとして近代化し、中量輸送機関としての地位を確立させた。

LRTと都市計画

このように、新しいシステムとして開発されたもとの路面電車は、1970年代ころからLRT（light rail transit）と呼ばれ、いったん路面電車を廃止してしまったアメリカ合衆国、イギリスなどの国々で、LRTの大規模な導入が見られるようになった。これらの国々では高価な地下鉄建設コストに悩み、とめどもなく増加する自動車交通量の増加の前に、バスの機能は著しく減殺されて、その解決をLRTに求めたのであった。それは都市交通において、公共交通機関を個人交通に対して絶対に優先させるという政策の確立でもあった。

LRTを身近な使いやすい交通機関とするためには、都市計画のなかに適切に位置づけることが大切である。たとえば、各種交通機関相互の結節点におけるバリアフリー化、信用乗車制度の拡大、歩行者専用のトランジット・モールやショッピングセンターとの結合、郊外の停留場におけるパーク・アンド・ライド、バス・アンド・ライドのための設備、停留場における交通情報提供システムの整備など、LRTの普及と密接に関係した都市交通設備の改善が進められている。

近年話題になっているのは、停留場の安全地帯と電車の床のレベルを同じにした低床車の導入で、車椅子の人が利用しやすい環境をつくる努力も進められている。電車の構造上難しい点もあって、簡単にはいかない面もあるが、ひとつの傾向として注目されている。

（青木栄一）

写真1　フランクフルトの低床形3車体連接LRT（2003年7月19日撮影）

写真2　サクラメントのトランジット・モールにおける2車体連接LRTの重連（1998年3月18日撮影）

【3章　ヨーロッパを調べる】

3.2　ドイツ
―都市の個性をサッカーチームで調べる―

1．多様な地域から構成されるドイツ

　ドイツの正式名称はドイツ連邦共和国。現在16の州からなる連邦国家である。外交や国家予算、軍事などを除けば、各州はかなりの自治権をもっており、教育や福祉など独自の政策を展開している（浜本・高橋 2002）。

　ドイツがこのような独立性の強い州で構成されているのは、いうまでもなくその歴史的な経緯によっている。1871年にドイツ帝国という統一国家が生まれるまで、ドイツはきわめて多くの国々からなっていた。20世紀には一時、ナチスドイツによる全体主義国家の体制がつくられたものの、第二次世界大戦後の東西ドイツの成立、1990年のドイツ統一を経てなお、ドイツはきわめて多様な地域からなる国なのである。

　実際、ドイツを構成する州は歴史的な文脈を反映している。たとえば南ドイツのバイエルン州は、州都ミュンヘンを中心にしたドイツ最大の州だが、これはかつてのバイエルン王国の領土にほぼ一致している。また古くハンザ同盟の都市として栄えた北ドイツのハンブルクは、現在もなお単独で州になっている。ドイツ統一によって旧東ドイツ地域には5つの州が新たにつくられたが、それらは基本的には、第二次世界大戦以前にあった歴史的な行政単位を踏襲している（図1）。

　このようにドイツはいくつもの独自性の強い地域からなっている。それゆえにドイツという国を理解するには、この多様な地域性を把握することが不可欠になる。この節では、ドイツに多くの個性豊かな都市があることに目を

図1　ドイツの州と主な都市（人口30万人以上）

向け、都市の個性とそこに拠点を置くサッカーチームとの関係をみながらドイツの地域性について考えてみよう。

2．個性豊かなドイツの都市

まず、ドイツの都市の規模について俯瞰してみよう。ドイツの諸統計は連邦統計局で集計・公表されており、そのウェブサイト (http://www.eds-destatis.de/en_index.php) でデータをダウンロードすることができる。

総人口約8,175万人（2010年）のドイツには大小さまざまな都市があるが、とくに人口30万人以上のドイツの都市をその人口規模の大きい順に並べると、百万人を超すのが首都ベルリン（346万人）とハンブルク（179万人）、ミュンヒェン（135万人）、ケルン（101万人）のわずか4つしかないことに気づく（表1）。とくに首都ベルリンの人口がドイツ総人口のわずか4.2％にすぎない事実は意外に知られていないが、ロンドン（12.3％）や東京都（10.3％）に比べればその割合がいかに小さいかわかるだろう（いずれも2008年）。また、人口30万以上の都市がドイツにはわずか20しかない点にも注意したい。この水準の規模の市が71もある日本（2011年）とは大きく異なっている。

このようにドイツには、首都ベルリンの人口規模が小さく、また小規模の都市が多いという特徴がある。それは、さまざまな機能が各都市に分散していることにもあらわれている。たとえば政府機関の立地であるが、かつて西ドイツの首都だったボンには依然として多くの政府機関が残されている。そのほか、連邦統計局はヴィースバーデン、連邦移民・難民局はニュルンベルクといったように、政

表1　人口30万人以上のドイツの都市（2010年）

順位	都　市	人口（千人）
1	ベルリン	3,461
2	ハンブルク	1,786
3	ミュンヒェン	1,353
4	ケルン	1,007
5	フランクフルト	680
6	シュトゥットガルト	607
7	デュッセルドルフ	589
8	ドルトムント	580
9	エッセン	575
10	ブレーメン	547
11	ドレスデン	523
12	ライプツィヒ	523
13	ハノーファー	523
14	ニュルンベルク	506
15	デュースブルク	490
16	ボッフム	375
17	ヴッパータール	350
18	ボン	325
19	ビーレフェルト	323
20	マンハイム	313

資料：Statistisches Bundesamt Deutschland（2011）

府機関の多くが地方都市に分散して立地している。ドイツでは政治や経済の中枢が必ずしも首都に集まっていないのである。

政府機関以外にも同じ傾向がみられる。フランクフルトはEUの中央銀行が立地するドイツ最大の金融の中心地であり、国際空港で知られる交通の要衝でもある。日本とドイツを結ぶ航空定期便8便のうち6便がフランクフルト、残り2便がミュンヒェンに発着している（2012年1月現在）。これに対して、乗り継がなければ行けないベルリンは日本から遠い都である。このほかにもマスメディアが集中するハンブルク、多くの日本企業が拠点にするデュッセルドルフなど、個性あるドイツの都市は枚挙にいとまがない。

ちなみに、知名度の高い都市の規模が驚くほど小さいのもドイツの特徴である。ドイツ

最古の大学都市ハイデルベルクの人口は14.7万人、自動車メーカー最大手フォルクスワーゲン社の本社があるヴォルフスブルクは約12.1万人、第一次世界大戦後に民主主義憲法が決議されたワイマールに至ってはわずか6.5万人にすぎない（2010年）。ドイツの都市は人口の多少とは無関係に個性豊かである。

ドイツにこのように多様な都市があることは、もちろんその歴史的背景と政策、産業立地との関連から説明することができる。しかし、ここでは昨今話題のサッカーに目を向け、ドイツのサッカーチームの立地とその特色をたどりながら、ドイツに多様な都市が存在する理由について考えてみよう。

3．サッカーチームの本拠地

サッカーが盛んなドイツでは、プロサッカーチームが全国各地に編成され、年間を通して多くの試合が行われている。なかでもブンデス・リーガ（連邦リーグ）は屈指の強豪チームが競うサッカーリーグであり、1部と2部それぞれ18チーム、計36チームがしのぎを削る試合に多くの人びとが熱狂する。

ブンデス・リーガのサイトも充実している（http://www.bundesliga.de/en/index.php）。リンクされている各チームのサイトに飛べば、選手や試合についての情報はもちろん、チームの歴史についても詳しく知ることができる。

これらのチームは、全国各地の都市を本拠地にしている。チームの分布を地図に示すと（図2）、おおよそ以下3つの特徴を読みとることができる。

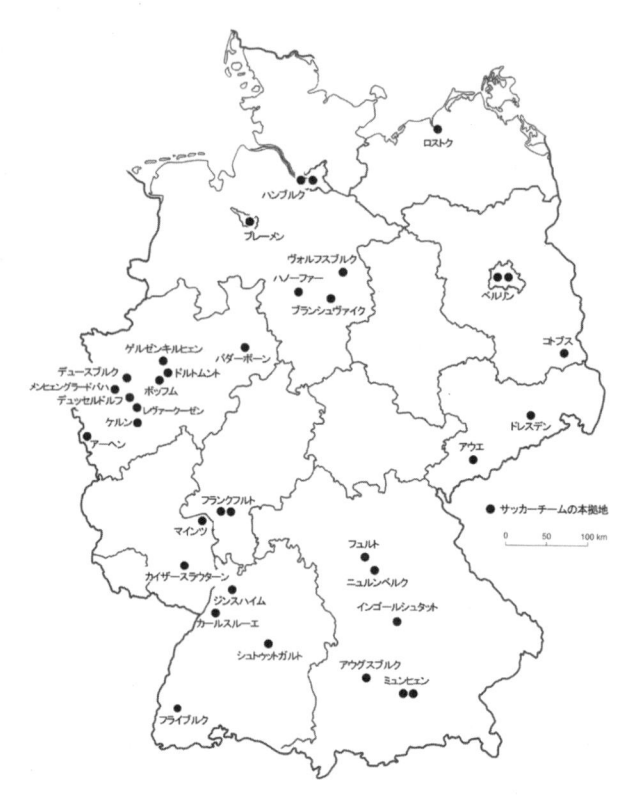

図2　プロサッカーチーム（ブンデス・リーガ）の本拠地（2012年）

① チームの多くがミュンヒェンやベルリン、ハンブルク、ケルン、フランクフルトなど大都市を本拠地としている。

② エッセンやボッフム、ドルトムントやデュースブルクなどドイツ北西部のルール地方とその周辺の諸都市を本拠地にするチームが多い。

③ 大多数のチームが旧西ドイツ地域に本拠地を置いている。

まず、チームの多くが大都市に本拠地を置くのは容易に理解することができる。多くの観客を動員し、スポンサーを確保する必要があるからである。たとえばミュンヒェンに本拠地を置く「バイエルン・ミュンヒェン」。輝かしい戦歴を持つ強豪チームであり、「皇

帝」の異名を持つドイツサッカー史に残る名選手ベッケンバウアの活躍でも知られる。1900年に組織された体操クラブにさかのぼるこのチームは、ミュンヒェンの工業化とともに多くのファンとスポンサー企業を獲得し、優れた選手を集めてきた。ビール会社や保険会社などミュンヒェンに本社を置く大手企業がこのチームを支えた上、多くのファンにも恵まれてきた。ミュンヒェンにはいくつも強豪チームがあるので互いに切磋琢磨する機会に恵まれていたのは確かだが、資金力と応援組織が強いチームを生み出した背景にある。

ミュンヒェンに限らずドイツの大都市には、ほぼ例外なく巨大なスタジアムが設けられ、多くのサッカーファンが熱狂する場所になっている。強いチームを育む土壌として巨大な都市と活発な経済活動があることは明らかである。あるいは、サッカーチームの強さは本拠地とする都市の経済力のバロメータといえるかもしれない。

次に、②のサッカーチームの多くがルール地方の都市を本拠地としている点についてはどうだろうか。ルール地方の町ゲルゼンキルヒェンを本拠地とするドイツ屈指のサッカーチーム「シャルケ04」を例にしてみてみよう。

このチームの歴史は、1904年5月4日にゲルゼンキルヒェンで少年たちが結成したサッカークラブチームに始まる。空き地でサッカーを楽しむ彼らの姿を、炭坑や製鉄工場で働く父親たちが仕事の帰りに目をし、一緒にサッカーを始めたことが、ここに「シャルケ04」というサッカーチームが誕生する直接のきっかけになったという（グットマン 1997）。

このサッカーチームは、当初から多くの炭鉱夫や工場の工員で構成されていた。彼らは週末や休暇のほとんどの時間をサッカーです

ごし、グランドを走り回った。ボール一つで手軽に楽しめるサッカーは、人々の余暇として着実に定着していったのである。

「シャルケ04」が強くなる条件は整っていた。炭坑や製鉄所で働く労働者の間で仕事の後のサッカーの観戦は日課のようになり、ゲルゼンキルヒェンだけでなく、近隣の工業都市からも多くの観戦客がやってきた。ドイツ最大の重工業地域にある製鉄所や鉱山会社がチームのスポンサーとして名乗りをあげたこともサッカーチームの発展にとって大きな支えになった。またチームが強くなるにつれてファン層は厚くなり、ゲルゼンキルヒェンにはチームを支える少年チームや応援団体が生まれた。まさに工業都市という基盤がこのサッカーチームを育んできたといえよう。

ところで、ドイツの産業を支えてきたルール地方では1970年代以降、鉄の需要の減少とともに経済にかげりがあらわれてきた。失業者が増加し、有能な若者が転出してゆくなど町の雰囲気も精彩を欠くようになった。1960年に40万人近くあった人口は、1985年には30万人を割るまでに減少した。老朽化した工場、環境汚染など、かつて栄えたルール地方はしだいに古くさいイメージで語られる場所になってしまった。

そこで近年では、こうして地盤沈下した工業都市に以前のような活気を取り戻すための模索がなされている。工場跡地の新しい利用や環境整備が進められている。「シャルケ04」は2001年に6万人を収容する巨大なスタジアムを完成させ、景気回復の下地をつくっている（写真1）。この強いサッカーチームは、サッカーファンに限らず地元のチームとして住民の誇りであり、サッカーを通して都市や地域への愛着が強まることも期待されている。

写真1 「シャルケ04」の本拠地「フェルナンデス・アレナ」
http://www.veltins-arena.de/portrait_spielfeld.php による

炭坑と製鉄で栄えドイツ工業の発展を担ってきた町の記憶が、強い「シャルケ04」の戦いぶりと重ねられたとき、このサッカーチームはルール地方で再生する都市のイメージを増幅させることにつながるだろう。この点でサッカーチームは、都市の歴史や経済、文化をアピールする意味合いも持っている。

4．サッカーと結びついた都市の個性

次に、図2から読みとれるもう一つの特色、つまり③であげたブンデス・リーガに所属するチームのほとんどが旧西ドイツ地域を本拠地にしている点に目を向けてみよう。

なぜ旧東ドイツ地域には強いサッカーチームが少ないのか。その答えは、すでに①と②で述べたとおりである。つまり、旧東ドイツ地域では都市の産業は今なお発展段階にあって、チームをバックアップする経済力にも限りがある。優れた選手は財力に勝る旧西ドイツ地域のチームに引き抜かれ、施設の整備も途上にある。強いチームを支えるだけの基盤が、旧東ドイツの都市にはいまだ十分に整えられていないのである。

そうしたなかで、ドイツ東部の都市ドレスデンを本拠地とする「デュナモ（ダイナモ）・ドレスデン」は、旧東ドイツ地域においてブンデス・リーガに属する数少ないチームの一つである（2012年時点）。このチームはドイツ統一後のドレスデンの都市の発展の中で躍進を遂げており、サッカーチームと都市との関係を考える上で興味深い。

「デュナモ・ドレスデン」は1950年に社会主義体制下で出発した。ドレスデンはかつてドイツで最も美しい都市とされたが、第二次世界大戦末期に英米空軍の大空襲によって旧市街地が完全に破壊されてしまった。このサッカーチームは、戦後の復興を担う市民が元気を取り戻すために創設されたのだという。

東ドイツ時代、山のような瓦礫を取り除いて更地にされた旧市街地には、新しい街がつくられてきた。しかしそこに現れたのは、他の復興都市と同様、社会主義の思想に基づいて建設された箱型のアパート群と、パレードや集会のための幅広の道路と広場などドレスデンの歴史や伝統とは無縁の町なみだった。

こうした都市の姿は、ドイツ統一とともに大きく変わることになる。戦災を受けたままだった王宮の再建をはじめ、歴史を重視した街づくりが始められたのである。とりわけこうした変化を印象づけたのが、旧市街地の中央にあった聖母教会の再建である。大戦後、長く瓦礫のまま放置されてきたものが、戦前のものと寸分違わず復元されたのである（写真2、3）。

2005年に完成した新しい聖母教会は、この都市の輝かしい歴史を見事によみがえらせている。それは、歴史的景観を整備することによって都市の個性を強化し、都市の発展をはかろうとする近年のヨーロッパの都市に共通の動向（ロー 1997）においても、とりわけ注目される例とされている。

写真2　空襲で破壊されたままの聖母教会
（1992年，筆者撮影）

写真3　再建された聖母教会（2004年）
http://www.frauenkirche-dresden.org/ による

　さて、ドレスデンを本拠地とするサッカーチーム「デュナモ・ドレスデン」は、ドレスデンの名を広くアピールする役割を果たしている。応援にはドレスデンの名が繰り返され、応援旗やポスターにはドレスデンの文字が大きく表示されている。試合を伝えるメディアは、チームの紹介とともにドレスデンの歴史や文化にも言及している。

　強いサッカーチームは、市民にとっても頼もしい。「デュナモ・ドレスデン」が戦果をあげれば、市民はチームの勝利を称え、それはやがてドレスデンの誇りとなる。地元に強いチームを持つことが、市民の町への愛着や帰属意識（アイデンティティ）を持つことへと発展する可能性も、十分にあるだろう。強いサッカーチームの存在が市民に活力をもたらし、それがドレスデンの再建、歴史への関心、ひいては都市の個性の強化につながることは十分に予想できる。

　こうした都市の発展とサッカーチームとの関係は、すでに「シャルケ04」の事例でも指摘したとおりである。強いサッカーチームの本拠地である都市においては、住民の間に都市への関心が高まり、それが新しいビジネスを生む可能性をもたらしている。それだけに、地域経済の復興が進められる旧東ドイツ地域においては、サッカーチームの成長に大きな期待がかけられている。

　あらためて整理してみよう。最初に述べたように、ドイツには個性ある地域があり都市がある。ところが社会主義体制下に置かれた旧東ドイツ地域の都市では、その歴史がかつての権力者の歴史であるとして軽視され、歴史的建築物への関心は薄れ、代わって社会主義イデオロギーに基づいて新しい街づくりが行われた。とくに戦災によって歴史的町なみを失った都市では、社会主義時代に建てられたアパート群など、いずれの都市にも共通の景観が目立つようになった。首都だった東ベルリンに機能が集中する一方で、地方都市の個性は弱められていた。

　統一後の旧東ドイツ地域では、歴史の復権と伝統文化や地域文化の重視といった方向転換がなされ、個性ある街づくりが進められている。この点で、旧東ドイツ地域に強いサッカーチームが現れることは、経済の復興はも

ちろんのこと、都市の活性化や都市の個性化、さらには多様な地域性の再構築にとって、重要な役割を果たすものと考えられる。

現在、ドイツサッカー連盟に登録しているサッカーチーム数は全国で2万6千以上にものぼる。ドイツのどの都市にもサッカーチームがあるといってよいだろう。ドイツでなぜ、これほどまでにサッカーが盛んなのか。その答えは、ドイツの都市が明確な個性を持ち、サッカーチームがそうした個性を背景にして生まれてきたこと、そして都市の個性を強調する役割を果たしていることを踏まえることによって見えてくるはずである。

5．ドイツの都市の個性を調べてみよう

ドイツの都市がいずれも強い個性を持っていることは、それぞれの都市で開かれるさまざまなイベントに目を向けることによっても知ることができる。

たとえば各地で開かれている見本市には、都市の個性がよくあらわれている。見本市は商品を展示して販路を開拓するために開かれており、ドイツではハノーファーやライプツィヒ、フランクフルトなどの都市が開催地として有名である。都市によって自動車や書籍など専門化した見本市が開かれているが、その多くがそれぞれの都市の歴史や産業と深くかかわっているあたりがおもしろい（http://www.fairs-germany.jp/）。

あるいは、都市で開かれる映画祭や音楽祭に注目してみるのも興味深いだろう。2002年に宮崎駿監督の作品『千と千尋の神隠し』がグランプリに輝いたベルリン国際映画祭をはじめ、ミュンヒェンやハンブルクはいずれも映画祭を開くことによってメディアの中心としての主張をしている。またライプツィヒやバイロイトは音楽祭で知られるが、これらはそれぞれの都市が質の高い芸術と文化の中心地であることを世界に知らせる役割を果たしている。このように、ドイツの都市でどのようなイベントが開かれているかを調べてみることによって、ドイツにいかに多くの個性ある都市があるかを知ることもできるだろう。

（加賀美雅弘）

参考文献

・グットマン，A.（谷川　稔・石井昌幸・池田恵子・石井芳枝訳）（1997）『スポーツと帝国―近代スポーツと文化帝国主義―』昭和堂
・浜本隆志・高橋　憲（2002）『ドイツを知るための55章―変わるドイツ・変わらぬドイツ―』明石書店
・ロー，C.（内藤嘉昭訳）（1997）『アーバン・ツーリズム』近代文芸社

メソッド8

サッカーから世界を見る

世界中の人々が楽しむサッカー

　サッカーは、十億人以上の人々が親しむ、世界で最も人気の高いスポーツだといわれている。世界のサッカー界を統括する国際サッカー連盟（FIFA）には、国連加盟国を上回る208の国と地域が加盟し（2011年）、国際試合などを通じて交流している。FIFAは一国一協会の加盟を原則とするが、歴史的背景や地理的条件等により、国協会以外に地域協会の加盟を認める場合がある。日本でもサッカー人気が高まり、マスメディアの扱いも大きくなった。世界中から選手が集まり、情報の得やすいヨーロッパを中心に、サッカーを通じて見ることのできる「世界」を紹介しよう。

代表チームを見る

　代表チームはその国の国籍を持つ選手で構成されているため、その国の民族構成や歴史、国籍制度などが反映されている。ドイツワールドカップのアジア予選で日本と対戦した国々の代表には、さまざまな特徴の選手がいて、アジア諸国の多様な民族構成が感じられた。強豪のひしめくヨーロッパの代表には、各国の特徴が現れている。かつて世界各地に植民地を持っていたフランスやオランダには、多くの移民（旧植民地出身者）が居住し、各地のクラブにも移民やその子どもが在籍している。これらの国では、移民の国籍取得が比較的容易で、二重国籍も認めているため、アフリカ系選手など、多くの旧植民地出身者が代表に選ばれるようになった。しかし一度ある国の代表に選ばれると、他の国の代表にはなれないため、移民選手の出身国との間で、選手の帰属をめぐる対立が生じている。ドイツでは、第二次世界大戦以降に増加した、トルコからの出稼ぎ労働者の子どもなど、ドイツで生まれ育ったトルコ系選手が数多くプレーしている。しかし、ドイツは移民の国籍取得が難しく、彼らがドイツ代表に選ばれることはなかった。そのため、一部の選手はトルコ代表として2002年の日韓共催ワールドカップに出場し、3位となる大躍進の原動力となった。ドイツでも、2000年に国籍制度が改正され、現在は移民やアフリカ系の選手も代表に選ばれている。ヨーロッパ以外でも、外国出身の選手を帰化させて代表に加える国が増えており、現代世界における人々の移動の国際化、活発化が伺える。

ヨーロッパの統合とクラブチーム

　EUの経済的統合は、ヨーロッパのサッカー界にも大きな影響を与えた。1995年にベルギーのサッカー選手、ジャン・マルク・ボスマンがEU司法裁判所に訴訟を起こし、「EU域内における労働者の移動の自由を認めたローマ条約は、プロサッカー選手にも適用される」という判決が下された。このボスマン判決以後、EU加盟国の選手は「サッカーという仕事に従事する労働者」として、EU内のクラブならどこでも外国人扱いされずにプレーできるようになった（EU以外のヨーロッパ諸国や旧植民地出身の選手も、同様に扱われることが多い）。各国のトップリーグで常に優勝を争うような強豪クラブは、豊富な資金で国内外から選手を集め、豪華な「多国籍軍」を形成している。現在、EU加盟国は27

カ国（2013年にクロアチアが加盟予定で、28カ国になる）に増え、彼らの「仕事場」はヨーロッパ全域に広がってきている。

ユニフォームを見る

　ユニフォームにはさまざまな由来や伝統があり、その国や地域の特徴を知る手がかりとなる。日本でもテレビや雑誌、スポーツ用品店などで、世界のさまざまなユニフォームを見ることができる。ヨーロッパでは、国や地域が伝統的な色や紋章を持っており、現在も幅広く利用されている（人気映画「ハリー・ポッター」のホグワーツ魔法学校にも、各寮独自の色と紋章がある）。古くから都市や地域に根ざして活動してきたヨーロッパのクラブは、ユニフォームやエンブレムに地域の色や紋章を取り入れており、その色や図柄がチームの愛称となることもある。これらのクラブは、地域を象徴する色や紋章をつけて他地域のクラブと試合を行い、人々はその色や紋章をつけて地元のクラブを応援する。それは、中世から続く地域同士の対抗意識が、現在まで受け継がれている証ともいえよう。日本には都市や地域の象徴に色や紋章を使う伝統がないため、地域密着を唱って発足したJリーグのクラブも、チームカラーやシンボルマークを決めるのに苦労したようである。

　代表チームのユニフォームには、その国の国旗や関係ある色が取り入れられている。ヨーロッパの国旗には三色旗が多いので、その三色を配したものがよく見られる。エンブレムには、王家の紋章や王冠、動植物（国鳥、国花）、宗教的シンボル（十字架、月、星）など、その国や地域を象徴する事物が多い。日本代表の場合、ユニフォームは「青」、エンブレムは「三本足の烏（八咫烏）」である。

　マスメディアと密着したサッカーの試合は、視聴者に企業名や商品をアピールするチャンスとなる。ヨーロッパチャンピオンズリーグなど、世界中が注目する試合に出場するビッグクラブのユニフォームには、スポンサーの広告が溢れ、まさに動く広告塔となっている。このようなクラブのスポンサーには、その時の経済情勢や景気動向が反映される。かつては日本の企業も多く見られたが、最近は、欧米諸国から中東、アジアの新興工業国まで、様々な企業名がユニフォームの胸や背中を飾っており、経済の「グローバル化」を感じることができる。各クラブのHPには、スポンサーのサイトもリンクされているので、どこの国のどのような企業がスポンサーになっているのか調べてみるのもおもしろいだろう。

　このように、サッカーにかかわる物事には、その地域や人々の特徴が反映されている。サッカーに限らず、身近なものにも世界を知る手がかりは多い。様々な情報を通じてその地域の特徴、本質をとらえる「目」を養おう。

　日本代表（男女ともに）や、海外移籍した選手の活躍により、毎年のように行われる代表チームやクラブの世界大会や、国際試合に対する注目度が高まっており、サッカーに関する報道が行われている。国際試合の中継では現地の様子が紹介され、試合前の国歌演奏の時などに、対戦国の国旗や選手の特徴を見ることもできる。地図を片手のサッカー観戦も楽しいと思う。でも本当は、世界の人々と一緒にプレーすることが、「世界」を実感できる最も良い方法なのだが…。　　（沢辺朋史）

参考文献・ホームページ

・斉藤健仁・野辺優子（2005）『世界のサッカーエンブレム完全解読ブック』枻文庫
・webサッカーマガジン www.soccer-m.ne.jp
・FIFAホームページ www.fifa.com

トピックス4

ドイツの都市に住む高齢者

気の毒な!?高齢者

　ドイツの都市を歩くと、杖をついたおぼつかない足取りの高齢者が、野菜やパンなどの食料品や日用品を詰めた買い物袋を提げて、ゆっくり歩いている姿をいたるところで目にする。足の運びがあまりにも危うげなので、筆者がドイツに住み始めたころは、こうした高齢者を見かけると、「荷物を持ちましょうか？」としばしば援助を申し出た。しかし大方は、「ご親切にありがとう。でも買い物は私の大切な日課で慣れていますから大丈夫ですよ」と辞退されることが多かった。

　それにしてもなぜ、見るからに弱々しげな高齢者がバスや市電に乗って、自ら買い物に出かけなくてはいけないのだろうか。彼らの世話をしてくれる家族がいないのだろうか。なんて気の毒なのだろう…と、最初のうちは勝手な同情を寄せていたものである。

　ひるがえって日本の街中を歩く高齢者の姿を思い起こしてみるとどうだろう。居住人口の高齢化が顕著な郊外の住宅団地や都心の特定の地区を除いて、歩くのもおぼつかない高齢者が1人で買い物をする姿に遭遇することはそれほど多くない。ドイツと日本の高齢人口の割合を比べると、2002年時点ではドイツが17.5％であるのに対して、日本は18.5％である。数の上ではむしろ日本の方が弱々しげな高齢者に遭遇する率が高いといえる。それなのになぜ、ドイツではより頻繁にそのような高齢者を見かけるのだろうか。その答えは、ドイツで高齢者の生活環境を調べて行くうちに少しずつ明らかになってきた。端的にいえば、ドイツと日本における「高齢者の自立性の違い」が背景にある。そして、街中で買い物をする弱々しげな高齢者の多くは決して「気の毒」な高齢者ではなく、むしろ自分で日用品の買い物をすることで生きる気概を示しているといっても過言ではないのである。

ひとり暮らしの高齢者

　では、「高齢者の自立」度は具体的にどのように測るのだろうか。これについては心理的側面、経済的側面などさまざまな指標があるが、「高齢者がひとり暮らしをしているかどうか」が一番わかりやすい「自立性」の目安となろう。ドイツでは、高齢者の3人に1人（35.9％）がひとり暮らしをしているという報告がなされている。全般的に国を問わず、農村部に比べて都市部の高齢者は子どもとの別居志向が強い傾向にある。したがって、ドイツの都市に住む高齢者でひとり暮らしをしている人の割合はさらに高く、体の弱った自分に代わって買い物などをしてくれる子どもと同居している高齢者は、ドイツの都市部ではむしろ少数派に近いのが現状である。

　一方、日本の高齢者はどうだろうか。2001年に内閣府が実施した調査によれば、ひとり暮らしをしている高齢者はわずか9.6％にとどまる。教室で生徒たち1人1人に「自分のおじいさん、おばあさんがどこで誰と暮らしているか」と尋ねてみよう。本来、別居志向が強いはずの都市部でさえ、欧米に比べて、わが国では老親が子どもの世帯と一緒に暮らしている2世代・3世代同居は決して稀では

ないことが明らかになるであろう。さらに最近では、かつて若いころ進学や就業を機に大都市へ移り住んだ地方出身者が、50代半ばを過ぎて故郷に住む老親の介護のために「Uターン移住」（帰還移動）したり、逆に老親を大都市に「呼び寄せ」たりして同居をはじめる例も増えてきている。

ドイツの高齢者と「スープの冷めない距離」

　ドイツの都市部では他の欧米諸国と同様に、子どもが進学や就職する10代後半から20代前半に親元から独立し、そのまま別々の世帯を形成するのが一般的である。この状態は親が高齢になっても続き、老親は自分が子どもの世話になることを強く忌避する傾向にある。実際に筆者がドイツで高齢者に聞き取り調査を行ったところ、「ギリギリのところまで自分で生活を切り盛りし、立ち行かなくなったら施設に入所する。子どもの世話にはならない」という声が圧倒的に多かった。

　なぜドイツでは、それほどまでにして親子の同居が避けられているのだろうか。日本人である筆者は調査を始めたころ強く疑問に思った。しかし、調査・研究をすすめるうちに、ドイツの高齢者の親子は住まいを異にしていながらも、実は互いに比較的近くに住んで頻繁に接触を重ねていることが明らかになってきた。2000年に内閣府が実施した「高齢者の生活と意識に関する国際比較調査」によれば、別居する子どもと月に1回以上の高頻度で接触（電話も含む）する高齢者の割合は、ドイツで75.8％であり、他の欧米諸国も80％を越える高い値（アメリカ合衆国82.8％、スウェーデン83.9％）を示している。一方、欧米に比べて同居規範が根強い日本ではわずか46.9％にとどまり、欧米との間に大きな差が生じていることがわかる。このことから、欧米では老親と子どもが別々に暮らしてはいるものの、頻繁な接触によって空間的な距離を相殺していると考えることができる。

　英語の表現で「スープの冷めない距離」といえば、親子のあいだの付かず離れずの適度な距離のことをさす。これは、近くに住みながらも適度な距離を保つことによって、親子が互いに生活を干渉されずにすむということが第一義であるように理解されている。しかし、実のところはそれにとどまらず、加齢とともに心身が弱っていく高齢者にとって生きる気概といえる「子どもに頼らず自分で生活しているのだ」という自負心を保つために、「スープの冷めない距離」を隔てて住むことが、老化防止剤として重要な役割を果たしているのである。

　　　　　　　　　　　　　　（岩垂雅子）

参考文献
・内閣府（2004）『平成16年度版高齢社会白書』
・河畠　修（1997）『ドイツ介護保険の現場』労働旬報社

3.3 ポルトガル
―― 国内の地域差に着目して調べる ――

1．地域像を描きにくい国

　ポルトガルは、ヨーロッパの西端に位置する日本の4分の1ほどの面積しか持たない小国ながら、日本の子どもたちにとっては比較的なじみのある国名の一つであろう。そうしたポルトガルの知名度の高さは、「日本人が初めて直接的に接したヨーロッパ」としてポルトガルが描かれる小・中学校の歴史学習に起因するものと考えられる。

　しかし、こうした歴史学習を通して形成された日本人のポルトガルに対するイメージは、「鉄砲伝来」や「南蛮文化」などの16世紀のイメージのまま固定化され、大航海時代以後のポルトガルの歴史的な歩みや現代の地域像について具体的なイメージを描ける人は、きわめて少ないのが現状である。

　たとえば、海外に大量の移民を送出してきた国であること、1970年代までアフリカを中心に植民地を維持し「最後の植民地帝国」と呼ばれていたこと、EUの一員として著しい経済発展を遂げてきたこと、多数の外国人労働者の受入国であること、ヨーロッパ有数の観光国であることなど、ポルトガルはヨーロッパ世界を語るうえで重要な存在であるにも拘わらず、これらの特徴について日本人には意外なほど知られていない。

　そこで、以下では生徒にとって身近な歴史的事象を導入とし、そこから国内の地域差にアプローチするという方法で、ポルトガルの地域像を描いてゆく。そのような作業を通じて、EU諸国の中でもフランス・ドイツなどの「中心国」とは異なる性格をもつ国々を調べるための、一つのモデルの提供を試みたい。

2．海外進出と移民の流出

　ヨーロッパ諸国は15世紀以後、交易やキリスト教の布教等を目的として海外への進出を開始し、それが後に植民地支配につながっていったが、その海外進出に先鞭をつけたのがポルトガルであった。

　1498年のヴァスコ・ダ・ガマによるインド航路発見を経て、ポルトガルはアジアに進出。1543年にはポルトガル人が種子島に漂着し、日本に鉄砲を伝えたといわれる。その後、イギリス・オランダの東洋進出に伴い、ポルトガルのアジアにおける地位は低下し、次第にポルトガルの関心はブラジルをはじめとする大西洋地域に移って行くことになる。

　こうした海外進出に伴って移民の流出が進み、移民人口は大航海時代の始まりから300年間で約180万人にのぼった。さらに、19世紀後半には、コーヒー生産の拡大と奴隷制廃止に伴う労働力不足に悩んでいた旧植民地のブラジルに大量の移民が流出した。20世紀以降も、引続き大量の移民が海外へ流出した結果、20世紀中の移民の総数は現在のポルトガルの人口の3倍以上に当たる約3,500万人に

及ぶと推計されている。

図1は、移民の流出数の推移を示したものである。1960年頃までは、戦争ぼっ発などに伴う移民の一時的な減少も見られたが、年平均で約5万人が海外へ流出している。その目的地は主としてブラジルであった。

そして、1960年代から1973年のオイルショックにかけて移民の数はピークに達する。この最も移民が多かった時期の主な目的地は、著しい工業化に伴い経済成長を遂げていた西欧先進諸国であった。とくに同じラテン的文化をもつフランスへは、この時期に100万人もの移民が流出した。

オイルショック以後は、景気の後退に伴う外国人労働者の受入規制のために、移民の数は激減し帰国者も増加したが、1990年代に入ると再び移民流出は活発化しはじめ、近年では西欧先進諸国だけでなくアメリカ合衆国・カナダ・ベネズエラなどのアメリカ大陸への移民も増えている。

このように、時期ごとの世界各地の労働力の需要に対応する形で、海外に大量の移民が流出してきた。現在、フランスに80万人、カナダに52万人など、海外で生活するポルトガル人の数は、世界全体で約470万人にものぼる。一時より移民が減少した現在でも、国内人口の半数近くに相当する人々が海外で暮している計算になる。

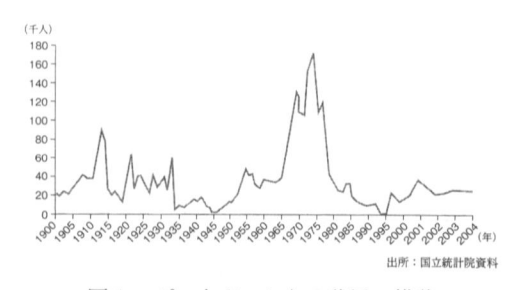

図1　ポルトガルからの移民の推移

3．移民の出身地はどこだろう？

それでは、これらの移民は、国内のどの地域から海外へ旅立ったのだろうか。実は、この移民の出身地の分布を調べてみることで、ポルトガル国内の地域構造がはっきりと浮び上がってくるのである。

図2は、各県ごとの出生人口に占める移民の割合を示したものである。左の1891～1960年までの移民の割合を示した図を見ると、この時期には北部からの移民が圧倒的に多く、北部の多くの県では出生数の半分以上に相当する人口が海外へ流出していることがわかる。

北部は、ポルトガル建国時から高い人口密度を維持してきた地域であり、移民流出の激しさは、この地域の人口が飽和状態に達していたことを意味する。すなわち、過度な人口増加にともない住民の貧困化が進み、それが直接的には多くの住民を海外へプッシュする原因となったのである。

しかし、見方を変えれば、北部が一貫して国内でも高い人口密度を保ってきたという事実は、この地域が多くの人口を支えられるだけの高い生産力を持っていたということを意味する。実際に、北部では一般に農業生産性が高く、農業生産性の低い南部との間に著しいコントラストが見られる。

北部の多くの地域では、年間降水量が1,000mm以上あり、山地の大西洋側の斜面では降水量は3,000mmを超える所もある。南部に比べて地形の起伏に富むが、湿潤な気候条件の下にあり灌漑耕地率も高い北部は、国内では最も土地生産性が高い農業地域の一つとなっている。こうした土地生産性の高さは零細な農業経営を可能としたため、北部では分散相続による所有農地の細分化が進んだ。

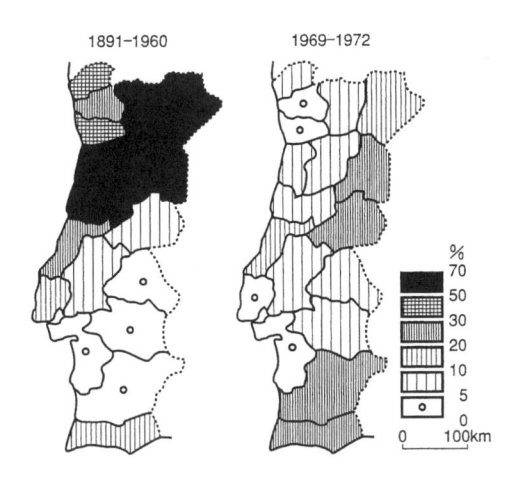

図2　出生人口に占める移民の割合
Suzanne Daveau (1995): *Portugal Geográfico* による

とくに沿岸のミーニョ地方では、1戸当たりの平均耕地面積はわずか3ha程度に過ぎず、集約的な農業経営をその特徴としている。

一方、南部においては年間降水量が1,000mm以下と乾燥しており、一般に土地生産性が低い。そのため農業経営は粗放的で、1戸当たりの平均耕地面積は約50haにもおよび、大土地所有制が卓越しているのが大きな特色である。緩やかな起伏の乾燥した土地が続く南部では、輪作による小麦・大麦・ヒマワリ等の栽培のほか、世界一の生産量をほこるコルクやオリーブの栽培も盛んで、地中海的な農業景観が広がっている。

また、文化的にも北部・南部には明瞭なコントラストが見られる。北部は「石の文化」と呼ばれるように、伝統的な民家は石造りの2階建が基本となっている。居住空間は2階にあり、1階は家畜小屋や農具置場として利用される。一方、南部は「土の文化」といわれ、土と藁を混ぜて踏み固めた「タイパ」などを使って家屋が造られる。外壁は漆喰で白く塗られ、小さな窓しかもたない家屋構造は、高温にみまわれる夏季でも快適な居住環境を保てるように工夫されている。

このように、ポルトガルの中央をほぼ東西に走るエストレーラ山脈あたりを境として、北部と南部の間には自然・経済・文化などの面で明瞭なコントラストが見られる。こうした北部と南部の地域差は、ポルトガルの基本的な地域構造を理解するうえで、現在でもきわめて重要性が高い。

移民の出身地の分布を調べることで、北部と南部の地域差の問題が自ずと浮び上がってくる。ここでは、そのような自然な学習の流れを大切にしたい。

4．沿岸部と内陸部の地域差をさぐる

図2をもう一度みてみよう。1891～1960年の割合（左）と、1969～72年の割合（右）を比べてみると、その分布に変化が生じていることがわかる。すなわち、かつては北部に顕著な分布の偏りが見られたが、次第にそうした北部と南部の地域差が希薄となる一方、内陸部と沿岸部との間の地域差が生じてきている。このような内陸部における移民の割合の相対的な増加は、1960年代以降に進んだ沿岸部（都市部）と内陸部（農村部）との間の地域格差を反映したものである。

図3は、国内の人口密度の分布を示したものである。首都リスボンと北部の中心都市ポルトを中心とする2つの大都市圏において人口密度が最も高くなっているが、一般に沿岸部に人口が著しく集中している状況が読み取れる。とくに、リスボン・ポルトの二大都市圏を結ぶ沿岸部では、1970年代以降、都市化・工業化が進行した結果、人口集中が顕著となった。また、アルガルヴェ地方と呼ばれ

る南部の沿岸地域では、1960年代後半から政府による外貨収入の獲得を目的とした観光振興政策が本格的に進められた結果、1980年代以降、ヨーロッパでも有数の観光地として発展した。現在では、イギリスやドイツなどから「太陽と砂浜」を求めて大量の外国人観光客が来訪しており、こうした観光産業の活発化による雇用力の増大に伴って、南部沿岸地域でも人口集中が進むこととなった。その結果、これら沿岸部に国内人口の約65%が集中している。

このように沿岸部において人口が増加する一方で、工業化・観光地化の波から取り残された内陸部では、人口減少が激化した。内陸部からは沿岸部へだけでなく、海外に向けても移民として多くの人口が流出し、とくに生産年齢人口の流出は内陸部に深刻な影響を与えている。こうした人口の高齢化に伴い、農業はおもに高齢者や女性によって維持されることになり、農業生産性の向上を阻む一つの要因となっている。

沿岸−内陸の地域格差の是正は、現在の政府の重要な課題の一つであり、実際にさまざまな対策が試みられている。たとえば、現在の観光地域は「太陽と砂浜」が主要な観光資源であるため、必然的に沿岸部に集中することになるが、内陸部への観光地域の拡大をめざした農村ツーリズムの展開が政府による財政支援のもとで積極的に行われている。

とくに、内陸部にはかつての貴族の館などの歴史的建造物が多く分布するが、それらを修築し宿泊施設として活用するツーリズモ・デ・アビタソン（邸宅観光）は、所得水準の低い内陸農村地域の雇用の拡大を促進し、しかも歴史的建造物の修復にもつながるものとして注目を浴びている。

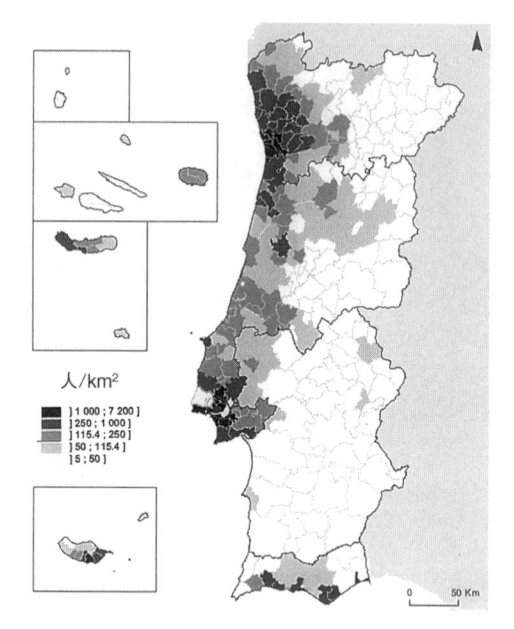

図3　市町村ごとの人口密度（2009年）
国立統計院資料による

このように、現在のポルトガルの地域構造を理解するうえで、沿岸部と内陸部の地域格差の問題はきわめて重要である。人口密度の分布に表われた沿岸―内陸の明瞭なコントラストは、日本の太平洋ベルトとそれ以外の地域の顕著なコントラストと良く似た構造を示している。日本との比較という意味においても、こうした地域格差の問題は教材としての価値が高い。

5．沿岸部への外国人労働者の流入

沿岸部における都市化・工業化の著しい進展に伴い、内陸部では過疎化が深刻化したが、その一方で、沿岸部においても様々な社会問題が生じるようになってきている。それらのうち、最も重要な問題の一つが外国人労働者の大量流入である。

国内に居住する外国人数は、1960年には約

3万人に過ぎなかったが、アフリカの旧植民地が解放された1974年以降、その数は急増した。とくに1986年のEC（現在のEU）加盟後は、EUからの多額の補助金を受けて著しい経済成長をとげ、外国人の増加率はさらに高まった。その結果、2009年の外国人数は約44万人以上に達し、その多くが首都リスボンを中心とする都市部や観光地域であるアルガルヴェ地方などの沿岸部に集中している（図4）。

外国人の流入が急増した原因の一つは、EU加盟後に進んだ経済活動の国際化にある。とくに工業化の進展に伴う外国企業の進出や投資の活発化は、EU諸国の企業関係者のポルトガルへの居住を促進させた。

さらに近年は、東欧諸国やウクライナ・モルドバなどの旧ソ連の国々からの外国人労働者の流入も急速に増加しつつあり、2004年の中・東欧諸国のEU加盟に伴って、その数はさらに増加してきている。その結果、ヨーロッパ系外国人の数は、1960年の8倍以上に相当する約17万人に達し、居住外国人総数の38％を占めるに至っている（図5）。

外国人の増加のもう一つの原因としてあげられるのは、経済成長に伴う建設・土木工事の需要の増大である。その主な労働力となったのがアフリカ諸国から流入した外国人であり、これらアフリカ系外国人の流入が居住外国人数の急増をもたらした。

図5に示したように、現在ではアフリカ系外国人は居住外国人全体の約30％を占めており、その大半がカーボベルデ・アンゴラ・ギニアビサウ・モザンビーク・サントメ＝プリンシペなど、ポルトガルの旧植民地の国々を母国とする人々である。なかでもカーボベルデ人はアフリカ系外国人の40％を占め、ポルトガルで最大の外国人コミュニティーを形成している。1990年代には、これらの合法移民以外にも、25万人以上とも推定される多数の非合法移民が居住し、アフリカ系外国人の数は現在よりもはるかに多かったが、近年はやや減少する傾向にある。

アフリカ系の外国人労働者は、男性では建設業、女性ではサービス業（清掃作業員など）に従事する割合が圧倒的に高く、必然的に低賃金での就労を余儀なくされる場合が多い。そのため、これらの人々は低家賃地区に集中する傾向があり、リスボン近郊の衛星都市の一つであるアマドーラ市では、市の人口の1割近くがアフリカ系住民（とくにカーボベルデ人）で占められている。

しかし、EC加盟後から1990年代にかけて毎年4～5％という高い経済成長率を誇ってきたポルトガル経済も、1998年のリスボン万博が閉幕して建設ラッシュが一段落ついて以

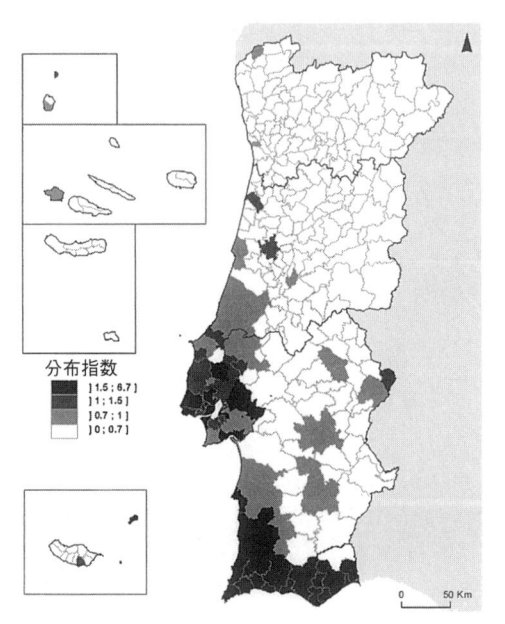

図4　外国人の居住地分布（2009年）
国立統計院資料による

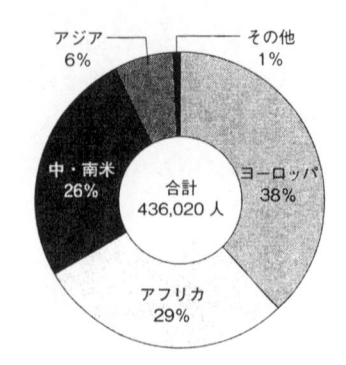

図5　居住外国人の出身地（2008年）
国立統計院資料による

後は低成長期に入り、2010年の経済成長率はわずか1.4％と低迷を続けている。こうした景気の後退を反映して、近年まで4％台という低い割合で推移してきた失業率も、2010年には11％以上にまで上昇している。その結果、多数の非合法移民をふくむ居住外国人の就労は厳しさを増しており、そのような不安定な生活状態がアフリカ系の若者などによる暴力・窃盗などの事件の増加に結びついていると言われている。そして、こうした治安の悪化が、アフリカ系外国人に対する潜在的な人種差別を顕在化させる引き金になるのではないかと危惧されている。

以上のように、ポルトガルは移民の送出国としての長い歴史をもつ一方で、近年は海外からの移民・出稼ぎ労働者の受入国としての性格も強めている。こうした国際的な人口移動の構造の複雑さに、ポルトガルという国の一つの特色があると言えよう。

6．EU内の多様性の発見

ヨーロッパが世界に与えてきた影響力の大きさを考えれば、EU諸国を対象とする調べ学習において、EU諸国全体に共通する特色を学習することは、きわめて重要であろう。しかし、逆にEUを同質的な性格をもつ国家の連合体としてあまりに単純化して考えてしまうと、現実のEUの姿を見誤ることになりかねない。

実際に、ポルトガルに代表されるEUの「周辺国」は、海外から外国人労働者を受入れる一方で、今なお多くの移民を海外に流出させるなど、教科書でよく取り上げられるEUの「中心国」とはかなり異なった地域的性格をもっている。そのようなEU諸国の多様性にとむ一面を理解するうえで、ポルトガルやスペイン・ギリシャなどの「周辺国」を対象とした調べ学習には、大きな意義があるものと思われる。

（池　俊介）

参考文献
・村上義和・池俊介編著（2011）『ポルトガルを知るための55章』明石書店
・池上岑夫ほか監修（2001）『新版増補　スペイン・ポルトガルを知る事典』平凡社

> トピックス5
>
> ヨーロッパにおける羊の移牧

移牧の意味

移牧（仏語／英語でtranshumance）とは何か。それは、trans（越えて）とhumus（土地）の造語で、移牧はその日本語訳であり、「相異なる気候条件をもつ二つの地域間における家畜の季節的な移動」を意味する。日本では、『Heidi』があまりにも有名なので、移牧について多くの説明を要しないだろう。

移牧にはさまざまな形態があり（Penz 1988）、家畜（牛、羊、山羊）も地域によって異なる。アルプス地域では主として乳牛で、羊もみられる。ピレネー山脈やスペインでは、主に羊で（ピティ 1955）、トルコやルーマニアでも羊である。天山山脈にも羊の移牧がある。ヒマラヤ山脈周辺のチベット族によるヤクの移牧もあるし、アフリカにもみられるが、アンデスの人々は移牧をしない。

南チロルの移牧

ここでは、アルプスの南斜面の谷（イタリア北部の南チロル）のシュナルスタール（Schnalstal、図1）の最奥のむらフェアナークト（Vernagt、1,676 m）の牧民（全18戸、2001年）による羊の移牧をとりあげる（詳細は、白坂 2004）。

北イタリアでもリンゴやブドウの実る豊かな地域もあるが、Schnalstalは高冷地で、牧畜にしか生業を見い出しえなかった。この谷は地中海性気候に含まれ、冬季に雨（雪）が降るが、夏には著しく乾燥し、灌漑地を除き牧草が枯れてしまう。このため乾燥や長距離の移動に耐え、チーズの原料となるミルクをも生産する羊や山羊が主要な家畜として利用されてきた。今日ではVernagtでも採草地（Wiese）が灌漑されるようになり、乳牛の飼育が中心になったが、彼らは乳牛の移牧はしない。北イタリアでは、時代を遡れば遡るほど、また標高が高ければ高いほど、羊や山羊の方が重要であった。

高冷地のVernagtでは牧草はひと夏に1～2回しか収穫できないし、放牧地（Waide）が足りなかったので、羊をむらの北側のSimilaunpass（3,019 m）を越えたNiedertal側（現オーストリア）への移牧を習慣とした。すでに1415年にVernagtの人

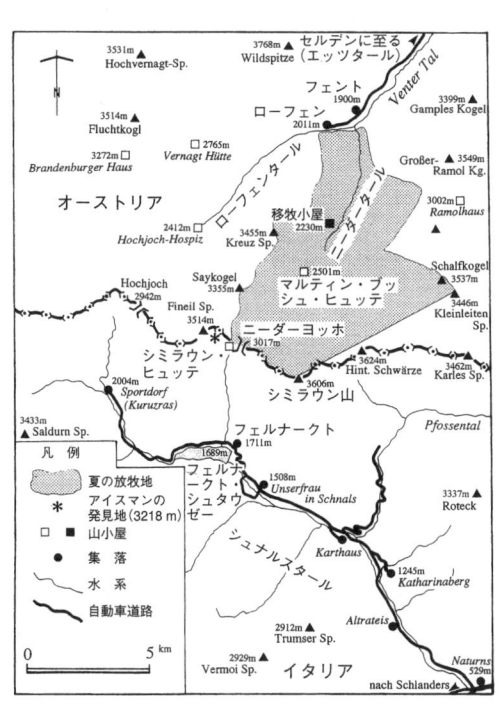

図1　フェルナークトとフェントの位置
白坂原図

びとは協会（Interessensgemeinschaft、当初の会員26人、現在は21人）をつくり、Niedertal側のVentとの間に、6月中旬から9月中旬までの夏季3カ月間の6,000 haのヴァイデ権利契約を交わした。

毎年6月中旬に、3日がかりで近郷のむらからも羊があつめられ、Vernagtの羊（600頭）を含むほぼ2,000頭が、5つのグループに分けられ、午前3時に約20人の牧童（Treiber）と牧羊犬に導かれ、一列になり、12時間かけてNiedertalをめざす。6月とはいえ、Niederjochは降雪にみまわれることも多い（写真1）。ときには吹雪で羊が窒息死することも稀ではない。

Niedertalに移動した羊は6,000 haに散開し、ひとりの羊飼い（Hirte）が管理する。記録によれば、昔から羊は2,000頭を超えない。羊飼いの主な役割は、羊に定期的に塩を与えることである。この間に羊が死亡するような事故はほとんどない。9月中旬になると、Vernagtから迎えに来た牧童により羊が集められ、もと来た道を戻る。羊の帰郷は現在では小さな祭りになっており、観光客も集まる。

冬になると協会員全員による集会がもたれ、放牧の利益から羊飼いや牧童などのコストを支払い、残高を21人の協会員で分けるが、ひとりわずか数百円の収入にしかならない。乳牛の飼育に加え、民宿などの観光業も盛んになり、かつては大切な生業であった羊の飼育も、今日では経済的な価値はない。しかし母親が自ら10頭分の羊毛を紡ぎ1着のセーターをつくり、子や孫に与える慣行は続いている。「羊の移牧はVernagtの住民の誇り

写真1　雪のSimilaunpass（3,019m）を越える羊（1998年6月13日午前8時10分、筆者撮影）

（Stolz）だ」とみんながいう。

1991年9月19日、Niederjochからわずかに西のHaulabjoch（3,283 m）の融けた氷河のなかから、衣服を伴った、ほぼ5,200年前の人骨が発見された。のちにÖtziと名付けられた彼は、その出で立ちから羊飼いではなかったかとの推測もある。

筆者の聞き取り調査によれば、羊の移牧は、アルプスの南縁に沿うように、今日でも各地に残っている。

（白坂　蕃）

参考文献

・ピティ，R.（奥田 或・上野福男訳）（1955）『山地地理学』農林協会
・Hugo Penz (1988) The Importance, Status and Structure of *Almwirtschaft* in the Alps. *Human Impact on Mountains*, ed. Nigel J. R. Allan *et al*. pp.109-115, Roman & Liittelfield.
・コンラート・シュピンドラー（畔上　司訳）（1994）『5000年前の男―解明された凍結ミイラの謎―』文芸春秋社（原著はドイツ語で、1993年に出版された。）
・白坂　蕃（2004）国境を越える羊の移牧．梅棹忠夫・山本紀夫編『山の世界―自然・文化・暮らし―』pp.217-226, 岩波書店

4章
アフリカを調べる

【4章 アフリカを調べる】

4.1 ケニア
―― 日本から遠い国を調べる ――

1．なぜ、ケニアなのか？

　平成20年3月に告示された中学校学習指導要領社会科地理的分野の内容構成は大きく改められた。従前の「世界の国々調べ」では2つまたは3つの国を事例として選び、生徒自身の手でその国を調べ・まとめることを通して、国家レベルの地域的特色をとらえる視点と方法を身につけさせることをねらいとしていた。新学習指導要領では、「世界の様々な地域」という大項目を設け、中項目ウ「世界の諸地域」で6つの州の各州に暮らす人々の生活の様子を的確に把握できる地理的事象を取り上げ、それを基に主題を設けて、それぞれの州の域的特色を理解させることをねらっている。さらに、中項目エ「世界の様々な地域の調査」においては、世界の様々な地域又は国の調査を行う際の視点や方法を身につけさせることをねらいとしている。この中項目エでは、部分的ではあるが、平成10年版で重視された「地域的特色をとらえるための視点や方法を身につけさせる」ことが引き継がれている。

　本稿は、中項目ウ「世界の諸地域」における小項目(ｳ)「アフリカ州」の学習及び中項目エ「世界の様々な地域調査」の学習計画を立案する際の「人々の生活の様子を的確に把握できる地理的事象」の教材例として、ケニア共和国をとりあげる。

　筆者は、従前の「世界の国々調べ」で3つの国を取り上げる際に、①アメリカ合衆国、②タイ（アジアから1ヵ国）に続く3番目の国として、ケニアを取り上げ、実践してきた。その理由は、以下の通りである。①日本から地理的に遠く、生徒の意識になじみがないこと。この国を取り上げることで生徒の学習意欲を喚起させるとともに、学習の効果として生徒の空間認識を広げることができる。②日本やアメリカ合衆国と異なって発展途上国であること。この国を取り上げることで、世界の国の多様な姿や世界の構造的理解を学習できる。③日本と気候・風土が異なること。この国を取り上げることで、自然環境と人々の生活や産業との結びつき・関連が学習でき、地理的な見方考え方を広げ・深めることができる。④学習資料が少ないアフリカの諸国の中でも比較的調べやすい国であること。情報量の少なさは明らかにマイナスの要素ではある。しかし、情報量の少ない国を調べるにはどうしたらよいか、どのような切り口で、どのような手順で調べていったらよいかなど、ケニアを事例にして、調べ学習に目を向けさせるのがねらいであった。

　従前の学習指導要領の下での教材開発の蓄積を新指導要領での単元構成に再編・活用することは充分可能であると考える。

2. ケニアを調べる視点

「ケニア」と聞いて、なにを思い浮かべるだろうか。「野生動物の王国」「サファリ」など、ステレオタイプ化したケニア国像が思い浮かぶに違いない。しかし、世界の国々はそれぞれが多様な顔を持っている。ケニアを学習してみたら、「野生動物の王国」はこんなにも多様性に富む国だ、アフリカの他の国はどうなのか、ケニアとの共通点や相違点は？というように、新たな課題意識が生まれるような「学び方」の学習を心がけたい。そうした学習経験を積むことで、ステレオタイプ化された見方・考え方に疑問を持つようになってほしい。

(1) 日本から遠い国ケニア共和国
・日本とケニアはどれほど離れているのか
・日本からケニアへはどのようにして行くのか
・日本とケニアのつながりはないのか

ケニアは地理的には日本から遠く、ケニアへ行くための直行便もないのが現状である。しかし、ケニアへのODAは金額ベースで日本が世界4位（2007年）であるなど、それなりのつながりもある国である。日本人でアフリカに長期滞在している人（永住者も含む）は7,963人になる（2010年）。中でもケニアの在留邦人は、南アフリカ共和国（1,385人）、エジプト（1,070人）アルジェリア（695人）に次ぐ649人であり、首都ナイロビには日本人学校も開かれている。こうした視点から接近していくことでケニアへの興味・関心を喚起していく。

(2) ケニアはどんな国なのか
・どのような自然環境がみられるのか
・人々の暮らしぶり（衣食住）はどうか
・どのような産業が発展しているのか

アフリカ大陸の一国家ケニアは、赤道直下に位置する国である。国名のもととなった「ケニア山」山頂には万年雪が見られるという。北半球の島国日本と自然環境はどこがどう異なるのか。そうした自然環境のもとで、衣食住を中心とした生活文化にはどのような特色が見られるのか。人々はなにを生業としているのか、国の主たる産業は何か等々の視点があることに気づかせ、調べ学習の切り口をつかませたい。

(3) ケニアの抱える課題はなにか

国家には様々な顔がある。首都ナイロビはケニアのみならずアフリカを代表する大都市であり、中心部には高層ビルが建ち並び、自動車が行き交い、国連の専門機関事務所もある。しかし、隣接する地域には多くのスラム街が存在する。当然のことであるが、日本でもケニアでも国内に多くの矛盾を抱える。国づくりの課題にも目を向けさせることで、その国の実像に少しでも迫ることができると、生徒の地域理解も進むに違いない。

3. ケニアを調べる方法

(1) 地図帳や地球儀を使って調べる

【ケニアの位置と国土の様子を調べる】　地球儀を使用し、東京とナイロビのおよその距離を調べる。また、地図帳で経度を調べ、日本との時差を計算させる。先に述べたように日本からケニアへの直行便はないが、いくつかの航空会社が利用しやすい便を出している。ポピュラーなのはインドのムンバイやパキスタンのカラチ経由である。ヨーロッパ経由では、ロンドンのほか、チューリッヒ、パリ、フランクフルト、アムステルダム経由などがある。インターネット等で具体的な航空路線を調べておき、白地図に記入させたい。ケニ

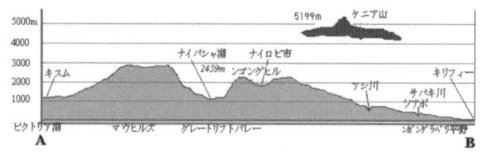

図1　ケニアの地形

アと諸外国とのつながりが読みとれて、新たな課題の発見につながる。なぜ、ヨーロッパが多いのか。なぜ、インドなのか。

【ケニアの自然】　地図帳を見ると、ケニアの国土の中央を赤道が走っていることがわかる。そこから、ケニアの自然（気候や地形の様子）を調べる糸口を得させたい。ケニア山の頂上には万年雪が見られる。首都ナイロビは「一年中夏の軽井沢」とガイドブックにある。赤道に近い熱帯地域なのになぜ？

地図帳や『理科年表』でナイロビやモンパサの気象データ得て、雨温図を作成する。雨温図の読み取り方として、共通点と相違点を読みとらせる。ナイロビとモンパサの共通点は、年間を通して気温の変化が少ない（東京と比べてみる）ことである。相違点は平均気温に現れる。内陸で高原にあるナイロビと海岸部にあるモンパサでは、平均気温が約7℃違う。気温の年変化が小さいので、この地域の季節を分けるのは、雨の降り方である。大雨期（3月末〜5月頃まで）と小雨期（10・11月前後）があり、その間に乾季があるというのも共通点である。

地図帳でケニアの自然環境を概観させる。ケニアは、アフリカ大陸東部に（北緯5度から南緯5度、東経34度から42度、日本との時差は−6時間）に位置し、北はエチオピア、スーダン、西はウガンダ、南はタンザニアと接し、東はソマリアとインド洋に臨む。面積は58.3万km²で日本の約1.5倍である。国内に大地溝帯（リフトバレー）が縦走し、アフリカ第2の標高を持つケニア山がある。以上のように、国土の自然を概観し、国内の多様性に気づかせるとともに、日本との違いから、アフリカ東部の自然的特色を読みとらせる。

(2) **ケニアについて書いた本を調べる**

ケニアについて書かれた書籍を筆者は管見にして多くを知らない。学校はもちろん、地域の公共図書館でさえも種類は多くない。百科事典・外国地誌シリーズなどでケニアの項目を検索し、国家としての概略を把握する程度の情報量である。『世界国勢図会』などの統計書もアフリカに関するデータは少ない。そんな中で、旅行ガイドブックは比較的手に入りやすく、生徒の興味・関心を引きつけるだけの情報量は得られる。ケニアの産業の中心の一つは観光業である。ケニアには多くの自然動物園が設けられ、多くの野生動物を自然のままで見ることができることから、ガイドブックも多く発行されている。ただし、ガイドブックは必ずしも客観的な記述で終始しているわけではないので注意する必要がある。

写真1　影が真下に来る日（9月24日）

写真2　マサイ族いつも真っ赤な民族衣装（中3　T）マサイ族は、いつも真っ赤な衣装を着てオシャレだから。

写真3　男性のマサイダンスでジャンプ（ケニア紀行・マサイマラ by Masato）カルタに詠まれているとおり赤い服を着ている

(3) インターネットの利用

【ナイロビ日本人学校HP】

　上の写真はナイロビ日本人学校の子どもたちである。赤道直下にあるナイロビでは、日本の春分の日や秋分の日前後に、写真のように影が真下に映る。赤道を挟んでの太陽の回帰を理解させる良い学習資料である。

　ナイロビ日本人学校は1970年に開校した。小学部・中学部合わせても50名足らずの小規模校である。ほとんどの子どもたちは保護者の任期により、2年から3年だけ在籍して帰国している。学校所在地のナイロビの自然や簡単な歴史を調べたりするのには都合の良い学習資料が得られる。とくに、社会科副読本ではナイロビについて丁寧に記述されている。また、現地理解教育に力を入れており、現地で生活している子どもたちの視点から綴ったケニアの産業や料理などが写真入りで紹介されている他、ナイロビでの生活をカルタにしたナイロビカルタも興味深い。

・外務省HPやケニア大使館HP、JICA（独立行政法人国際協力機構）HPは、国土の位置、面積、人口、民族、言語、宗教、自然など基礎的なデータ収集に都合が良い。

・インターネットは便利であるが、調べ学習の大半の時間をインターネットの検索に費やしてしまったり、記事をそのままコピーし貼り付けて学習の終りとなってしまうことがある。教師の指導が必要である。

4．学習内容

(1) 生活文化

　ケニアには、人口の98％を占めるアフリカ系住民だけでも42のエスニック集団がいて、多くは農村部に住む。他に都市部を中心にインド系（外来系の住民の70％を占める）、アラブ系、ヨーロッパ系の住人がいる。言語はスワヒリ語と英語が公用語として使われてい

写真4　ケニアの伝統的主食「ウガリ」と「カチュンバリ（サラダ）」、「やぎの丸焼き肉」

る。各エスニック集団も独自の言語を持っているが、いずれも文字を持たず話し言葉だけで同一集団内のコミニュケーションのみに使用されている。スワヒリ語はケニアだけでなく東アフリカ諸国で使用されている言語である。東アフリカの海岸地域は早くから貿易によって栄え、ケニア第二の都市であるモンバサはアラブ人商人による奴隷貿易と象牙の輸出拠点として栄えていた。このアラブ商人と現地の住民との交流の中で生まれ、共通語としてエスニック集団を越えて使われるようになったのがスワヒリ語である。

食について調べてみると、その代表はウガリで、ケニア人の主食である。ウガリ粉（トウモロコシの粉）をお湯でこね、片手で握って団子状にし、スープなど好みの味をつけて食べる。チャパティは小麦粉を水で練り、薄く伸ばして焼いたもので、ミルクを入れたチャイ（紅茶）とともに食べられている。

(2) 産業を調べる

【農業】 サバナで暮らすアフリカ系住民は農耕を主体として、牧畜も行うエスニック集団が多い。主食のトウモロコシや豆類の他、換金作物としてのコーヒー豆や茶、綿花などを栽培している。生徒が手にできる統計書（『世界国勢図会2011/12』）で確認すると、茶の生産が中国・インドに次いで世界3位、茶の輸出では世界1位であることが確認できる(2008)。コーヒー豆は茶とともにケニアの重要な輸出品であるが、国別の生産量・輸出量では世界ランキングベスト10には入っていない。紅茶やコーヒー豆について生徒にさらに詳しく調べさせることで、ケニア（他のアフリカ諸国にも共通）の歴史や産業構造の理解にまで進める可能性が開ける。

ケニアで茶の栽培と輸出が盛んな理由

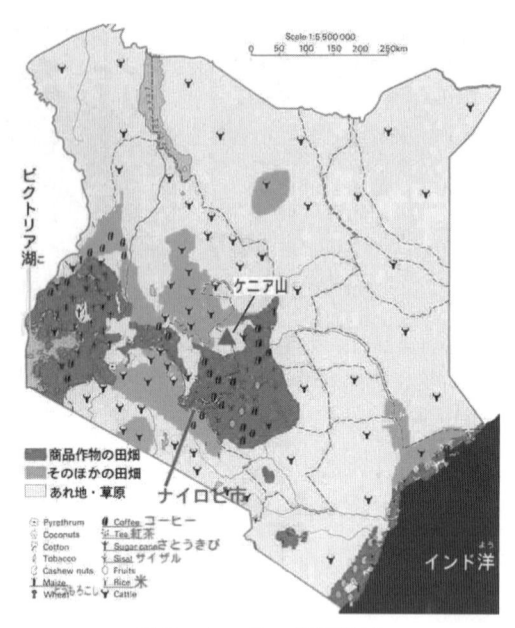

図2　ケニアの農業地域
ナイロビ日本人学校HPによる

(2007年の統計をみると、茶の生産量36.9万t、輸出量34.5万tで、ほとんどが輸出に回っていることがわかる)、イギリスが輸出相手国として3番目に位置する理由を考えさせてみる。1920年にケニアはイギリスの植民地になった。イギリスは、内陸の高原地域をヨーロッパ人専用の入植地とし、何千人ものヨーロッパ人がナイロビの北に広がる肥沃な土地に入植した。これらの肥沃な土地はホワイトハイランドと呼ばれ、コーヒー豆や茶、サイザル麻などが栽培された。先住民であるアフリカ系住民は、先住民居住区に押し込められて生活したり、ホワイトハイランドの労働者になった。1963年に独立したケニアは、ホワイトハイランドの土地をヨーロッパ人入植者から買い取り、ケニア人に安く売り与えた。こうした経緯から、ケニアの農業はホワイトハイランドでの農業の影響を受け、現在も中国、インドとならぶ茶の生産国である。ケニアの経済は現在も農業に依存し、農業生産は

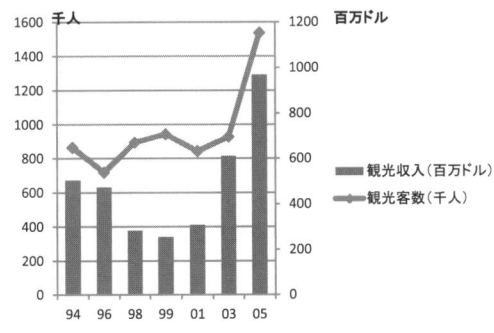

図3 ケニアの観光客数の移り変わり
『世界国勢図会』各年版による

写真5 サファリ

国内総生産の約3分の1、人口の約70%が農業で生計を立てている。外貨収入の大部分は茶とコーヒー豆の輸出及び観光収入である。

ナイロビ日本人学校のHPには、児童・生徒によるケニアナッツ株式会社（日本人が経営）の所有する農園の調査報告が掲載されている。この農園では、マカダミア、コーヒー豆、ワイン用ぶどうの栽培の他、乳牛の飼育も行っている。マカダミアはハワイが有名であるが、ケニアも世界第3位の生産量を誇っている。ケニアナッツ社は1,000haの農地に有機栽培でマカダミアを栽培している。コーヒー豆も220haの栽培規模である。栽培されたマカダミアやコーヒー豆は農園内の工場に運ばれ、一次加工が行われる。ケニアに限らずアフリカ諸国では、こうしたプランテーションによる輸出を目的とした商品作物の栽培を中心とした農業経営が依然多くみられることに気づかせたい。

【観光】 近年、ケニアでは観光による外貨収入が茶や切り花、コーヒー豆の輸出額を上回り第1位である。ケニアでの観光の中心は、国土の約1割を占める国立公園や動物保護区を自動車で訪れ、自然のままの野生動物の生態を観察するサファリ（語源はスワヒリ語で「旅」の意）である。インターネットを検索すると旅行記がたくさん出てくる。ほとんどがサファリである。こうした観光に問題はないのだろうか？生徒に調べさせてみたい。

【工業】 ケニアの工業生産は国内総生産の約21%を占める。ケニアは東アフリカでは最も工業化が進んだ国で、主な製造業分野として、トタン板、セメント、紙巻きタバコ、ビール、小麦粉等がある（駐日ケニア共和国大使館HP）。

ナイロビ日本人学校のHPには、児童・生徒がゴムタイヤ工場・自動車工場（いずれも日本の企業）を見学し、まとめた報告書が掲載されている。ファイアストン株式会社というゴムタイヤの工場では、日本人の従業員4人の他に約700人のケニア人労働者が働き、関連する人を含めると5,000人の雇用を創出している。日本・インド・シンガポールなどから船でモンパサ港へ原料を輸入し、ケニア国内で販売したり（ケニア国内の販売量の70%）、隣国のタンザニアやウガンダへ輸出している。ファイアストン工場と同じ工業団地にある自動車工場でも、日本から部品を輸入し自動車を組み立てている。

(3) 日本とのつながり

【貿易】 貿易はその国の産業構造を表現しているとみることができる。ケニアでは農業と観光が基幹産業であり、工業は東アフリカの

中では最も工業化が進んでいるものの基幹産業とまでは言えない。そのことが対日貿易にも表れている。二国間の貿易では、ケニアの輸入超過である。日本への輸出は41.15億円、日本からの輸入は602.5億円（2008年国別データブック（外務省））である。主な輸出品は、切り花、コーヒー豆、ナッツ類、紅茶で、農業の比重が高い。輸入品では、貨物自動車、乗用自動車、機械、鉄鋼板などの工業製品が多い。

【日本のケニアへの援助】　日本の対ケニア援助は主に、人材育成、農業開発、経済インフラ整備、保健・医療、環境保全などの重点分野を中心に行われてきた。国際協力機構（JICA）の業務の一つとして、1965年に始められた青年海外協力隊の事業がある。技術・技能を持った青年を2年間派遣する制度である。ケニアには1966年から派遣が開始され、2011年末までの累計で、1,458人が派遣されている。HP等で生徒に具体的な活動の姿を調べさせ、ケニアの抱える課題に迫らせたい。

5．今後の教材研究のあり方

従前の「世界の国々調べ」において、ケニアは日本から遠く生徒になじみも少なく、学習資料も少ない国として学習対象に選定した。また、発展途上国、熱帯地域にある国として、日本とは環境が大きく異なるゆえに、世界の多様性を把握させるなど地理的見方・考え方のトレーニングの幅が広がるとの期待も込めての選定であった。こうした観点から、改めてこの教材を見ると、インターネットを利用した資料収集はかなりの効果が期待できる。とくに、ナイロビ日本人学校のHPはわかりやすく、外務省や駐日ケニア大使館のHPは、内容が多岐にわたり参考になる。しかし、紀行文などについては、現地を直接歩いた強みは伝わってくるものの、客観性に欠けその信憑性に不安がある。見方・考え方の獲得については、ステレオタイプ的な見方からいかに脱却できるかが課題である。国内の多様性に気付くという観点からは、資料がナイロビに偏る傾向に気をつけたい。事実、本稿でも国内各地の特色（地方的特殊性）について記述できていない。産業の特色や人々の暮らしについての理解は調べ学習の中核であり、生徒も食いつきやすい題材である。しかし、「暮らし」については、多様なエスニック集団の存在は捨象した。「産業」については、歴史的な観点からの調べが不足し、開発途上国の構造的な課題を多面的に追及するには、さらなる教材研究が必要である。とりわけ、本稿を中項目エ「世界の様々な地域の調査」学習に位置付けた場合、大項目「(1)世界の様々な地域」全体の学習のなかで、習得—活用—探究の考え方のうちの「探究」に位置付けることとなるゆえに、「調べ方の視点や方法」をより深化させる教材研究が必要である。

（村野芳男）

参考文献
- 『地球の歩き方14　東アフリカ』ダイヤモンド社
- 『ポケットガイド　ケニア・南アフリカ』JTB出版販売センター

注　ナイロビ日本人学校を始めとするHPは更新され、本稿で紹介した内容も削除されている場合もあるが、更新されたHPには子どもたちの新たな学習活動の成果も見られ、調査資料として有益であることには変わりない。

メソッド 9

郵便切手
―地理教育の秘密教材―

《チビッ子地理博士》たち

　小学校3～4年生から中学・高校にかけて、たいがいどこのクラスにも一人や二人《博士》がいる。鳥や虫の名前をむやみに知っていたり、新旧・内外を問わず電車や自動車の型を一目で言い当てたりする子どもたちである。

　そうした中で、世界の国々についてめっぽう強く、ヨーロッパの小国はもちろん、カリブ海やインド洋の小さな島国にいたるまで、博学ぶりを披露する子どもに出会うことがある。彼らはほとんど申し合わせたように、熱心な切手収集家であるのに気づく。そうした子どもたちにとって、世界の郵便切手は、その地理的知識の獲得に役立つ秘密兵器だったのである。そうであるならば、逆に郵便切手を地理教育の秘密教材として活用できないか、ということになる。

写真2　かつて、シルクロードで活躍したフタコブラクダ（モンゴル 1978）

Philatelic Intelligence

　英語圏には、フィラテリック・インテリジェンスという言葉がある。この場合のインテリジェンスはもちろん《情報》。フィラテリックは切手収集を意味している。《チビッ子地理博士》たちは、収集した郵便切手からさまざまな情報を引き出していたのである。一般に、世界中の少年少女にとって、切手収集

写真3　インド洋にあるココス環礁の切手
現在、オーストラリア領となっている。ビーグル号で世界一周したダーウィンが、サンゴ礁の変化についてはじめて裾礁、保礁、環礁など体系的な理論を発想した島。当時は「キーリング諸島」と呼ばれていた。（ココス諸島 1963）

写真1　世界最初の切手
ペニー・ブラックの愛称で収集家に親しまれている。若き日のヴィクトリア女王を描く。（英国 1840）

写真4　国連事務局の発行する切手
現在、ニューヨーク、ジュネーヴ、ウィーンの各事務局がそれぞれ発行している。（ニューヨーク国連本部 1951）

写真5　スウェーデンとフィンランドの間にあるオーランド諸島の切手
スウェーデン人も多く居住するために、フィンランドが独立する際、両国で帰属をめぐる紛争があった。高度の自治権を認め、フィンランド領にと裁定したのは国際連盟事務局次長だった新渡部稲造。（オーランド島 1991）

写真6　1989年11月9日
ベルリンの壁が崩れた日。その一周年記念。東西ドイツは統一へ。（ドイツ連邦 1990）

写真7　グリーンランドの切手
世界最大の島グリーンランドは現在、デンマークの自治領。デンマーク人とイヌイットの混血グリーンランド人約5万が居住。グリーンランド語も公用語となっている。カラーリット・ヌナートがグリーンランド語の自治領名。（グリーンランド 1991）

は少年期の通過儀礼のようになってきた。

　小学校の中・高学年の探検行動期の子どもたちには、無意識ながら自分の世界を拡大しようとする強い内発的な力がある。この年齢の子どもたちの未知の世界への憧れは、年とともに募るが、その「探検」の代償行動の一つが切手の収集である。とりわけ外国切手は彼らの求める海外の情報を次々と提供してくれる。知的好奇心の旺盛な中学生ならば、切手に見られる外国語も必死に読み解こうとする。切手は発行国の風景や産業、伝統文化、あるいは国づくりの様子など、それぞれの時代の表情を描き続けてきたので、その国の多様な情報のつまった《自画像》ともいえよう。

《秘密教材》とするために

　植物学でも動物学でも、まずは《収集》と《分類》から始まっている。小学校にも、これをなぞるような小石や落葉の《仲間集め》の単元がある。集めた郵便切手も何かの基準で分類することになる。「地理」とのかかわりを考えれば、さしずめ国別になろうか。

　デパートなどの趣味の切手の売り場には、「世界の切手1000種」などの《パケット》がある。2000～3000円程度で買える。多少とも切手に関心を持ち始めた子どもたちに買い与え、国別に分類させてみるのはどうだろうか。

　学校での一斉授業には馴染まないが、いまや個性教育の時代。こうした《パケット》を、同士数人を募り、国別に分類させる《プロジェクトX》の方式も考えられる。あらかじめ地図帳や辞書その他の資料を与え、放課後、数日で分類を完了させれば、おそらくは1学期分以上の地理教育の成果が得られること間違いなしである。若干の教師のアドバイスは必要であるが、信じがたいほどの達成感と知的満足を味わうことになろう。同時に、郵便切手が世界を知るための驚くべき《秘密兵器》であることに、教師ともども気づくに違いない。

（斎藤　毅）

参考文献
・斎藤　毅（2004）『正・続 世界・切手国めぐり』日本郵趣出版

5章
南北アメリカを調べる

【5章　南北アメリカを調べる】

5.1　アメリカ合衆国
——国立公園を手がかりに調べる——

1．大きくて多様な国

　アメリカ合衆国は、日本の約25倍の国土面積がある大きな国である。その自然環境ばかりでなく、人文的にも多様な地理的内容を有する国である。日本もその少ない面積の割には、多様な自然景観をもっている国である。しかし、その広さゆえのアメリカ合衆国の多様さには及ばない。地形的にも安定した大陸から変動帯に当たる活動的な地形が存在するし、気候的にも熱帯から寒帯まですべての気候帯が存在している。アメリカ合衆国の自然環境を学習すると、ほとんどの自然地理学的な要素を知ることができる。

　ここでは、その広大さ・多様さを、国立公園を手がかりに調べてみる。現在、日本でも旅行案内書としてアメリカ合衆国だけは「アメリカの国立公園」と題した旅行ガイドが出版されている。それだけ興味を持たれ、親しまれているテーマであろう。アメリカ国内でも、国立公園を訪れるための多数のガイドブックが出版されている。

2．アメリカの国立公園の組織

　日本では1934（昭和9）年に8つの国立公園が制定され、2010年現在、29の国立公園がある。「優れた自然の風景地を保護すると共に、その利用の増進を図り、国民の保健、休養及び強化に資する」ことを目的にしている。実質上の目的はさておき、その対象は自然である。

　アメリカ合衆国は国立公園制度の発祥の国である。美しい自然をなるべく人の手を加えないで残していこうと始まった。もちろん、人々がそこに行って集い楽しむためでもあるが、貴重な美しい自然の財産を、国として護るという発想である。

　アメリカ合衆国では国立公園は、内務省国立公園局が統括管理しているが、そのシステムは単純ではない。日本で考える自然の景観を保護することを主たる目的とする国立公園は、National Parks（一般に「国立公園」と訳す）で、2010年現在、全米に58カ所指定されている。しかし、これはアメリカ合衆国の「国立公園システム」（National Park System）の一種類である。国立公園システムの中には、他に国立記念物公園、国立海岸、国立史跡地、国立史跡公園、国立古戦場、国立公園道路等およそ20種類の公園（部門）があり、394地域（箇所：units）が指定されている。以下本文では、ただ単に「国立公園」と記した場合は、国立公園システムではなく、National Parksを意味することとする。

　国立史跡公園とは、歴史上重要な地域を保護する公園である。たとえば、ボストン国立史跡公園は、独立戦争関連など、アメリカ合衆国の独立に関するいくつもの歴史的に重要な場所を含んでいる。

その他、自由の女神像は「国立記念物公園」、南北戦争の激戦地ゲティスバーグは「国立戦跡公園」、サンフランシスコのゴールデン・ゲート・ブリッジ（金門橋）は「国立レクリエーション地域」など、史跡や名勝地もそのシステムの中に含まれ、保護の対象となる。自然の景観だけでなく、歴史や文化的な遺産をも保護するシステムである。アメリカ全土で約34万km²を占め、日本の国土面積に近い。

3．国立公園の分布から考える

図1にアメリカ本土48州の中の国立公園（●印）と国立史跡公園（▲印）の分布を示した。さらに自然環境の理解のために、気候区分と模式的な東西地形断面を示した。国立公園は圧倒的に大陸西部に多く、気候区からすれば乾燥帯や高山帯で、地形的には起伏の多い地域である。国立史跡公園は東部に多く、図には示してないが、その他の国立史跡地、国立古戦場なども同様に東部に多い。このおおまかな分布の特徴は、アメリカ合衆国の自然的・人文的環境をよく示している。

国立公園の多くが西部の乾燥地域に分布しているのは、アメリカ発展の経緯や国立公園の歴史に関わってくる。19世紀初頭に、美しい自然を残そうという風潮になったのは、手の加わっていない自然（原生自然：ワイルダネス）の多くが開発の危機にさらされていたためである。東部は既に開発されて、ほとん

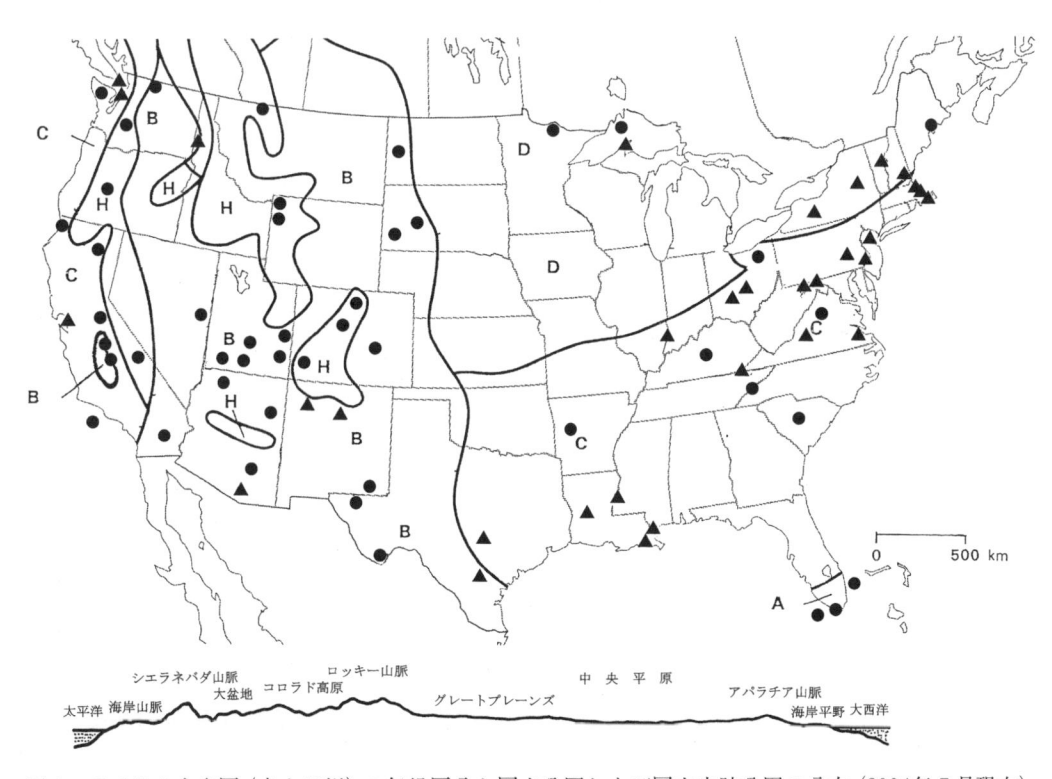

図1　アメリカ合衆国（本土48州）の気候区分と国立公園および国立史跡公園の分布（2004年7月現在）、アメリカ大陸模式地形断面
　　　A：熱帯、B：乾燥帯、C：温帯、D：冷帯、H：高山帯
　　　●：国立公園（National Parks）　▲：国立史跡公園（National Historical Parks）

ど原生自然がなかった。まだ残っていたのが西部であった。その頃、手つかずの自然の価値を認める新しい自然観を唱えた思想家のヘンリー・デヴィッド・ソロー、国立公園の父と呼ばれる学者のジョン・ミューア、画家のジョージ・キャトリンら多くの文化人たちが、それぞれの立場で東部の人たちに、自然の美しさや大切さを訴えた。

鉄道会社の思惑もあったが、開発から残っていたあまり有用でない土地を、国有地として国立公園に指定して、その自然を保護することになった。最初に1872年にイエローストーン国立公園が制定された。フロンティアの消滅が宣言されたのが1890年であるが、すでに西海岸ではゴールドラッシュが始まっている。

当時は今よりも長距離の移動が容易ではなかった。国立公園を国民の多くに親しませ、制度が支持されやすいように、公園の少ない東部にも指定しようとした。しかし、既に開発が及び、ほとんどが民有地になっていた。国が土地を買い上げるための予算は少なく、ロックフェラーなどの財閥や篤志家の寄付に大きく頼ることになった。それが可能となるのがアメリカの文化であろう。東部の中でも開発にはあまり益のない土地を選び指定することになる。それが数少ない東部のアケディア、シェナンドウ、グレート・スモーキー山脈などの国立公園である。

アメリカは東海岸にヨーロッパ人が入植し開けていった国である。ゆえに、東部に国立史跡公園が多く分布する。また、イギリス・フランス・スペインなどとの独立のためのいろいろな戦いや、南北戦争など、アメリカ合衆国の独立発展のための諸活動が行われたのは東部の方が圧倒的に多い。結果として保存すべき歴史的な景観も多くなる。しかし、ヨーロッパ人渡来以前の先住民の遺跡や、開拓に際して先住民との軋轢のあった場所なども、いろいろな国立公園システムの諸公園の中に含まれるので、南部や西部にも少なからず分布する。

4．国立公園になっていない自然景観—モニュメント・バレー、ナイアガラ—

コロラド、ユタ、アリゾナの3州にまたがるグランド・サークルと呼ばれる国立公園の集中した地域がある。グランド・キャニオンなど、10以上の国立公園や国立記念物公園が存在する。しかしその中に、大変美しく貴重な自然景観を持ちながら、国立公園に指定されていない場所がある。日本でも、テレビなどのコマーシャルに多く利用され、映画も撮影されている風景の、モニュメント・バレーがその一つとしてあげられる（写真1）。巨大なメサやビュートが、広大な平原の中に多数見られる景勝地である。アリゾナ州の北の端にあるが、正式には「モニュメント・バレ

写真1　モニュメント・バレー（Monument Valley）

ー・ナバホ民族公園」(Monument Valley Navajo Tribal Park)とよばれている。先住民族ナバホ族の居留地である。周辺のグレン・キャニオンやレインボー・ブリッジなどと共に、ナバホ国立公園を設置しようとしたが、資格は充分にあるものの成立しなかった。ナバホ族の一部が、国立公園に指定されると、生活が脅かされることを恐れて、反対をしたためである。現在この地域一帯はナバホ族が管理をしており、入園料やレストハウス、公園内のツアーなど一切を運営している。訪れる観光客は多いが、道路の整備などが十分とはいえず、何度も国立公園への移管が問題にされている。アメリカ合衆国における民族・文化の多様性が、国立公園システムにも影響している。

　もう1カ所、世界的に有名でも国立公園に指定されていない場所が、ナイアガラの滝である。東部にあり、早くから注目されていた。19世紀の初頭には多くの人々が訪れるようになり、そのため、開発が進み、多くの施設が建設され、その自然景観は破壊された。国立公園制度が拡大していった時には、すでに指定に値しないような状態であった。

5. 国立公園システムでは何が見られるか

　国立史跡公園などはもちろん、国立公園にも自然だけではなく、遺跡や保存すべき建造物などの歴史的・文化的な遺産も整備されて残されている。

　写真2はグレート・スモーキー山脈国立公園の中に保存してあるサトウモロコシ(ソルガム)の圧搾機である。その茎をつぶして甘い糖蜜を造るために、馬に引かせて回りながらつぶす道具である。ここでは、アパラチア山脈の中に拓いた開拓農村が保存してあり、教会、墓地、水車小屋などの諸施設がトレイルに沿って見学できるようになっている。

　写真3は、リンカーン大統領が幼少時代を過ごした小屋で、ケンタッキー州のアブラハム・リンカーン出生地国立史跡地にある。そこには生家(1室しかない開拓小屋)が、花崗岩で造られたビルディングの中に保存されている。これらは、東部の典型的な開拓農民の小屋で、丸太を組み合わせて建てただけの小屋である。丸太の隙間を埋めるように、豚の毛などを混ぜた土が塗り込んである。東部の温帯や冷帯のの森林地帯の中でこそ建設できた住居である。

写真2　Sorghum Mill (サトウモロコシ圧搾機)

写真3　リンカーン大統領の幼少時代の家

写真4　ソッドハウス（Sod House 芝土の家）

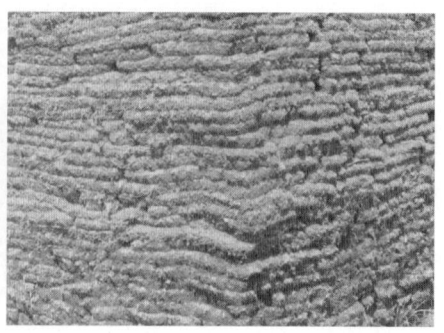

写真5　ソッド（芝）

写真4は、公園内にあるものではないが、サウスダコタ州で保存されていたソッドハウス（芝土の家）である。写真5のように芝土を小さいブロックに切って積み上げ、家の壁にした開拓農家である。開拓が西方に進み、乾燥気候の樹木があまりない草原地帯で多く建設された。

写真6はテキサス州のビッグ・ベンド国立公園内に保存されている、鉱山集落のゴーストタウンに見られた、石積みの住居の遺構である。より乾燥した気候で、草も少なく芝土もできないような地域である。

このように、公園内に保存されている開拓期の古い住居を例にしても、アメリカ合衆国の自然的・文化的多様さが捉えられる。

6．自然環境保全の問題と国立公園

自然環境の保全ということでは、国立公園にもいろいろな話題がある。

イエローストーン国立公園では、落雷などが原因で自然発火し、山火事が度々発生する。国立公園では、そのような山火事は自然に鎮火するのを待ち、消火活動はしないことが通例だ。それが護るべき自然の生態系を維持することである。1988年夏には、乾燥と強風のため大規模な山火事となった。しかし、この時は火災が拡大し、園内施設、公園内や周辺の農地で被害の増加が危ぶまれ、消火活動をすることになった。しかし、その是非について世論が注目し、大論争になった。

本来の生態系の維持という見地から、イエローストーン国立公園ではオオカミの復活が試みられている。国立公園に制定後もしばらくは、園内及びその周辺地域の人間に対して危険であるため、狩猟が許可されており、この地域でオオカミは絶滅した。しかし、オオカミも生態系の一部であり、ワイルダネスの象徴であるということから、1995年以降園内にハイイロオオカミが放たれた。

ペトリファイド・フォレスト国立公園では、訪問者が園内の貴重な珪化木（ペトリファイド・ウッド）の破片を、違法に持ち帰ってし

写真6　石積みの住居遺構

まうという状況が頻繁にあった。しかし、ある訪問者が反省して懺悔の手紙と共に、持ち帰った石を返還してきた。それを掲示したところ、次々と反省した訪問者が石を送り返し、新たな持ち帰りも大幅に減った。

7．教材を提供する国立公園システム

アメリカ国内でも国立公園システムは良い教育の場として確立し、社会教育や学校教育に利用されている。各公園には必ずビジターセンターがあり、それぞれの公園の自然や、文化・歴史について、展示解説があり、地図や解説書なども販売されている。レンジャーによるガイドツアーや解説プログラムのスライドショーなど、訪問者に対して、いろいろな形で手助けをする。そのような活動がアメリカ合衆国の貴重な自然や文化を護る第一歩になるという考え方である。

ホームページには、教育活動への入り口として「Teachers」(http://www.nps.gov/learn/)というサイトが設けられている。さらにその中に、学校教育の場で先生をサポートをする「For Teachers」というプログラムもある。各国立公園のホームページにも、教育プログラムを含め、それぞれの特徴ある内容が紹介されている。

国立公園は基本的に入場料を取るので、訪問者数はかなり正しく得られる。一番多い国立公園はグレート・スモーキー山脈国立公園で、2010年1年間で約946万人と抜きん出て多い。その次がグランド・キャニオン国立公園で、その半数以下である。このような詳しいデータに関しては、ホームページの中の「About Us-Public Use Statistics」のサイトに詳しい。

歴史の浅いアメリカ合衆国には、芸術などの伝統的な独自の文化は少ないが、美しいワイルダネス、大自然は多く存在し誇れた。アメリカ合衆国の発展は自然との闘いでもあり、その自然と向かい合い克服してきた。故に自然の偉大さも美しさも理解することになった。それを象徴するものとして、国立公園制度の創設は、意味あることであった。

1972年にユネスコは世界遺産に関する条約を採択し、世界各地の自然遺産や文化遺産を保護することになった。アメリカ合衆国でもイエローストーン国立公園は1978年に自然遺産に、自由の女神像は1984年に文化遺産に登録された。2010年現在、21カ所が世界遺産に登録されている。アメリカ合衆国ではちょうど100年前に、似たような趣旨の国立公園の制度を始めていたことになり、その自然の保護に対する考えは、先行していたことになる。

国立公園に関するいくつかの現象で、アメリカ合衆国の自然の多様さや、歴史的・文化的な多様さを引き出すことができる。

（原　芳生）

参考文献・ホームページ

・岡島成行（1990）『アメリカの環境保護運動』岩波書店
・上岡克己（2002）『アメリカの国立公園　自然保護運動と公園政策』築地書館
・竹内健悟（1995）『アメリカ自然史紀行』無明舎出版
・地球の歩き方編集部（1991）『アメリカの国立公園』（第一版）ダイヤモンド社
・国立公園局ホームページ http://www.nps.gov

メソッド10
アメリカ合衆国の地図を利用する

USGSが発行する地形図

地図の種類や発行形態は国によってさまざまであり、そこにお国柄を読み取ることができる。日本では国土地理院が縮尺25,000分の1や50,000分の1の地形図を発行しているが、アメリカ合衆国でこれらに相当するのは、合衆国地質調査所（United States Geological Survey、略してUSGS）が発行する地形図（topographic map）である。USGSの本部はヴァージニア州のレストンにあるが、地形図等の地図販売センター（Map Sales）はコロラド州デンバーにおかれている。デンバーの市街地西部に連邦政府センターがあり、その一角の大きな倉庫には全国の地形図やその他の様々な地図類が収納されていて、だれでも購入することができる。デンバーを訪れることがあれば、USGSはおすすめの観光スポットの一つである。ただ、連邦政府センターの入口では検問が行われているので、「Map Sales, USGS」と言って、パスポートを見せる必要がある。

縮尺のなぞ

アメリカ合衆国では長い間メートル法が採用されなかったため、地形図の縮尺として24,000分の1や62,500分の1が伝統的に用いられた。62,500分の1という縮尺は奇妙に感じられるが、これは1マイル（約1.6km）を1インチ（2.54cm）に縮小したものである。ただし、最近では縮尺50,000分の1の郡地形図が新たに発行されるようになったが、まだ部分的にしか作成されていはない。一方、縮尺100,000分の1地形図についてはアメリカ全土が完成しているし、広域の概要を知るためには縮尺250,000分の1が便利である。

日本では、地形図は大きな書店には置いてあるし、私たちの日常生活では比較的身近な存在である。中学校や高等学校の地理教科書には必ず地形図の学習の頁があるし、大学入試にもよく登場する。しかし、アメリカ合衆国では、USGSが作成した地形図は少数の専門店にしか置かれていないため、地形図を入手することは容易ではない。ただし、どこの大学図書館にも地図資料室（map library）が完備されており、利用が可能である。

日本の大学の中にもアメリカ合衆国の地形図を収集している大学もある。その一つは横浜国立大学である。付属図書館の地図コレクションには、100,000分の1地形図1,281枚がそろっており、アメリカ全土をカバーしている。また、アリゾナ、カリフォルニア、ネヴァダの3州については、24,000分の1（6,002枚）、50,000分の1（124枚）、62,500分の1（1,035枚）が所蔵されている。実はこのコレクションは私が横浜国立大学に勤務していた時代に、文部省大型コレクション集書計画に申請し、採択を受けて購入されたものである。予算が限られていたため、アメリカ全土の24,000分の1と62,500分の1を収集できなかったのは残念であった。

最近ではUSGSの地形図はCD化されている。ナショナルジオグラフィック協会は、24,000分の1地形図のCD-ROM版を州別に販売している。これらは、紙の地形図に比べ

るとスペースをとらないし、必要に応じて印刷したり作業ができるので便利である（ホームページアドレス：www.nationalgeographic.com/top）。

ポピュラーな道路地図

多くのアメリカ人にとって身近なのは道路地図である。アメリカ自動車協会（AAA、トリプルエイ）に所属していれば、この協会が作成したできのよい道路地図を無料で入手できる。同様の道路地図は、老舗の地図会社であるランドマクナリー社も発行している。

州ごとの折りたたんだ道路地図は書店で購入できるが、主要高速道路（フリーウェイ）のレストエリアに設けられたインフォメーションセンターに行けば無料で入手できる。州によってデザインや様式が異なっていて、いろいろな州の無料地図を収集するのはおもしろい。宣伝用なので、にこやかに笑う州知事の写真が載っており、私たちにはなじみの薄い州知事がだれなのかもわかる。

ランドマクナリー社の道路地図（Road Atlas）も人気がある。この会社が最初に道路地図帳を出版したのは1924年のことであった。これらの道路地図帳を年代順に比べてみれば、道路交通の発展過程がわかる。この道路地図帳には、州別に、都市、道路、公園、観光地、市街地の拡大図をはじめとして、さまざまな情報が満載されている。なお、同様の道路地図帳はナショナルジオグラフィック協会（National Geographic Society）などからも出版されており、各社のデザインを比べてみるのもおもしろい。

また、州別の道路地図帳も刊行されていて便利である。これには道路や地形の詳細（州によっては等高線も描かれている）や観光ポイントなど、情報が満載されている。このような地図や地図帳は、書店、ガソリンスタンドに併設されたコンビニエンスストアなどで販売されている。

（矢ケ﨑典隆）

メソッド11
インターネットGISで主題地図を描く

アメリカ統計局のインターネットサイト

インターネットGISが発達しているアメリカ合衆国では、統計局のサイトに入ると、州、カウンティ（郡）単位の主題地図が描けるばかりでなく、ZIP code（郵便番号）、センサス・トラクト、センサス・ブロックなどの小地域単位による主題地図を描くことができる。アメリカ統計局は10年ごとに国勢調査（センサス）を実施し、現在1990年及び2000年の国勢調査結果をインターネットで公開しており、しかもインターネット上で地図作成ができる。以下、アメリカ統計局のインターネットのサイトで主題地図の描き方を解説する。

最初に、U. S. Census Bureauのホームページ（http://www.census.gov/index.html）に入る。State & County QuickFactsをクリックし、Thematic Mapをクリックすると州別の主題地図を簡便に見ることができる。しかし、もっと詳細な主題地図を描くには、American FactFinderを利用するのがよい。

ホームページ上のAmerican FactFinderをクリックし、次にMAPS AND GEOGRAPHYをクリックする。次にThematic Maps（主題地図）をクリックする。You are here: main▶All Data Sets▶Data Sets with Thematic Maps▶Geography▶Themes▶Results. と画面に出るので、Data Setsをクリックし、データはCensus 2000 Summary File (SF1) 100-Percentを選択し、Select from the following optionsの項目のThematic Mapsをクリックする。

オハイオ州コロンバスの地図を描く

　次の画面ではどの地域の地図を描くかを選択する。ここでアメリカ合衆国全体の地図を描くこともできるが、オハイオ州のコロンバス（フランクリン郡）の地図の描き方を示す。■Select a geographic typeでは、−countyを選択、■Select a stateで、Ohioを選択する。■Select a geographic area and click 'Show Results' では、Franklin Countyを選択して、Show Results▶をクリックする。そうすると、フランクリン郡の地図が現れる。Franklin County, Ohio byの地域単位を選択する。ここではCensus Tractを選択する。（最も詳細な単位はCensus Blockである。）データを変更するにはThemes▶をクリックし、TM-P004B, Percent of Persons Who Are Black or African American Alone: 2000を選択すると、黒人の人口割合の地域別の分布図が描ける。凡例のLegendをクリックすると、boundary（境界）、features（河川、道路、学校などのシンボル）や、それぞれの名称の表示・非表示の選択ができる。たとえば、boundaryでschool districts (unified)を選択し、学校区を地図に重ねる

と、黒人人口割合の高い地域はColumbus学校区に集中し、他の郊外の学校区では黒人が少ないことがわかる。

　このサイトでは、他にも、世帯当たりの所得、大学卒の人口割合、職業別の人口割合などの主題図が描ける。

　残念ながら、この使い勝手の良いAmerican FactFinderは、2011年1月には中止になり、このサイトに入ると自動的にAmerican FactFinder 2という新しいサイトに移動するようになっている。2010年に実施された国勢調査結果もインターネットで公表され始め、新しいFactFinderではインターネット上で主題図の描き方のチュートリアルも動画で見ることができるが、使い方が以前のものとだいぶ違っている。以前のFactFinderに親しんでいたものにとって使い方がわかりづらいかもしれない。

　オハイオ州立大学（Ohio State University）の都市・地域分析センター（Center for Urban and Regional Analysis）では、インターネットのサイト（http://cura.osu.edu/index.htm）において、フランクリン郡の主題地図を公開している。ホームページのData and Maps Searchのプルダウン・メニューから、カテゴリーを選択し、それぞれ項目ごとに地図を見ることができる。

　他の都市でもインターネットによるGISの活用が進んでいる。たとえば、フィラデルフィアの近隣情報システム（Philadelphia Neighborhood Information System）（http://www.cml.upenn.edu./nis）の中のneighborhoodBase、crimeBaseにおいてオンラインで主題地図が作成できる。しかも、2つあるいは3つのデータを選択して2次元あるいは3次元の散布図（scatter chart）を

描き、諸変数の関係を考察できる。

（田中恭子）

参考文献
・Shama, M. B. and Elbow, G. S. (2000) *Using Internet Primary Sources to Teach Critical Thinking Skills in Geography.* Greeneood Press.
・Craig, W. J., Herris, T. M., and Weiner, D. (2002) *Community Participation and Geographical Information Systems.* Taylor & Francis.

トピックス6

牛肉輸入問題からみたアメリカ合衆国

BSEの発生と牛肉消費

　アメリカ合衆国は、日本にとって最大の農産物輸出国である。2010年現在、アメリカ合衆国から約1兆3000億円の農産物が輸入されて全体の27%を占め、中国（11%）、オーストラリア（8%）を大きく引き離している。日本人の胃袋を満たす食材として、アメリカ産農産物は今やきわめて重要である。中でも2004年になって、牛丼チェーンのメニューからなくなり、「最後の一杯」を求める様子は、一種の社会現象にもなった。2003年末のアメリカ合衆国におけるBSE（牛海綿状脳症、いわゆる狂牛病）の発生に伴い、アメリカ合衆国から牛肉輸入の禁止措置がとられたからである。

　日本の牛肉消費は2000年までほぼ一貫して増加してきた。しかしながら、日本の牛肉自給率は1987年においては62%を保っていたが、

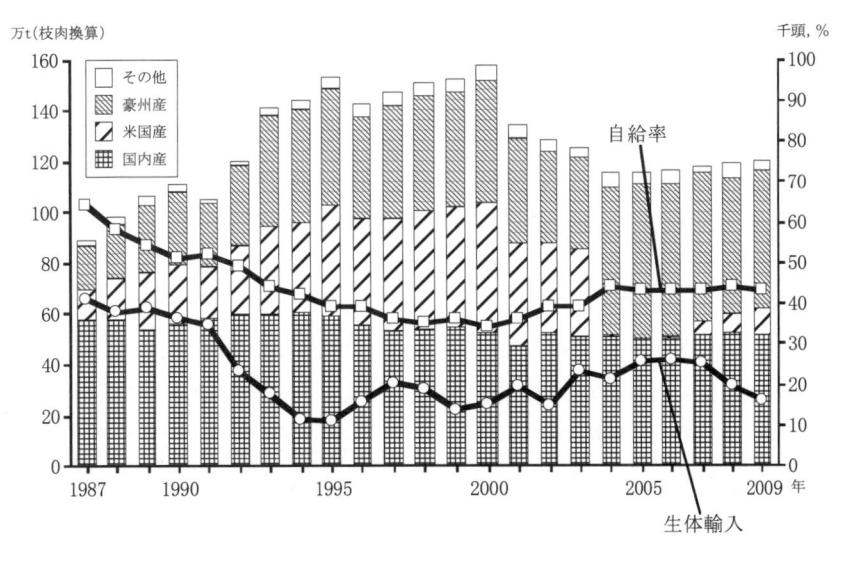

図1　日本の牛肉需給の変化
『食料需給表』、『アグロトレードハンドブック』により作成

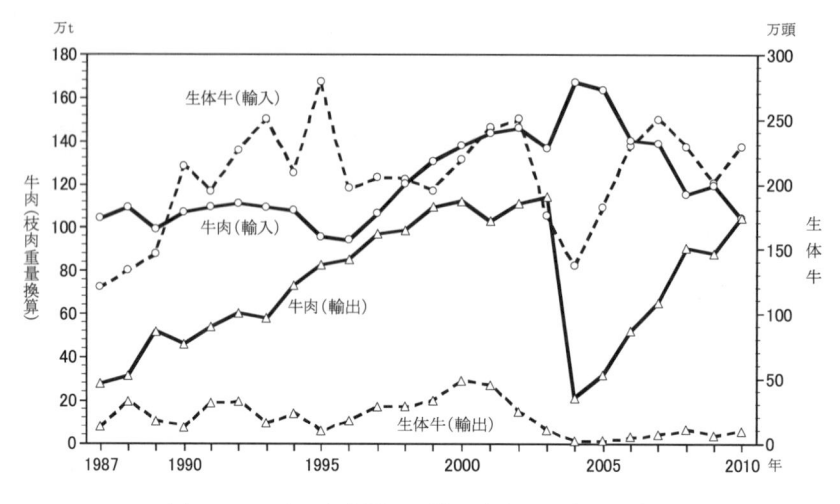

図2　アメリカ合衆国における牛肉・牛貿易の推移
USDAの資料より作成

2000年では36%まで低下した。これは、1980年代後半以降、牛肉の輸入が急増したからであるが、国産牛肉の供給量が大幅に落ち込んだということではない。国産出荷量は、ピーク時に比べるとやや少なくなっているものの、近年は50万t前後で推移しており、それほど生産は減少していない。輸入牛肉は、主として牛丼・ハンバーガー・焼き肉といった外食チェーンにおいて、食材として利用され、低価格で供給されて需要が増大してきた。かつて、牛肉は高価なハレの日の食べ物であったが、学生やサラリーマンの安上がりの昼食として食べられるようになった。

世界最大の牛肉生産・消費・輸入国

アメリカ合衆国は、世界最大の牛肉生産国であり、生産量は世界全体の5分の1を占めている。同時に、世界最大の牛肉消費国であり、ファストフードのハンバーガーはアメリカ文化の象徴でもある。

FAOの統計によると、アメリカ合衆国において、1人あたりの年間牛肉消費量は、2003年現在で31.0kgである。日本ではBSE発生前の2000年がピークで7.6kgで、2004年には5.6kgに減少したが、アメリカ合衆国ではBSE発生後も、牛肉の消費量はほとんど変化がなかった。このように、1人あたりの消費量が多く、3億人を抱えるアメリカ合衆国は、日本以上の牛肉の輸入国でもある。2010年の輸入量は、約104万tで、BSEの発生によって輸入量が減少した日本を大きく上回っている。アメリカ合衆国は牛肉を輸出していながら、なぜ大量の輸入も行っているのかというと、オーストラリアやニュージーランドから、低品質で安価な牛肉が大量に輸入されているからである。こうした輸入牛肉は、ハンバーガーなどの加工用に利用されている。

1980年代後半以降、日本の貿易自由化が進展したことや、NAFTA（北米自由貿易協定）の発効によってカナダやメキシコ向け輸出が増加したことで、アメリカ合衆国は輸出国としても、オーストラリアに次いで第2位の地位にあった。しかし、BSEの発生によって、日本や韓国などが輸入を停止したため、

アメリカ合衆国の輸出量は激減した。この間に、新興農業国（NACs）とよばれる国の一つであるブラジルが躍進した。こうした中、韓国FTA（自由貿易協定）の交渉の過程で、アメリカ合衆国からの牛肉輸入規制は緩和されてきた。若い牛はBSEの発症リスクが低いため、日本はアメリカ合衆国からの牛肉輸入を20か月齢以下に制限してきたが、TPP（環太平洋経済連携協定）の交渉を控え、アメリカ合衆国の要求に応える形で、制限の緩和が行われつつある。

グローバル化する牛肉

アメリカ合衆国で最初に発見されたBSE感染牛は、子牛の時にカナダから入ってきた。アメリカ合衆国は牛肉だけではなく、生きた牛についても巨大な輸入国である。2010年現在では228万頭が輸入され、106万頭がカナダから、122万頭はメキシコからとなっており、アメリカ合衆国で飼養されている肉用牛の1割近くが外国生まれということになる。

アメリカ合衆国においては、フィードロットで肥育された牛は、パッカーに送られ、巨大な牛肉加工場で屠殺されたのち加工されている。アメリカ合衆国の食肉産業は寡占化が進み、1990年代初めにはIBP、コナグラなど上位4社で流通量の8割を占めるようになった。しかも、この屠畜プラントはカンザス州などのグレートプレーンズに地域的にも集中している。こうした州はクローズドショップとユニオンショップを認めない労働権法が存在し、労働組合組織率がきわめて低く、賃金を低水準に抑制することが可能であった。そのため、こうした工場で働いているのは、東南アジア系やヒスパニックの移民である。

日本の牛丼チェーンである吉野家は、アジアやアメリカ合衆国を中心として、海外にも2006年現在で269店舗展開している。そうすると、台湾で日本人観光客が食べている牛丼は、カナダ生まれの牛がアメリカ合衆国でベトナム系移民によって加工された牛肉かもしれない。

2000年7月から、生鮮食品の原産地表示が義務づけられた。偽装されているかもしれないが、とりあえず消費者は販売されている牛肉が輸入品であるか国産品であるかを知ることができるようになった。しかし、日本においても量はそれほど多くはないが、生体牛が輸入されており、こうした牛も長期間肥育されれば、「国産牛」として堂々と販売することが可能である。グローバル化した現代では、地名と産物がストレートに結びつかなくなってきており、生産・流通・消費さらには廃棄・リサイクルまで含めて考えていくことが重要である。

（高柳長直）

参考文献
・新山陽子（2001）『牛肉のフードシステム―欧米と日本の比較分析―』日本経済評論社
・矢ケ﨑典隆・斎藤功・菅野峰明編著（2006）『アメリカ大平原―食糧基地の形成と持続性―』（増補版）古今書院

トピックス7

アメリカの中のアジア
— リトルサイゴン —

急増するアジア系の新移民

　アメリカ合衆国では1960年代に移民法が改正された結果、主にメキシコ・中米およびアジアを出身地とする新たな移民が増加した。その典型ともいえる南カルフォルニアのロサンゼルス都市圏（ロサンゼルス郡とオレンジ郡）において、2010年センサスでは、ヒスパニック系が約40.7％、アジア系が約15.8％を占めるにいたった。新移民の流入が顕著なこの2郡で、1970年代以降、増加率が最大の集団はアジア系である。アジア系のなかでは、1970年までは日系人口が最大であったが、1980年には中国系が最大集団となり、現在は中国系に次いでフィリピン系、韓国系、ベトナム系、インド系、日系の順となっている。そのなかにはインドシナ半島からの難民も多く含まれている。

　ロサンゼルスの都心部には、第二次世界大戦前に形成されたチャイナタウンやリトルトーキョーなどのエスニック・タウンが現在もある。一方、1970年代以降のアジア系新移民の急増は、郊外における新興エスニック・タウンの立地を促した。ここでは、ロサンゼルス大都市圏の郊外部に立地する新興エスニック・タウンとしては最も規模が大きいベトナム系のリトルサイゴンに着目し、アメリカ合衆国の中のアジアをのぞいてみよう。

難民としてアメリカへ

　1975年のベトナム戦争終結後、アメリカ合衆国は直ちに難民の受け入れを開始した。カリフォルニア州やフロリダ州など、4か所の軍事基地に難民収容施設が開設された。初期に入国したベトナム系の多くは、親米派で社会階層の比較的高い人々であったといわれている。しかし、1980年前後からは、都市生活者や農民、華人など、多様なベトナム系がボートピープルとして流入した。その後、ベトナム系は、アメリカ合衆国において最も増加率の高い移民集団の一つとなり、2005年で全米に約150万人のベトナム系が居住している。

　連邦政府は、当初、難民を国内に分散居住させようとしたが、難民施設に収容された約15万人の三分の一がカリフォルニア州南部のオレンジ郡に定住することになった。その理由として、オレンジ郡の住民や教会などがスポンサーとして積極的に協力したこと、温暖かつ少雨の気候条件が好まれたこと、低家賃住宅が存在したこと、電子機器組み立て工場や衣料品製造工場などが郊外に立地し雇用機会が得られたこと、公共交通の便が比較的良かったことなどがあげられる。

リトルサイゴンのエスニック景観

　ロサンゼルス国際空港から高速道路405号線に乗って南東方向に走り、オレンジ郡に入ってまもなくするとウエストミンスター市になる。ここにリトルサイゴンがあり、その中心は東西に走るボルサ通りとウエストミンスター通りである。

　1977年にベトナム系が経営する店舗はわずか2店舗であったが、1982年までに6つのベトナム系ショッピングセンターと400以上の商店・オフィスが開設された。図1はベトナ

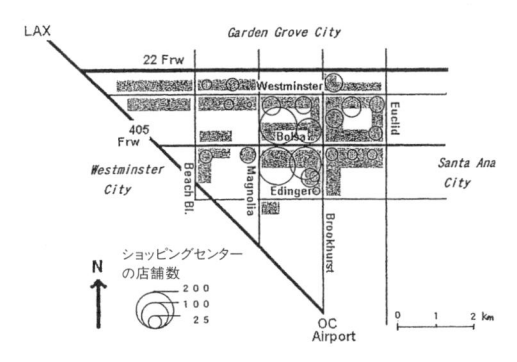

図1　リトルサイゴンの商業地区

ム系商業施設のおおよその分布を示している。東西約6km、南北約4kmに広がり、とくに東西に走るボルサ通り沿いに大型ショッピングセンターが集中している。「ベトナムタウン」という商業的ホームページによれば、23のショッピングセンターがあり、店舗数は約200を数える（2003年、http://www.vietnamtown.com/）。広い街路や駐車場に囲まれた商業景観は、一見アメリカ合衆国の一般的な郊外型ショッピングセンターとかわらないが、ベトナム語と漢字がベトナム系や華人のテリトリーであることを主張している。ショッピングセンターの門や建物には独特のデザインが見られ、福禄寿や関羽像なども祀られている。

　リトルサイゴンにみられる営業施設の種類をみてみよう。日常生活に必要な商品・サービスはすべて提供され、本国のビデオや書籍、貴金属などの高級品、病院や法律事務所などもそろっている。業種構成や商品の種類、行き交う人々は、リトルサイゴンがベトナム系住民の消費・生活の場であることを示す。詳しく観察すると、たとえばベーカリーが多く、クロワッサンやフランスパン、シュークリームなどが必ず売られており、フランス文化がここにも移植されていることに気づく。また、

フォーと呼ばれるベトナム独特のヌードルやカラフルなソフトドリンクを売るファストフード系の店も目につく。スーパーマーケットには、多種多様な米やライスペーパーをはじめとする豊富なベトナム食材が売られている。近年、都市部にはベトナム料理店がかなり進出しており、ベトナムの食文化がアメリカ社会に受容されつつある。

ベトナム系エスニック・コミュニティ

　リトルサイゴンおよびその周辺には、ベトナム系の団体・組織やテレビ・ラジオ・新聞などのメディアがあり、ベトナム系エスニック・コミュニティの存在が認識できる。それを象徴的に示すのが宗教施設や墓地である。リトルサイゴンの東にあるベトナム系キリスト教会には独特の建築様式やマリア像がみられ、そこでは宗教活動だけでなく、ヨガや英語教室など多様な活動が行われている。

　ベトナム系は他のアジア系集団に比べ、ベトナム本国生まれの人口と英語が話せない人口の割合が高い。したがって、彼らはエスニック・コミュニティへの依存度が高く、生活する上でエスニック・タウンが近隣に存在することが重要となる。同時にリトルサイゴンは、ベトナム語での就業機会やビジネスの場を提供している。ショッピングセンターの関羽像や孔子像は、ベトナム系華人のビジネスの場であることをも認識させる。

　現段階では、日本やアメリカ合衆国の観光ガイドブックにリトルサイゴンが掲載されることは少ない。しかし、リトルサイゴンにはカリフォルニア以外から多くのベトナム系が訪れる。その意味では観光地としての機能が今後強化されていく可能性がある。

（椿　真智子）

【5章　南北アメリカを調べる】

5.2　カナダ
―日系社会に着目して調べる―

1．多様性の国・カナダ

　日本人にとってカナダは、海外旅行や語学留学、ワーキングホリデー、ホームステイ先として人気が高いが、隣国のアメリカ合衆国に比べると情報量は圧倒的に少なく、その実態はあまり知られていない。フロンティア開拓の経緯や移民国家・多民族社会であることなど、カナダはアメリカ合衆国とよく似た特徴をもつ。一方、18世紀後半にはイギリスの植民地支配が強まり、長年イギリスの影響を強く受けてきたことや、ケベック独立運動に象徴されるフランス系の存在など、アメリカ合衆国とは異なる点も多い。「カナダ」の名の下で連邦が結成されたのは1867年であり、白と赤地の中心にメープルリーフ（砂糖楓の葉）がデザインされた現在の国旗が制定されたのは1965年であることから、カナダは意外に若い国でもある（図1）。国名や国旗の制定・変更と政治・社会的背景に注目してみるのもおもしろい。

　カナダ全体を把握する際にまず着目すべき点は、日本の約27倍、ロシアに次いで世界第2位という広大な国土を背景にしたその多様性である。国内は6つの時間帯に分かれ、大西洋岸と太平洋岸では4時間半の時差がある。気候帯は温帯（太平洋岸の西岸海洋性気候）から冷帯、寒帯（北部のツンドラ気候）まであり地域差が大きい。しかし、広大な国土に生活する約3,410万人（2010年）の人口は著しく偏在しており、その約8割はアメリカ合衆国との国境沿いに集中する都市に居住する。一方、北部は石油や天然ガス、鉱物資源などが豊富であり、資源開発がさかんである。

　自然環境の多様性に加え、民族の多様性もカナダの特徴である。現在、総人口の約35%がイギリス系、次いでフランス系が約25%を占める。とくにフランス系はケベック州に集中し、州人口の4分の3にあたることから、ケベックではフランス語やフランス文化の影響が強く、カナダからの独立運動も盛んである。そのほかカナダ全体では、ドイツ、イタリア、中国、ウク

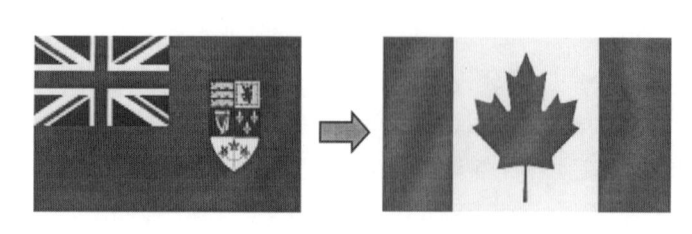

図1　カナダの国旗（1965年以前と以後）
　1965年以前は、英連邦の一員であることを示すユニオンジャックと、ルーツとなった国のシンボルが紋章に描かれていた。紋章の上段左（3頭のライオン）はイングランド、上段右（立姿のライオン）はスコットランド、中段左（アイリッシュハープ）はアイルランド、中段右（3つの百合の花）はフランス、下段はカナダの象徴カエデの葉。新しい国旗の赤と白は1921年に指定された国の色、赤はフランス、白はイギリスの軍旗に由来する。

表1　カナダの民族出自別人口（1～10位）

	単一出自（％*）	複数出自（％**）
回答者総数	18,319,580	12,921,455
British Isles origins	2,548,330(13.9)	8,550,275(66.2)
Other North American origins	5,881,285(32.1)	4,527,450(35.0)
Canadian	5,748,720(31.4)	4,317,570(33.4)
European origins	3,726,655(20.3)	6,193,135(48.0)
English	1,367,125(7.5)	5,202,890(40.3)
French origins	1,256,950(6.9)	3,743,440(29.0)
French	1,230,540(6.7)	3,710,675(28.7)
Scottish	568,515(3.1)	4,151,340(32.1)
Western European origins	1,063,690(5.8)	3,309,060(25.6)
Irish	491,030(2.7)	3,863,125(30.0)
German	670,640(3.7)	2,508,785(19.4)
Eastern European origins	917,665(5.0)	2,080,550(16.1)
Southern European origins	1,439,445(7.9)	1,284,240(10.0)
East and Southeast Asian origins	1,854,090(10.1)	358,250(2.8)
Aboriginal origins	630,425(3.4)	1,047,815(8.1)

＊単一出自回答者数に占める割合
＊＊複数出自回答者数に占める割合
Census of Canada 2006 による

表2　カナダの州別公用語

州公用語	州　名
英語のみ	ニューファンドランド・ラブラドール、プリンスエドワード島、ノバスコシア、オンタリオ、マニトバ、サスカチュワン、アルバータ、ブリティッシュコロンビア
英語・フランス語	ニューブランズウィック、ユーコン準州
フランス語のみ	ケベック
英語・フランス語・イヌイット語	ヌナブト準州
英語・フランス語・イヌイット語など計11言語	ノースウェスト準州

ライナ、先住民、オランダ、ポーランド、インド系などが多い（表1）。アメリカ合衆国と同様に1960年代に移民法を改正した結果、中国・香港を中心とするアジア系の流入が顕著となった。アジア系は、オンタリオ州とブリティッシュコロンビア州に多く居住している。また、1999年には、ヌナブト準州というイヌイット自治州が誕生した。先住民は総人口のわずか3.8％ではあるが、ヌナブトでは約85％を占める。このように、民族の多様性はカナダの州や地域と結びつき、地域主義を生み出してきた。

2．多様性か統一か
―多文化主義の理念と現実―

グローバル化の進展とともに、日本でも定住外国人が増加し続けている。宗教や言語など異なる文化的背景をもつ者同士の理解を深めることは、地理学習の重要な課題である。

多文化主義で知られるカナダの多民族・多文化状況を学ぶことにより、生徒の異文化に対する主体的態度を養うためのさまざまな材料を提供できる。

イギリス系とフランス系の確執や民族の多様性を背景として、カナダ政府は1960年代以降、二言語二文化政策、さらには多文化主義の理念を表明してきた。1971年にトルドー首相は多文化主義をカナダ統一の理念として宣言し、「1982年憲法」には多文化主義の条項が盛り込まれた。人種・民族と文化の多様性を尊重し、政治的平等や経済的機会の均等、人種差別の撤廃、人権尊重などをすすめるさまざまな取り組みが行われてきた。

そうしたカナダの多文化主義を象徴するのは言語・教育政策である。1969年には英語とフランス語が国の公用語となった。また、州レベルでは、それぞれの公用語が設定されている（表2）。実際に話されているエスニッ

ク言語は100以上あるが、センサスによれば全体の約60％が日常的に英語、約23％がフランス語を母語とする。つまり多様な民族・文化の存在や継承が尊重される一方で、現実には英系・フランス系の言語・文化がメインストリームを形成してきた。

多文化主義の実態は、国家間関係や移民の動向、経済的コストなどあらゆる状況を背景に常に揺れ動いている。そこで、かつて日本から移民としてカナダにわたった日系人および日系社会に着目し、多文化主義の国カナダにおけるエスニック・マイノリティとその文化状況について考察してみよう。

3．エスニック・マイノリティとしての日系人

日系人は約8万5千人（2001年）と総人口の約0.3％を占めるにすぎない。ちなみにここで言う日系人とは、形式的にはセンサスにおいて民族的出自に日本人を含むと申告した人々である。つまり、血統や外見・言語・宗教・国籍などの指標によるものではなく、自己規定という主観的判断に基づく。その判断は非固定的なもので個人差も大きい。民族の

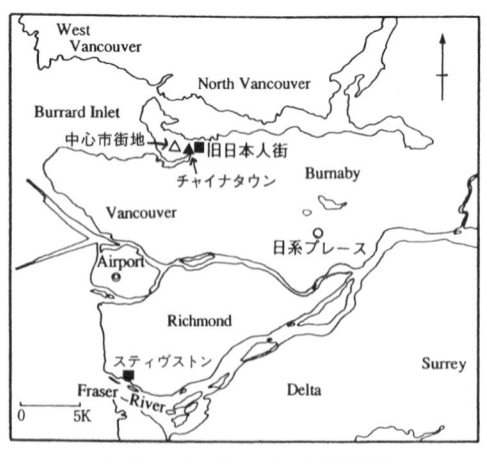

図2　バンクーバー大都市圏

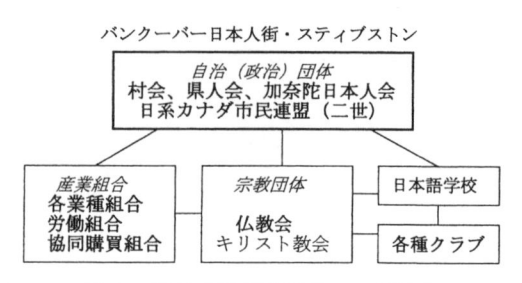

図3　第二次世界大戦前の日系社会

定義が非常に流動的なものであることを確認しておきたい。

日系人の居住地は、現在、バンクーバーを中心とするブリティッシュコロンビア州（日系人口の約42％）と、トロントを中心とするオンタリオ州に集中している。なかでもアジアからの玄関口でもあるバンクーバー大都市圏（以下、バンクーバー）に最も多くの日系人が生活している。

第二次世界大戦前にはバンクーバー市街地東端に、チャイナタウンに隣接して日本人街が形成されていた（図2）。また、サケ漁で有名なフレーザー川河口のスティヴストンには、和歌山県美浜町三尾出身者を中心とする日本人漁業者の集落があった。それらは、日本人会や県人会・村会などを中心とするムラ社会を形成し、産業組合や仏教会、日本語学校なども組織されていた（図3）。1900年代には日本人排斥が強まり、新たな移民が制限されたが、1930年代には既にカナダ生まれが半数を占めていた。

ところが、日本の真珠湾攻撃以降、日本人および日系人は「敵性外国人」と規定され、財産を没収されたうえ、太平洋岸100マイル以東への強制移動やブリティッシュコロンビア州内陸部での労働が課された。すなわち、第二次世界大戦中に日系社会は解体し、日系人は各地に分散することとなった。戦後、一

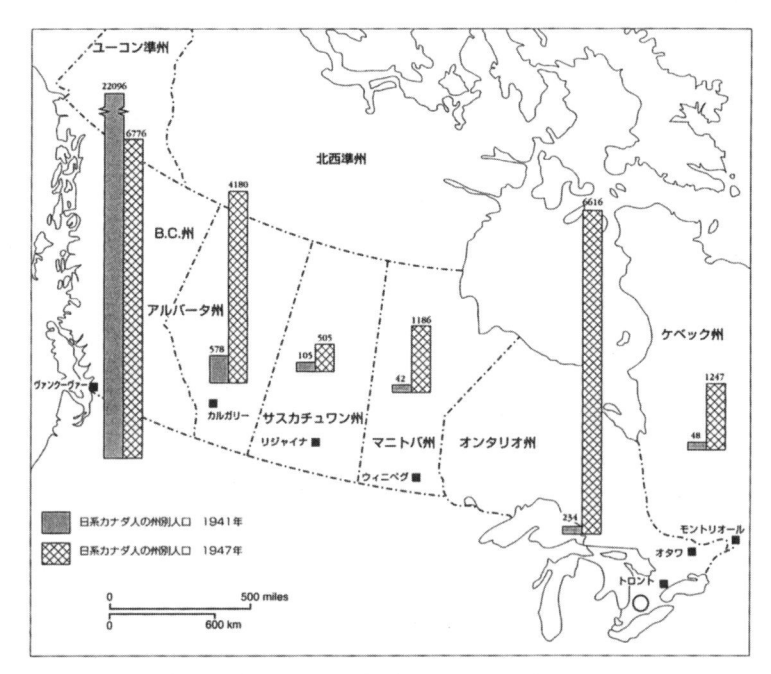

図4　日系カナダ人の州別分布（1941・1947年）
（北西準州から1999年ヌナブト準州が独立）
ロイ・ミキ、カサンドラ・コバヤシ『正された歴史－日系カナダ人への
謝罪と補償－』つむぎ出版による

部の日系人はバンクーバーやスティヴストンに戻ったが、多くは差別や迫害を恐れ、移動先で新たな生活基盤を築いていった（図4）。

日系人が経験した差別や苦労を知ることは、差別・被差別の感情的側面だけではなく、民族や移民の問題が、国際関係やホスト社会の経済構造などと密接に関わることを考えさせるきっかけとなる。

4．日系人の現在

世代交代とともに日系人の生活はカナダ化し、彼らの中で「日系という意識や文化はやがて消滅するのではないか」という声が次第に高まった。それは、日系の近隣コミュニティが存在しないことに加え、次のような日系集団の特徴を背景としていた。たとえば、日系人は教育水準が高く、社会・経済的地位も向上し、構造的同化が進行したこと、インターマリッジの割合が非常に高いこと（とくに35歳以下では9割以上が非日系と婚姻）、他のアジア系に比べて新たなメンバーの流入が少ないことである。ただしバンクーバーでは、戦後移住者（新移民）、ワーキングホリデーや語学留学などの若者の流入が顕著であり、日系人口が増加している。戦後移住者は、移民法が改正された1960年代後半以降増加し、1970年代前半が流入のピークであった。その後、カナダ経済の停滞などにより日本からの移民は減少したが、1990年代には毎年300～500人前後がカナダに移住し、その半分はバンクーバーに流入している。最後に、世代交代に伴う日本語能力の低下が顕著なことがあげられる。

こうした客観的状況からすれば、日系人が

エスニシティを維持せざるを得ない社会的制約はほとんど解消され、日本語や日系文化はカナダ社会へ埋没し消滅してもおかしくないとさえ感じられる。そこで、バンクーバーにおける日系文化の実態について、文化活動・実践の拠点や媒体となる組織・活動に注目してみよう（椿 2002）。

5．日系社会における文化継承

バンクーバーでは、現在、日本語学校・日系メディア・宗教組織・日系コミュニティ組織・各種クラブ・県人会・ボランティア組織などを中心に、多様な日系文化の実践がみられる。マイノリティとしての日系社会がどのように社会・文化的基盤を再生・継承してきたのか、その代表的な組織や活動を事例に考えてみたい。

(1) 日本語学校

日本語学校は2001年現在で16校存在し、個人教室も含めればその数はさらに多い。戦前からの2校に加え、1970年代に7校、1980年代には11校が開校した。1906年に設立されたバンクーバー日本語学校では、日本語学習のみならず、正月・節句・七夕・もちつき大会などの年中行事や習字、折り紙、各種イベントなど、子どもとその家族が日本の文化に触れ学ぶさまざまな機会を提供している。行事やイベントでは、必ず手作りの海苔巻き・まんじゅうなどが振るまわれる。日本の「伝統」文化が、カナダ流ではあるが、日本以上に継承されている点が興味深い。ただし生徒のうち半数が非日系の学校もあり、そこは、日本語および日系文化を核とした日系・非日系の交流の場でもある。日本語への関心が、

表3　バンクーバー大都市圏における日系メディア（2005年）

	タイトル	使用言語	発行開始	発行頻度
日系団体	日系市民協会「月報」the Bulletin	英・日	1958	月1回
	移住者の会「会報」*1	日	1977	月1回
	日系プレースニュース Nikkei Place*2	英・日	1995	月1回
	カナダ日系博物館 Nikkei Images*3	英	1996	年1回
	バンクーバー日本語学校「がっこうニュース」	日・英	戦後	年4回
	隣組「月報」*4	英・日	1978	月1回
新聞	バンクーバー新報	日	1979	週1回
	（カナダ時報*5）	日	1994	週1回
一般情報誌	アドバルーン	日	1985	月2→1回
	カナダジャーナル	日	1992	月1回
	ふれいざー	日	1992	月2→1回
	Oopsうっぷす	日	1998	月2回
	バンクーバートゥナイト	日	1996	月1回→年4回

＊1、2、3、4は日系市民協会「月報」に統合
＊5は現在発行されていない

日系や戦後移住者の子弟のみならず、日系以外にも広がってきたことを示している。

(2) 日系メディア

バンクーバーではテレビやラジオの日本語放送をはじめ、日系新聞・情報誌など多様な日系メディアがあり、日本の情報もリアルタイムで提供されている（表3）。日系メディアの発行開始時期は1970年代後半と1990年代に集中しているが、これはその活動に戦後移住者が多く関わっているためである。近年では、とくに戦後移住者や短期滞在者向けの日本語情報誌が増加している。

なお、エスニックメディアは、多民族社会を学習する際のおもしろい材料となる。カナダや日本でも各エスニック集団が新聞や情報誌、ディレクトリー（住所録・職業別電話帳）などを発行し、無料で入手できるものも多い。近年はインターネット上でも、そうした情報を手軽にみることができる。

(3) 仏教会

第二次世界大戦前に多くの日本人が移住した国や地域では、浄土真宗をはじめとする寺院があり、現在も葬式や法事などをはじめ、さまざまな活動の核となっている。バンクーバー仏教会（浄土真宗系）では、日曜学校で日本語・英語別にクラスが開かれ、法話なども行われるほか、日本語や盆栽・華道・書道・墨絵などの教室が開設されている。メンバーの3分の1を占める非日系は増加傾向にあり、日系高齢者と非日系および日系の若い世代とが分化する傾向も出てきた。

(4) 県人会および文化・スポーツ・親睦団体

三尾村村会を母体とする和歌山県人会のような伝統的組織が存続する一方で、1970年代以降には文化・スポーツ団体が、1990年代には親睦団体が多く組織された（表4）。文化団体は若干減っているが、依然として日本の伝統文化を基調とした活動が多く、スポーツでは空手・剣道を筆頭に数が増加している。武道はとくに人気があり、非日系の増加が著しい。また近年は、日本語による女性や短期滞在者向けのサポートが重視されつつある。

(5) パウエル祭

1977年の日系移民百周年以降、戦前に日本人街のあったパウエル街で毎年8月に日系最大のお祭りが開かれる。メイン会場では、御輿・相撲・綱引き・祭り踊りや、各日系団体による武道・和太鼓・合唱・日本舞踊などが披露される。出店や旧日本人街散策ツアーなどもあり、日系の各世代のみならず非日系も多数参加している。参加者がそれぞれの「日系文化」を表現し共有できるシンボリックな「場」である。

以上のように日系文化は、さまざまな組織や活動を基盤として現在も実践されている。戦後移住者の増加は、文化・スポーツ団体や日系メディアの活動を活発にし、多様な文化継承の場を生み出した。その文化継承は、いまや日系人に限定されず、エスニック集団という枠組みを超えた多様な担い手により実践されている。こうした背景には、1970年代以降の多文化主義政策の進展や、1980年代以降の日加経済関係の強化に伴う日本や日本語への関心の増加などが影響していることはいうまでもない。各メンバーは、それぞれの目的や関心に基づき選択的・主体的に活動へ参加し、全体として日系文化を継承・創出している。

表4 バンクーバー大都市圏における日系文化・スポーツ活動団体数

文化活動	1978	1985	1996	2001年	スポーツ活動	1978	1985	1996	2001年
俳句・川柳	4	2	1	1	ボーリング	7	3	0	0
日本舞踊	4	4	2	1	カーリング	1	1	0	0
詩吟	3	3	2	2	ゴルフ	3	2	0	0
囲碁・将棋	2	2	2	2	柔道	2	5	2	3
スケッチ	2	2	0	0	空手	2	3	7	9
社交ダンス	1	1	0	0	剣道	2	5	3	5
盆栽	1	1	2	2	少林寺拳法	1	1	1	1
書道	1	1	0	0	合気道	0	0	4	3
合唱	1	1	2	2	ゲートボール	0	0	1	1
華道	1	1	1	1	相撲	0	0	0	1
茶道	1	1	2	2					
琴	1	1	0	0					
砂絵	1	1	0	0					
墨絵	1	1	0	0					
紙人形	0	1	0	0					
和太鼓	0	1	2	3					
演劇	0	1	2	1					
語り部	0	0	0	1					
計	24	25	16	18	計	18	20	18	23

移住者の会編1978・1985年『便利帳』、1996年『日系ビジネスディレクトリー』、1996年『タウンページ』、2001年『ダイヤルバンクーバー』『ハローページ』他により作成

6. 日系社会の新展開

　第二次世界大戦後、日系社会を統合する強力な組織はなく、とりわけカナダ生まれの日系と戦後移住者との積極的融合は見られなかった。しかし、2つのターニングポイントを経て日系社会は大きな変化を遂げた。それはまず1977年の日系移民百周年記念行事である。さまざまな作業を通して、一世や二世が戦前や戦争中の体験を語り、日系の若者が日系の文化や伝統に触れ、日系であることの意味を問う機会が戦後初めて訪れた。このことは、その後、戦中の日系人に対する不当な処置に対し政府の謝罪と補償を求めるリドレス（Redress）運動に結びついた。第2の出来事は、1988年にそのリドレスが成立し、カナダ政府が過ちを認め、日系個人に21,000ドル、日系コミュニティに1200万ドルの補償が行われたことである。リドレスの成立は、一世や二世に日系人としての誇りと自信を回復させ、3世や4世に日系アイデンティティを再認識させる契機となった。

　同時に、補償基金という経済的基盤を得て、各地で日系コミュニティセンターや文化センター、記念公園などが建設された。さらに日系関係資料の保存・調査活動や、日系高齢者に対する活動も本格的に着手され始めた。バンクーバー大都市圏では、長年の懸案であった「日系プレース」（日系ヘリテージセンター、日系博物館、各日系コミュニティ団体のオフィスなどを含む複合施設、日本式庭園・高齢者向けホームを併設）が2000年に開設された。日系プレースは今後も日系コミュニティの核として、さらにエスニックを問わず多様なメンバーによる日系文化継承の場として機能する可能性を持つ。

　日系組織・活動を核として実践されてきた文化継承は、次のような機能を果たしている。それは、日系社会における日系（伝統）文化の維持・継承・創造、エスニック・アイデンティティの共有、日本語コミュニケーションの場の提供と、カナダ社会における日系文化の紹介・情報発信、エスニック集団間の相互理解の促進である。こうした文化状況は、ホスト社会の政治・経済状況、エスニック集団間の関係、国家間関係、地域や社会を構成する多様な要素と密接に関わる点できわめて地理的な題材であり、主体的人間の行動や認識にもアプローチできるテーマである。

　　　　　　　　　　　　　　　（椿　真智子）

参考文献
- 綾部恒雄・飯野正子編著（2003）『カナダを知るための60章』明石書店
- 小塩和人・岸上伸啓（2006）『アメリカ・カナダ』朝倉世界地理講座13，朝倉書店
- 佐々木敏二編著（1999）『日本人カナダ移民史』不二出版
- 椿　真智子（2002）カナダ・バンクーバー周辺の日系社会と文化継承．地理47(10)，pp.30-36．
- 日本カナダ学会編（1997）『史料が語るカナダ―ジャック・カルチェから冷戦後の外交まで：1535-1995年』有斐閣
- 林　上（2004）『現代カナダの都市地域構造』原書房
- ロイ・ミキ、カサンドラ・コバヤシ（佐々木監修，下村・和泉訳）（1995）『正された歴史―日系カナダ人への謝罪と補償―』つむぎ出版
- 山田千賀子（2000）『カナダ日系社会の文化変容―「海を渡った日本の村」三世代の変遷―』御茶の水書房

> メソッド12
>
> # Google Earthで世界を見る

Google Earthの楽しさ

Google Earthは2005年からGoogle社が配布している地球儀ソフトで、Google社のHPから日本語バージョンを無料でダウンロードすることができる（http://www.google.co.jp/intl/ja/earth/download/ge/）。

Google Earthを開くと、地球儀が表示される。見たい場所にたどりつくには、画面左上の検索で施設名称や住所を入力するか、画面右端の操作ボタンでズームや回転させたり、カーソルを地球儀に当てて移動したりする。

たとえば、パナマ運河付近では閘門を多くの船舶が通行している様子を見ることができる。パナマ運河の閘門の長さや幅に合わせて建造されたパナマックス規格の貨物船が、水路一杯にぴったり収まっている様子が観察できる。カーソルを水面に当てて移動させると、閘門を越えるたびに画面下の標高表示が変化し、閘門による高低差が実感できる。さらに、ズームして右上の矢印ボタンで視点を下げ、地平線が見える状態にすると、自分が運河を通過しているような感覚が味わえる。

この他、センターピボット灌漑が盛んなアメリカ合衆国のグレートプレーンズやサウジアラビアでは、円形の農地が整然と並んだ様子が、オーストラリアのピルバラやブラジルのカラジャスでは鉄鉱石の露天掘りや鉄鉱石を運搬する長大な貨車の列が観察できる。

新旧画像で地域の時系列変化を見比べる

Google Earthでは時計アイコンを押すことで過去の画像も見ることができる。たとえば、エルサレム北東の集落ヒズマの場合、2003年11月23日の画像では何もなかったところに、2004年12月31日の画像ではイスラエル政府により分離壁と検問所が建設されたことが確認できる。さらに、右下にあるレイヤのうち、写真（Panoramio）にチェックを入れると、画面内に写真アイコンが表示される。このアイコンを押すと、Google Earth利用者による投稿写真（アイコン位置が撮影地点）が閲覧でき、地域の様子がより具体的に理解できる。

（立川和平）

参考文献

・後藤和久（2008）『Google Earthで見る地球の歴史』岩波書店

視点を下げた画面の例（ガトゥン閘門）

投稿写真（ヨルダン川西岸のHizma check point）

トピックス8
フランス系カナダ人とカナダの言語事情

フランス系カナダの形成

「ボンジュール！」さて今日の昼食はどうしようかと、旧市街にあるレストラン街の石畳を歩いていると、メニューを手にした客引きの女性が微笑みながら声をかけてくる。しかし、ここはパリではない。一般には英語圏と考えられているカナダの一都市、モントリオールである。1976年には夏季オリンピックが開催され、国際ジャズフェスティバルや国際映画祭でも名高いこの都市は、カナダでフランス語を母語とする住民がもっとも多いケベック州に位置している。

現在のカナダの領域にフランス人が入植を始めたのは17世紀初頭にさかのぼる。フランス人はまず現在のノヴァスコシア州に入植し、さらにその後、それとは別に、セントローレンス川流域にヌーヴェル・フランス植民地を建設した。しかし、フランスはイギリスとの間の植民地抗争にやぶれ、最終的には七年戦争（1756〜1763年）の講和条約であるパリ条約によって、ごく一部の小島などをのぞいて、ヌーヴェル・フランスをはじめとする北米の植民地をすべて失うことになる。新しい支配者となったイギリスは当初フランス人入植者を同化する政策の導入を意図していたが、アメリカ独立革命の動きもあり、ケベック法（1774年）によってフランス的諸制度の存続を認めた。そしてアメリカ独立革命の際にロイヤリストとよばれるイギリス王室に忠誠を誓う人々が大量に流入したことによって、のちのカナダ（1867年成立）の領域における言語・民族別人口構成は大きく変化した。少数派としてのフランス系カナダ人の起源はこの時点にある。

ケベック州においては、人口面ではフランス系カナダ人が当時から現在に至るまで圧倒的な多数派である。しかし、1950年代に至るまでカトリック教会の影響は絶大で、フランス系カナダ人の多くは農民または都市の下層労働者であり、カナダ連邦とケベック州の経済は主にモントリオールに居住するイギリス系ないし英語系カナダ人に牛耳られていた。モントリオールは1970年代までカナダ第一の都市であったが、富裕なイギリス系住民は西部郊外に高級住宅地を形成した。つまり、フランス系カナダ人はカナダ全土で少数派であるだけでなく、多数派であるケベック州内でも従属的な地位にあった。

静かな革命

こうした状況が一変するのは1960年代に入ってからである。ケベック州では「静かな革命」とよばれる政治・経済・社会の改革が断行され、それまでカトリック教会の強い影響下に置かれていた教育の近代化も進められた。さらに1970年代に入り、フランス語のみを州の公用語とする政策が導入された。その結果、モントリオールの都市景観はフランス語一色となり、地下鉄構内ではパリのそれ以上に英語を見つけることが難しい。また、英語からの借用をできるだけ避けるため、フランスでは使われないフランス語表現もみられるようになった。一方で、州政府主導による急速なフランス語化を忌避して本社機能をモントリ

オールからトロントに移す企業も多く、英語系住民のモントリオールからの流出をもたらしただけでなく、カナダ第一の都市の地位をトロントに譲り渡す一因ともなった。

二言語社会の現実

現在のカナダにおけるフランス系カナダ人の状況は、1960年代までに比べ大きく様変わりしている。カナダ連邦政府は1969年に英語とフランス語とを公用語とし、連邦政府による公的サービスを、カナダ全土で希望するどちらかの言語で受けられるようになった。また、ケベック州以外のほとんどの州では19世紀末以降フランス語を学校の教授言語とすることが禁じられてきたが、現在では少数派言語教育権が憲法で認められ、どの州でも一定の需要がある場合には英語とフランス語のどちらでも学校教育が受けられるようになった。さらに、英語系住民の子弟をフランス語を教授言語として教育するイマージョンといわれる教育制度の発展も見逃せない。これにより、英語系カナダ人のフランス語習得が進み、また、すでに同化され英語しか話すことのできなくなったフランス系カナダ人の子弟も祖先の言語を取り戻すことができるようになった。こうした変化は英語とフランス語の二言語話者の活躍の場を広げることとなり、大都市を中心に二言語話者人口が増加傾向にある。カナダは、すでに必要に迫られて二言語化が進行していたフランス語系カナダ人がフランス語を維持しやすい社会環境になりつつある。

最後に、二つの言語が共存する場所ならではの問題を述べておこう。本稿では、日本での通用の度合いを考慮して英語の発音に従っ

写真1　英語とフランス語とで異なる地名
（カナダ、ノヴァスコシア州）
（2003年9月筆者撮影）

たカタカナ表記をしてきたが、英語とフランス語とで異なる発音をする地名がある。たとえば、モントリオールとは英語読みであり、フランス語ではモンレアルと発音する。また、地名そのものが英語とフランス語とで異なる場合もあるが（写真1）、官製の地図でも英語名のみで示される場合が少なくなく、フランス語名しか知らないと血眼で地図を眺めても見つからないということになる。そして何より、レストランなどでは客がどちらの言語を話すのかを判断するのが難しい。日本人観光客ならケベック州でも英語で話しかけられることがほとんどであるが、冒頭のモントリオールのレストランの客引きも、「ボンジュール！ハイ！」と声をかけてくるのが一般的である。近い将来、日本も多言語社会を迎える可能性があるが、複数の言語が共生する多言語社会というのは、かように気を遣う社会という側面ももつのである。

（大石太郎）

5.3 ブラジル
――コーヒーを手がかりに調べる――

1．コーヒーの生産国と消費国

　コーヒーは日本に住む私たちの日常生活の一部であり、喫茶店・コーヒー店は都市景観の重要な構成要素である。日本は世界各地からコーヒーを輸入しているが、ブラジルは世界最大のコーヒーの生産国であり輸出国である。また、ブラジルに大きな日系社会が形成されるきっかけとなったのはコーヒーであり、コーヒーを通じて日本とブラジルは密接に結びついている。コーヒーに着目することによって、ブラジル地誌にアプローチすることができる。

　統計書によって世界におけるコーヒーの生産と貿易を概観してみよう。表1をみると、世界におけるブラジルの圧倒的な地位を理解することができる。

2．ブームとバストの経済発展

　ブラジルはブームとバスト（不況）を繰り返しながら発展してきたといわれており、コーヒーはブラジル南東部に大きな繁栄をもたらした。すなわち、コーヒーに着目してブラジルの発展を語ることができる。その発展過程を振り返ってみよう。

　ブラジルはポルトガル人によって1500年に発見されたというのが、ブラジル政府公式の見解である。16世紀に入って最初にポルトガルに富をもたらしたのは、ブラジルの木（パウブラジル）であった。大西洋岸の森林地帯に自生するこの木は、大きいもので直径1m、高さは10～15mになり、赤色染料の原料として有用であった。ポルトガル人は、物々交換によって先住民にパウブラジルを切り出させ、それらを交易拠点の港町に集めてポルトガルに送った。ブラジルの木は最初のブームをポルトガル植民地に引き起こした。

　16世紀中ごろから18世紀初頭まで、北東部の海岸地帯ではサトウキビ栽培と砂糖生産が2番目のブームを引き起こした。セズマリアという土地賦与制度に基づいて広い土地が払い下げられ、森林が切り開かれて砂糖プランテーションが形成された。砂糖プランテーションはエンジェーニョと呼ばれ、社会と経済の単位となった。当初は先住民が労働力として使用されたが、先住民人口は激減し、プランテーション経営者たちにとって

表1　世界の主要なコーヒー豆生産国と輸出国（2002年）

生産国	生産量(1,000 t)	%	輸出国	輸出量(1,000 t)	%
ブラジル	2,390	32.5	ブラジル	1,557	26.4
ベトナム	689	9.4	ベトナム	719	12.2
コロンビア	660	9.0	コロンビア	579	9.8
インドネシア	377	5.1	インドネシア	325	5.5
メキシコ	320	4.3	ドイツ	274	4.6
世界合計	7,365	100.0	世界合計	5,898	100.0

『データブック オブ・ザ・ワールド』（二宮書店）による

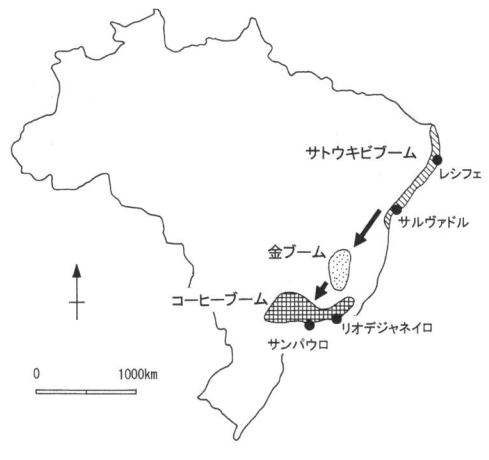

図1　ブラジルにおける経済中心地の移動

彼らは頼りになる労働力ではなかったため、17世紀はじめまでにはアフリカ人奴隷はプランテーション経営にとって重要な存在となった。こうして、砂糖生産のためのエンジェーニョは、その後のブラジルの社会と経済の構造を決定するうえで重要な存在となった。なお、北東部の内陸地帯はセルトンと呼ばれる半乾燥地帯であるが、ここには大土地所有制に基づいて大牧場（ファゼンダ）が形成され、粗放的牧畜が展開した。17世紀中ごろにピークを迎えた砂糖経済の繁栄は、18世紀に入ると、西インド諸島における新しい砂糖生産地域の台頭によって衰退への道を歩み始めた。

第3のブームは、17世紀末にブラジル高原（ミナスジェライス南東部）で金が発見されたことによって始まった。1694年から19世紀初頭にかけて、ゴールドラッシュにわいたこの地域に、北東部からサンフランシスコ川に沿って人々、家畜、奴隷などが移動した。砂糖経済は衰退の兆しを見せており、経済の中心は北東部の沿岸からブラジル高原へと移動することになった。金のほかにもダイヤモンドやほかの宝石がたくさん産出された。この地域における人口増加と経済発展にともなって、外港としてのリオデジャネイロが発展した。18世紀に入ると鉱山地帯とリオデジャネイロが鉄道によって結ばれた。経済の中心地の移動を象徴したのは、植民地の首都が1763年に北東部のサルヴァドルからリオデジャネイロに移転されたことであった。

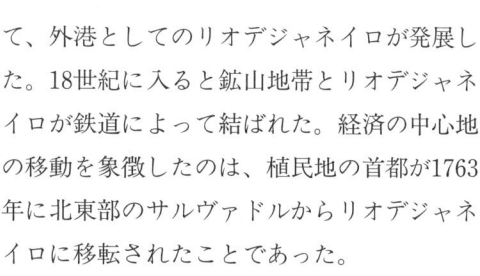

ブラジル南東部で18世紀末から展開したコーヒー・ブームは、第4のブームであった。コーヒー農園の経営は大土地所有制を基盤としており、コーヒー栽培にともなって内陸部の農業開発が進んだ。労働力としては、はじめはアフリカ系奴隷が重要であったが、19世紀末からはイタリアや日本からの移民に依存するようになった。すなわち、移民の流入とコーヒー栽培は密接に関連していたわけである。コーヒー地帯は内陸に展開したが、霜害のために、パラナ州北部から南ではコーヒーは栽培されなかった。このようなコーヒー生産地域の形成と移動については、あとから検討することにしよう。

さらに二つの副次的ブームが発生した。その一つは、1890年代から1930年代まで南部（リオグランデドスールやサンタカタリナ）で展開した。ここにはドイツ人移民やイタリア人移民などが流入して小農経済が根を下ろした。ブルメナウやカシアスドスールなどは、それぞれドイツ系とイタリア系の文化のかおりを今にとどめている。

もう一つのブームは、アマゾン川流域で1840年代から1920年代にかけて展開した天然ゴム経済の繁栄であった。これは天然ゴムの木から樹液（ラテックス）を採取して輸出する経済であり、とくにマナウスに大きな繁栄をもたらした。しかし、東南アジアでゴムプランテーションが発展すると、アマゾンにおける天然ゴムの時代は幕を閉じることになっ

た。

　以上のように、ブームとバストを繰り返しながら経済の中心が移動した。コーヒー・ブームは、今日のブラジルを考察するうえで重要なブームであるとともに、社会や経済の中心をなす南東部の地域性を検討するためには不可欠な題材である。

3．コーヒーの生産地域

　アフリカ原産のコーヒーがアメリカ大陸に導入されたのは1720年ころだとされる。コーヒーの苗木と種子は、1727年にフランス領ギアナの首都カイエンヌからアマゾン下流域のパラに持ち出された。ブラジルにおける最初のコーヒー栽培はアマゾン川下流部で行われた。

　南東部でコーヒー栽培が進展するきっかけとなったのは、1761年にコーヒーがリオデジャネイロに導入されたことであった。リオデジャネイロはブラジル高原における金ブームで繁栄し、商人が富を蓄積した。しかし、金の産出量が減少し始めると、リオデジャネイロの商人はコーヒーの輸出に着目するようになった。コーヒーは当初は地元消費用にグアナバラ湾の周辺部で小規模に栽培されていたが、新しい輸出用作物としてコーヒー栽培が奨励された。18世紀末までにはコーヒーの輸出も始まった。19世紀初頭までには、リオデジャネイロ周辺部のほかにも、サントスから北東方向の海岸に沿ってコーヒーが栽培されたが、雨量の多い海岸地域は適地ではなかった。

　リオデジャネイロから内陸に向かう道路に沿ってコーヒー栽培が盛んになったが、もっとも重要な生産地域となったのは、リオデジャネイロ西部からサンパウロ南東部にかけて

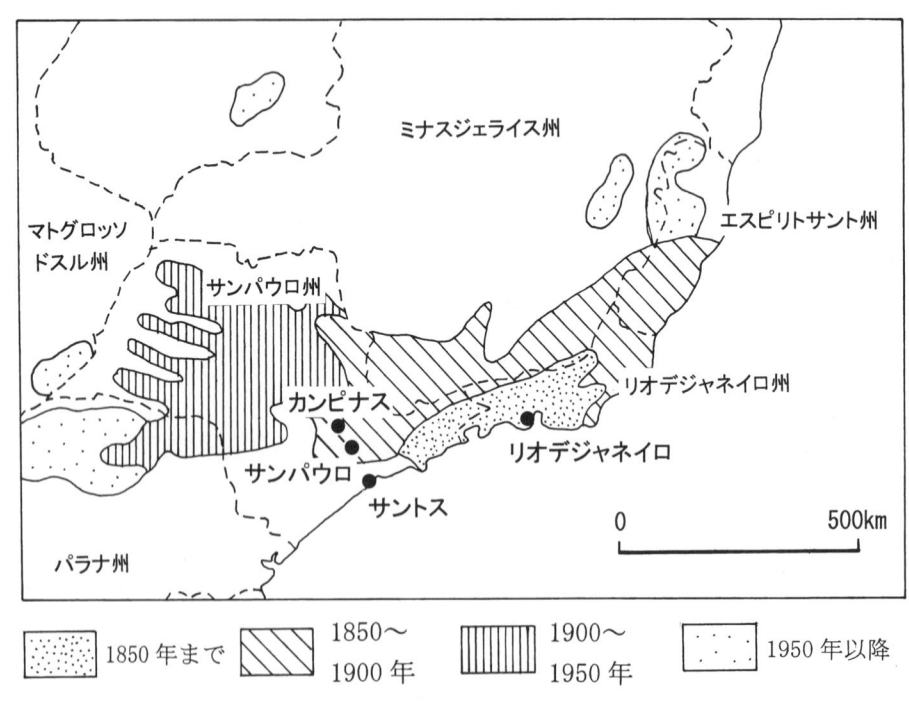

図2　ブラジルのコーヒー生産地域
J. A. Rodriguesによる

のパライバ川流域であった。1822年にブラジル帝国が独立し、海外におけるコーヒー需要が増大するにつれて、ブラジルのコーヒー生産が増加した。その中心をなしたのがパライバ川流域の大規模農園であり、1830年代までには最大の生産地域に発展していた。リオデジャネイロがコーヒー積出港であった。

パライバ川流域におけるコーヒー栽培には二つの特徴がみられた。一つは、サトウキビ栽培のために開墾された土地にコーヒーが導入されたことであり、ここでは原生林の伐採は不要であった。また、コーヒー地帯は、裕福な大土地所有者と奴隷あるいは小作労働者によって構成されていた。19世紀半ばにパライバ川流域のコーヒー生産はピークに達したが、土壌条件に本来恵まれなかったため、コーヒー樹あたりの収量が著しく低下した。安価な土地が十分に存在したので、生産性が低下すると古い農園が放棄され、新しい地域へと移動した。土地に対する愛着と執着は希薄であったので、富を追及して、コーヒー農園の立地移動は活発であった。こうして、パライバ川流域からサンパウロの内陸のカンピナス地域へと中心が移動しはじめた。1850年ころからはサンパウロ内陸部でコーヒー生産が急速に発展し、1860年から1880年にかけて、カンピナス地域におけるコーヒー生産が全盛期を迎えた。19世紀半ばにはブラジルは世界最大のコーヒー生産国になっていた。

カンピナス地域を拠点として、コーヒー地帯は鉄道路線に沿って内陸を開墾しながら北へ、北西へと拡大し、テラローシャ地域の開発も進んだ。1880年以降、サンパウロのコーヒー樹数は急増した。1880年には1億1千万本、1890年には2億2千万本、1900年には5億3千万本、1920年には8億4千万本を数え

た。このような増加は開拓前線の進行にともなう新しいコーヒー地帯の形成によってもたらされた。1930年代からは、パラナ州北部にもコーヒー地帯が拡大し、その後、ミナスジェライスにも拡大した。ただし、このような急速なコーヒー・ブームによって、生産過剰が引き起こされることになった。

リオデジャネイロからパライバ川流域に展開したコーヒー農園では、労働力としてアフリカ系奴隷が重要であったが、1850年に黒人奴隷貿易が禁止され、1888年に奴隷制が廃止されたことによって、コーヒー農園は大きな打撃を受けた。一方、サンパウロ内陸の新興のコーヒー農園では、奴隷が高価であったため、住み込み労働者や移民に依存した経営が行われた。1870年代から移民を積極的に受け入れ、とくにイタリア系移民はコーヒー農園の契約労働者（コロノ）として重要であった。1908年に始まった日本人のブラジル移住の歴史は、コーヒー農園における労働力不足を補うために、契約労働者として日本人が受け入れられたことによって始まったわけである。

4．日本人移民とコーヒー

ブラジルはポルトガル植民地から独立した国であるが、ここにはポルトガル人を含めて多様な人びとがヨーロッパから流入した。しかし、アジアからの集団的な移住は、コーヒー経済を維持することを目的としていた。日本からの移住は、1908年に笠戸丸による集団的な移住によって始まった。アメリカ合衆国では、サンフランシスコの学童隔離事件を契機として日米紳士協定（1907年）が結ばれ、アメリカ合衆国への渡航の自主規制が行われるようになった。第一次世界大戦の勃発によってヨーロッパ諸国からの移民の流入が停止

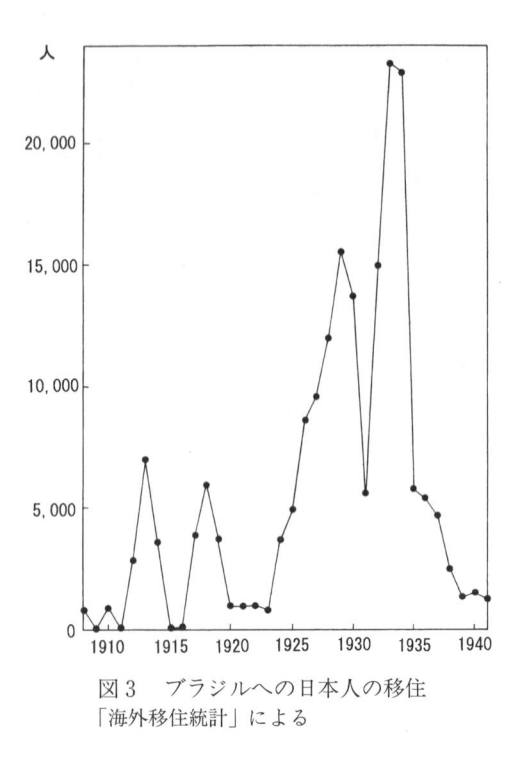

図3　ブラジルへの日本人の移住
「海外移住統計」による

すると、コーヒー農園の契約労働者としての日本人移民に期待が高まった。さらにアメリカ合衆国における1924年移民法は、国別割り当て制度を実施するとともに、帰化不能外国人に門戸を閉ざしたため、アメリカ合衆国への日本人の移住は幕を閉じることになった。1790年国籍法によって、市民権を獲得できるのは「自由な白人」と規定されていたので、日本人は市民権を獲得できない、いわゆる帰化不能外国人であったわけである。こうして、ブラジルは日本人を引き付けることになった。しかし、大恐慌によるコーヒー価格の暴落とコーヒー・ブームの終焉によって、1934年には日本人移民は制限され、第二次世界大戦前のブラジル移住の歴史は幕を閉じた。

　ハワイやアメリカ合衆国への移住と異なり、ブラジルへの移住の単位は家族であった。中には、知人や親戚から人を借りて家族をつくったものもおり、これは構成家族と呼ばれた。神戸からサントスへの移住船での人間模様は、石川達三の『蒼氓』に描かれている。サントス港に上陸した後、それぞれの家族は、サンパウロの内陸への鉄道路線沿いに分かれ、コーヒー農園には配耕された。コーヒー樹が成木になるまで世話をしながら自給用作物を栽培して暮らした。契約期間が終わると、日本人入植地をつくって奥地の開拓に従事する人々がいたし、サンパウロ市に出て都市的職業につく人々や、サンパウロ市の近郊で野菜栽培を始める人々もいた。各地で日本人は農業協同組合を組織して、小規模農業生産者として各地で活躍するようになった。

　今日のブラジルの日系人はさまざまな分野で活躍しているが、コーヒーの関連から特筆すべきは、ポンペイアという小都市に本拠を置くジャクト農機である。この企業が開発したコーヒー自動収穫機は、日系移民による農業機器開発の典型的な例である。アメリカ合衆国から輸入された農業収穫機を参考にして、コーヒー樹にまたがりながら自動的に収穫する機械が1980年代になると販売されるようになり、大規模経営のコーヒー園に導入されていった。

5．モノカルチャーからの脱却と国土開発

　1920年代後半には、ブラジルの輸出総額に占めるコーヒーの比率は72％に達していた。しかし、1929年の大恐慌によってコーヒー価格は大暴落し、ブラジルのコーヒー経済は崩壊した。こうしてモノカルチャー経済は修正されることになった。

　1889年に共和制が確立してから、ブラジルの政治を支配したのはサンパウロとミナスジェライスであり、コーヒー価格の維持を目的

とした政策が実施された。サンパウロ内陸部で栽培されたコーヒーが富を生みだし、それがサンパウロ市に蓄積され、国の政治を動かしたわけである。コーヒーの生産過剰が続く中で、コーヒーに基づいて蓄積された富が商工業部門に投資されることになった。1930年の革命で登場したバルガス政権は、コーヒーを買い上げて処分する措置を実施した。さらに、輸入代替工業化を促進するための政策がとられることになった。こうして、コーヒーに依存したモノカルチャー経済から工業化へと転換が図られることになる。

1960年代末には輸出総額に占めるコーヒーは40％弱に減少していた。1960年代末から1970年代前半にかけて10％前後の実質成長率が達成され、「ブラジルの奇跡」とまで呼ばれた。工業化の進展とともに、フロンティア開発が活発化した。国土の中央に首都を移転する計画は、1960年のブラジリアの建設によって実現されていた。1970年代には、国家統合計画に基づいたアマゾン川流域の開発が始まった。アマゾン横断道路の建設、自由貿易港の設定、農業開発、鉱山開発など、アマゾン地域に新しいブームが訪れた。また、セラード開発が始まったのもこのころであった。このような地域開発には、日本の資金と技術が提供されることになった。

未完成の大陸国家としてのブラジルには、今後も新しいフロンティアがいくつも登場しそうである。

6．ブラジル人が飲むカフェジーニョ

話をコーヒーに戻そう。ブラジル人はさすがにコーヒー好きであり、いつでもどこでもコーヒーが飲める。彼らが飲むコーヒーはカフェジーニョと呼ばれ、デミタスカップに注がれた、濃くて甘いコーヒーである。私たちが日本で日常的に飲むコーヒーとは一味もふた味も違う。そういえば、ブラジルは世界最大の砂糖生産国でもある。ブラジルでは一人当たりの砂糖消費量が50kgで、これは日本人の消費量の2倍余りである。どこを訪問してもカフェジーニョをすすめられるので、ついつい飲みすぎてしまう。ブラジルに滞在していると、日本で飲むコーヒーが懐かしく感じる人も少なくないのではないだろうか。

〔矢ヶ﨑典隆〕

参考文献

・石川達三（1951）『蒼氓』新潮文庫
・堀部洋生（1973）『ブラジルコーヒーの歴史』パウリスタ美術印刷（1985，いなほ書房）
・半田知雄（1970）『ブラジルの移民の歴史―ブラジル日系人の歩んだ道―』サンパウロ人文科学研究所
・日本コーヒー文化学会編（2001）『コーヒーの事典』柴田書店
・斎藤 功・松本英次・矢ヶ﨑典隆編著（1999）『ノルデステ―ブラジル北東部の風土と土地利用―』大明堂
・ジェームズ，P.E.(山本正三・菅野峰明訳)（1979）『ラテンアメリカⅢ―ポルトガル系南アメリカ―』二宮書店
・James, P. E. 1932. The coffee lands of southeastern Brazil. *Geographical Review* 22, pp. 225-244.

> **メソッド13**
>
> # 移民について学ぶ
> ―海外移住資料館を活用する―

グローバル化と移民

現代はヒト、モノ、カネ、情報等が国境を越えて移動するグローバル化の時代と呼ばれ、地球規模での一体化や文化的一元化が促進されている。とくに最近の特徴として、ヒトの移動が地球規模で顕著になったことがあげられる。一方、地球規模でのヒトの移動の増大は、国内での民族的・文化的な多様化を生み出している。グローバル化と多文化化が互いに連動して進行しており、日本でも多文化化が加速化している。

日本には第二次世界大戦前より、韓国・朝鮮人や中国人など多くの外国人が暮らしていたが、とくに1980年代後半以降、日本の経済発展にともなって、主にアジアや南米から労働者としてやってくる人たちが増加した。2005年末、日本で暮らす外国人登録者数は201万人で、総人口の1.57％を占める。1980年代以降来日した中国やブラジル、フィリピンなどの出身者は、かつて外国人の大部分を占めた在日韓国・朝鮮人の人口を追い抜き、外国人全体の7割を越えている。急激に増加した新来外国人（ニューカマー）により、在日外国人の人口構成は大きく変化し、多民族化時代が到来した。

他方で、人々がよりよい生活を海外に求めた時代は日本にもあった。今から百数十年前、海禁から開国に代わると早々にハワイや北米に多くの日本人が渡った。その後も中南米、東南アジア、中国大陸等へと多くの日本人が移住した。第二次世界大戦後も、農村から、また活躍の場を海外に求めた青年の移住が続き、ブラジルへ向けて最後の移民船が出たのは大阪万国博覧会開催の3年後、1973年のことであった。こうした歴史的経緯の結果、現在250万人以上の日系人が海外で生活している。

しかし、従来の日本の学校教育において、日系移民や日本に移住してきた外国人の歴史的経験や現状について、授業で取り上げられることはほとんどなかった。今後、日本はますます多文化化が進展していくと予想される。異なる文化をもった人々に対して差別や偏見をもたず、共存・共栄していくことのできる心の「内なる国際化」が求められる。すなわち、日系移民についての学習は、ヒトの国境を越えたグローバルな移動、それに伴う世界的な規模での相互依存関係と、国内における多文化共生の問題をつなげて考える格好のテーマである。

JICA横浜海外移住資料館

横浜市中区のみなとみらい21新港地区にJICA横浜国際センター海外移住資料館がある。現在の国際協力機構（JICA）は、発展途上国の技術者や行政官向けの研修の実施や青年海外協力隊の派遣事業をはじめ、海外移住者や日系人の支援などさまざまな国際協力事業を行っているが、その前身の海外協会連合会は、戦後、主に中南米への移住事業の一翼を担っていた。こうしたことから、この資料館は日本人の海外移住の歴史および移住者とその子孫である日系人について、広く国民、とくに次世代を担う若い世代に理解を深めて

もらうことを目的に設立された。

この資料館では、中南米の国々と、それ以前の移住先となったハワイを含む北米を主な対象として、新世界の国々に生き、その国の国民や他国からの移住者とともに、新たな文明づくりに参加した日本人移住者とその子孫の足跡をたどっている。年表や写真、文献はもちろん、標本資料や映像、模型などをふんだんに活用し、海外移住の歴史や移住者と日系人の現在の姿をわかりやすく紹介している。移住者の携帯品がぎっしり詰まったトランクの山や、綿花やコショウの栽培で使われていた珍しい農具などの資料展示のほか、移住者の証言を映像で紹介するコーナーがあり、楽しみながら学べるように工夫されている。

この資料館のほか、図書館や食堂、JICAの広報コーナーなど、「市民開放施設」を備えており、国際協力について知ることはもちろん、国際理解・国際交流のためのプログラムも用意されている。海外からの日本人研修員の方々は、顔つきは日本人でも文化的には紛れもない外国人であり、彼らの出身国の文化を学ぶことができる。ぜひ勧めたいのが3階にある食堂である。同センターに宿泊する各国の研修員向けに、宗教等にも配慮した国際色豊かなメニューがそろえられている。安い値段で食の面からも気軽に国際体験ができる。

横浜は、幕末の開港以来、常に日本と外国との窓口であり、現在も中華街のある中区を中心に外国人が多く住む。国内の多文化化の理解をはかるために、海外移住資料館を中核にして、多民族化の歴史や移住・移民について調べ体験する学習が可能である。

その他の移民資料館

国内および海外には日系移民関係の資料館がいくつもある。主なものをあげてみよう。
- 和歌山市民図書館移民資料室（和歌山県和歌山市）
- 日本ハワイ移民資料館（山口県大島町）
- 日本文化センター歴史展示場（アメリカ合衆国、ホノルル市）
- 全米日系人博物館（アメリカ合衆国、ロサンゼルス市）
- ブラジル日本移民資料館（ブラジル、サンパウロ市）
- ペルー日本人移住資料館（ペルー、リマ市）

（鈴木雄治）

JICA海外移住資料館で作業する生徒たち

参考文献
- 国際協力機構横浜国際センター海外移住資料館（2005）『海外移住資料館学習活動の手引き』海外移住資料館
- 森茂岳雄（2002）グローバル教育と多文化教育のインターフェース―移民史教育の可能性―．中央大学教育学研究会 教育学論集44，pp.49-65
- 庄司博史編著（2004）『多みんぞくニホン―在日外国人のくらし―』国立民族学博物館
- 高橋幸春（1977）『日系人―その移民の歴史―』三一書房

トピックス9
サンパウロ日本町の変貌

リベルダーデを歩く

いまサンパウロ市は、ちょっとしたオリエンタルブームである。ブームの中心となるのは、市中心部に位置する東洋人街リベルダーデ。東洋市が開かれる週末、東洋的なものを見よう、食べようとする観光客でごったがえす。ブラジル人は漢字がお好みのようで、「平和」「勝利」「愛」から「氷人」「一石二鳥」など、街行く人のＴシャツにはさまざまな漢字が描かれている。２月の日曜日、真夏の昼下がりにリベルダーデを歩いてみた。

市中心部のセー広場から徒歩で15分、提灯を三つ連ねたようなすずらん灯や日本語の看板が見えてきた。かつては日本町、日本人街と呼ばれた近辺も、いつしかバイホ・オリエンタル（東洋人地区）と呼ばれるようになった。中心となるリベルダーデ駅周辺には日本人、中国人、韓国人が経営するレストランやお土産屋、食料品店が集中し、日本と中国が入り混じるまさにオリエンタルな街である。

東洋市に近づくと最初に見えてくるのは、民芸品屋台の数々である。竹で作られた箸やスプーン、漢字が描かれたＴシャツ、風鈴や団扇も登場して夏の訪れを感じさせてくれる。

これらの民芸品を横目に見ながらしばらくいくと、人だかりが見えてくる。ヤキソバや餃子、天ぷら（かき揚げや串揚げ）などを扱う屋台の前である。ヤキソバやカレーが９レアル（日本円でおよそ360円）、餃子やてんぷらが２レアル50センターボ（およそ100円）ほどで食べられる。

観光名所の一つとなったリベルダーデ。現在、中国人や韓国人の増加によってその雰囲気を変化させ、東洋人街として知られる。しかし、日本人移民の"心のよりどころ"としての側面も忘れてはならない。

日本人移民とリベルダーデ

日本人が移民として本格的にブラジルにやってきたのは1908年（明治41年）６月18日であった。第１回移民の167家族781人が笠戸丸に乗ってサントス港に到着した。移民たちは、主にコーヒー農園労働者として雇用されたが、厳しい農園労働に耐えかねて流れてくるもの、他の職業を探すものたちが街へ出てきた。彼らは大工やペンキ屋のほか、多くは女中や下男など家庭労働者としてブラジル人の家に移り住んだ。

1932年には、サンパウロ市内の日本人移民は約2,000人に達していたといわれる。この中心となったコンデ・デ・サルゼータス街（以下コンデ街）には600人の日本人が住み着いていた。職業は多種多様で、輸出入業者、食料品店、建築業、医者、教育者、クリーニング屋など61種を数えた。そのほとんどが、日本人相手の商売であった。

第二次世界大戦でブラジルはアメリカ合衆国などと同じ連合国側に参加し、日本との国交が絶たれた。日本からの移民が完全に禁止され、コンデ街の日系人も立ち退きを強制された。

現在の東洋人街リベルダーデ地区が形成されたのは、1953年に地上５階建て（地階１

写真1 シンボルの鳥居の側には「公司」の文字が見える

写真2 メインストリートのガルボン・ブエノ街

階）の日本映画館シネ・ニテロイができてからである。地階一階の1,500人収容可能な映画館では、日本製の映画が毎週上映され、日系人が集まった。ほどなく、バール（飲食店）や時計店、商店などが軒を連ね、新たな日本人街形成の礎となった。

記念誌『リベルダーデ』の中で、日伯毎日新聞（現ニッケイ新聞）編集長を長年つとめた神田大民氏はこう語っている。「映画館を中心に街が伸びていったのは、戦争中、強制立ち退き命令でさびれたコンデ街に代わって次なる"日本人街"を欲していた日系人たち全ての思いがあったからなのだろう。街は人の思いを背負って成長していく"生き物"なのだ」。

その後、資本を手に参入してきた中国人や韓国人の新しい経営者を迎え、リベルダーデは新たな時代を迎える。

中華街？

東洋市を離れてメインストリートとなるガルボン・ブエノ街に入る。左手に化粧品チェーン「池崎」や「明石屋宝石店」など日本人、日系人経営の店舗が客であふれている。

一方、右手には食料品スーパー「丸海（まるかい）」と「ブエノ」が見える。その双方とも、台湾人資本による経営で、昼過ぎにもかかわらずレジ前には長蛇の列ができていた。「リベルダーデのお店はほとんど中国人と韓国人が経営している」というのが、日系商店主たちのもっぱらの意見である。

日系社会の研究機関、サンパウロ人文科学研究所の元所長・宮尾進氏は、「農業移住者が移住者たちの主体、街に出てきたのは子弟に対して質の高い教育を受けさせたかったから。子弟もそれに応えて弁護士や医者などの職業についたため、店を継ぐことはしなかった」と分析する。さらに「中国人のなかには、ブラジルとアメリカで店舗を経営している者もいる。農業を職業としてきた日本人、日系人がかなうはずがない」と語った。

67年間同地の変遷を見守り、薬局を経営している新井・檜垣静江さんは、邦字紙（サンパウロ新聞）の中で、こう言い切っていた。「（リベルダーデは）必ず中華街になる」。

日本人移民の心のよりどころから、オリエンタルな東洋人街、そして――。サンパウロ東洋人街は新たな一面を見せ始めている。

（佐伯祐二）

トピックス10
パラグアイの日系人と不耕起栽培

日系移民と大豆

　日本人にはあまりなじみのない、パラグアイでは大豆栽培が盛んである。日本と同じくらいの国土面積しかないこの国の大豆生産は、アメリカ合衆国や中国などの大国について世界トップクラスである。この大豆生産の向上に、実は日系移民が大きく貢献してきた。

　パラグアイへの日本人の移住は1936年に始まったが、そのピークは第二次世界大戦後であり、戦後の日系移民の数はブラジルについで南アメリカ大陸で2番目に多い。日系移民は移住地に入り、原始林の開拓を行いながら農業を行ってきた。現在でもアルゼンチンとの国境沿いなど各地に日系移住地が存在し、日系人の多くは、不耕起栽培という畑を耕さない方法で大豆を中心とした畑作を行っている。不耕起栽培を取り入れてから大豆の収量が増えたが、この方法をパラグアイで最初に導入し、パラグアイ中に広めたのが日系人である。このことが、日系人がパラグアイの大豆生産に大きく貢献してきたといわれる所以である。

不耕起栽培

　不耕起栽培は、畑を耕さないため、前作の小麦やトウモロコシの収穫後の殻などで土地が覆われる。このため、パラグアイの強い日差しによる地温の上昇をおさえることができ、微生物が住みやすい環境が維持され、自然の力による地力の回復が促進される。また、雨・風などから土壌の流出を防ぐ効果もある。

　不耕起栽培を日系移住地の中でもいち早く取り入れ成功させたのが、東部のイグアス移住地である。イグアス移住地では1961年に入植がはじまり、現在およそ800人の日系人が、首都アスンシオンとブラジルを結ぶ国際道路沿いの市街地周辺を中心に生活している。パラグアイの他の日系移住地同様、イグアス移住地に入植した移民も、日本とは全く違う環境や生活習慣に適応するのに苦労した。その中でも、原始林の開墾は最も大変な作業で、日系移民は狭い土地でも栽培が可能で、現金収入が得られるトマトを中心とした野菜栽培を発達させた。1970年代にはイグアス移住地はトマトの一大生産地となったが、その後、大豆価格の上昇、トマトの値下がりなどで徐々に大豆を中心とした畑作を行う農家が増えていった。

　1980年代初めまでは、土地を耕す方法で大豆栽培を行っていたが、当時から土壌流出が問題となっていた。この問題を解決するため、イグアス移住地の2軒の農家が1983年ころに不耕起栽培を取り入れたのである。最初は、耕さないというあまりにも「画期的」な方法から、不耕起栽培に手を出す農家は少なかったが、最初に取り組んだ農家の成功を見て、不耕起栽培に取り組む農家が増えた。他の日系移住地よりもはるかに速く普及し、不耕起栽培の先進地として世界各国から視察が訪れるようになり、パラグアイの農業の先進的役割を担う存在となった。

変わる日系社会

　不耕起栽培の成功はパラグアイの農業に大

きな影響を与えたとともに、多くの日系農家にも変化をもたらした。イグアス移住地での農家あたりの大豆の作付面積は平均200haほどであるが、1,000ha以上を耕作する農家もある。機械化により以前ほどの手間がかからないし、多くの農家がパラグアイ人やブラジル人を雇用労働者として雇っている。現在の日系人は自分で機械を動かすことは少なくなり、監督あるいは経営者であることが多い。また、余暇時間が増え、ゴルフなどのスポーツをはじめとする趣味を楽しむ姿がよくみられる。かつては家事と農業をこなしていた女性も、手芸や太鼓あるいはスーパーの惣菜作りなど、さまざまな活動に取り組んでいる。移住地では大規模な大豆栽培の成功で、大きな家に住み、日本車の新車を所有する日系人もいる。市街地にあるスーパーでは日本食を買うことが出来るし、日本語教育にも熱心で、移住地内で日本語が通じないことは少ない。また、NHKを受信できる環境にある家庭も多く、パラグアイにいることを忘れることさえある。

　不耕起栽培によりイグアス移住地は発展を遂げてきたが、問題点もいくつかある。一つは農薬の使用による周辺環境への悪影響である。もう一つは、入植者の減少、日本への出稼ぎ・引き揚げなどからくる、人口の減少、高齢化である。日本とパラグアイとの間の経済格差はまだ大きい。また、移住地内には日系人のほかにもパラグアイ人など約1万人の人が生活している。これまでは農協などの日系組織が中心となり、この地域でも日系人が成功を収めてきたが、経済格差のある現地住民との共生も、パラグアイで生活するうえで考えなければならない重要な課題である。

　近年のインターネットの普及で、パラグアイ日本人会連合会などのホームページも充実している。日本から遠くはなれたパラグアイで、日本人にとってなくてはならない大豆の栽培に大きく貢献している日系人がいることを、もっと多くの人に知ってもらいたい。

（佐々木智章）

写真2　不耕起栽培の大豆
地表には前作の殻や茎が残っている。

写真1　イグアス農業協同組合
農協は、融資や販売の面で日本人農家の発展に貢献した。

参考文献
・イグアス日本人会（2003）『イグアス移住地入植40周年記念誌　大地に刻む』イグアス日本人会
・佐々木智章（2004）パラグアイ共和国イグアス移住地における日系農業の展開と不耕起栽培．学芸地理59, pp.22-31
・佐々木智章（2007）パラグアイ共和国イグアス移住地における日本人農業社会の変容．新地理54(4), pp.19-33

執筆者紹介（掲載順）

1.1	竹内 裕一	たけうち ひろかず	千葉大学
1.2	田部 俊充	たべ としみつ	日本女子大学
1.3	深瀬 浩三	ふかせ こうぞう	鹿児島大学
1.4　2.4　メソッド7	荒井 正剛	あらい まさたか	東京学芸大学
2.1	山元 貴継	やまもと たかつぐ	中部大学
2.2	初澤 敏生	はつざわ としお	福島大学
2.3	小俣 利男	おまた としお	東洋大学
2.5	高橋 日出男	たかはし ひでお	首都大学東京
2.6	井坂 孝	いさか たかし	茨城県教育庁高校教育課
3.1	犬井 正	いぬい ただし	獨協大学
3.2	加賀美 雅弘	かがみ まさひろ	東京学芸大学
3.3	池 俊介	いけ しゅんすけ	早稲田大学
4.1	村野 芳男	むらの よしお	帝京科学大学
5.1	原 芳生	はら よしお	大正大学
5.2　トピックス7	椿 真智子	つばき まちこ	東京学芸大学
5.3　メソッド6，10	矢ヶ﨑 典隆	やがさき のりたか	東京学芸大学
メソッド2	上野 和彦	うえの かずひこ	東京学芸大学名誉教授
メソッド3，5	中村 康子	なかむら やすこ	東京学芸大学
メソッド4	山下 脩二	やました しゅうじ	東京学芸大学名誉教授
メソッド8	沢辺 朋史	さわべ ともひと	都立紅葉川高等学校
メソッド9	斎藤 毅	さいとう たけし	東京学芸大学名誉教授
メソッド11	田中 恭子	たなか きょうこ	埼玉大学
メソッド12	立川 和平	たちかわ わへい	海城中・高等学校
メソッド13	鈴木 雄治	すずき ゆうじ	東京学芸大学附属世田谷中学校
トピックス1	齋藤 久美	さいとう くみ	
トピックス2	押元 常徳	おしもと つねのり	八千代市立八千代台西小学校
トピックス3	青木 栄一	あおき えいいち	東京学芸大学名誉教授
トピックス4	岩垂 雅子	いわだれ まさこ	学習院高等科
トピックス5	白坂 蕃	しらさか しげる	東京学芸大学名誉教授
トピックス6	高柳 長直	たかやなぎ ながただ	東京農業大学
トピックス8	大石 太郎	おおいし たろう	関西学院大学
トピックス9	佐伯 祐二	さえき ゆうじ	東京都
メソッド1　トピックス10	佐々木 智章	ささき ともあき	早稲田大学高等学院

編者紹介

矢ヶ﨑　典隆　やがさき　のりたか

日本大学文理学部地理学科教授
1952年石川県生まれ、カリフォルニア大学（バークレー校）大学院博士課程修了、Ph.D.（地理学博士）
地誌学、アメリカ地域研究が専門
主著『移民農業－カリフォルニアの日本人移民社会－』（古今書院）
　　『アメリカ大平原－食糧基地の形成と持続性－』（共編、古今書院）
　　『地誌学概論』（共編、朝倉書店）
　　『食と農のアメリカ地誌』（東京学芸大学出版会）
　　『世界地誌シリーズ4　アメリカ』（編、朝倉書店）

椿　真智子　つばき　まちこ

東京学芸大学教育学部人文科学講座教授
1962年静岡県生まれ、筑波大学大学院博士課程単位取得、文学修士
文化・歴史地理学が専門
主著『地理学概論』（共編、朝倉書店）
　　『小学校社会科を教える本』（共編、東京学芸大学出版会）

東京学芸大学地理学会
〒184-8501　東京都小金井市貫井北町4-1-1
　　　　　　東京学芸大学教育学部人文科学講座地理学分野内

シリーズ	東京学芸大学地理学会シリーズ4
書　名	世界の国々を調べる　改訂版
コード	ISBN 978-4-7722-4152-6　C3037
発行日	2016年4月27日　改訂版第3刷発行
	2007年7月12日　初版第1刷発行
	2008年4月20日　初版第2刷発行
	2012年3月8日　改訂版第1刷発行
	2015年5月12日　改訂版第2刷発行
編者名	矢ヶ﨑典隆・椿 真智子
	Copyright　©2012　N. Yagasaki and M. Tsubaki
発行者	株式会社古今書院　橋本寿資
印刷所	株式会社 太平印刷社
製本所	株式会社 太平印刷社
発行所	古今書院
住　所	〒101-0062　東京都千代田区神田駿河台2-10
電　話	03-3291-2757
ＦＡＸ	03-3233-0303
振　替	00100-8-35340
	検印省略・Printed in Japan

東京学芸大学地理学会シリーズ　全4巻

第1巻　身近な地域を調べる　増補版

竹内裕一・加賀美雅弘 編　　3000円＋税

学校周辺で日常にみられる風景をとりあげ、調べ方の手順を易しく解説。神社・寺、農地、商店街、街道、鉄道、産業遺跡、食品売場など。地図や聞取調査の活用方法も。増補版では、地域安全マップの作成、プレゼンテーション、GPSの活用を加えた。

第2巻　身近な環境を調べる　増補版

小泉武栄・原　芳生 編　　2800円＋税

都市部の学校周辺のありふれた風景を用いた環境学習の展開。坂、台地、川、公園、畑、ため池、低地のほか、子どもでもできる簡単な測量や観測、土の見方などを収録。増補版では、防災教育のコツ、里山の保全、新旧地形図比較のポイントを加えた。

第3巻　日本の諸地域を調べる　品切・改訂中（2016年末刊行予定）

上野和彦・高橋日出男 編　　2800円＋税

基本的な日本地理の調べ方をたどることで、地理学の見方や地図の扱い、調査方法が身につくとともに、必要な地理知識も修得できる。自然環境のちがい、人口の地域的特色、農業や工業、生活文化の地域的特色の調べ方と地図でまとめる手法の紹介。

第4巻　世界の国々を調べる　改訂版

矢ヶ崎典隆・椿 真智子 編　　2800円＋税

新学習指導要領に対応した改訂版。教科書でよく登場する国を題材に、調べ方の基本や着眼点、流れを示した。韓国、中国、マレーシア、インド、オーストラリア、イギリス、ドイツ…アメリカ、ブラジルなど。「調べ学習」の意義を再検討した1章も重要。

いろんな本をご覧ください★古今書院のホームページ
http://www.kokon.co.jp/